本书为国家自然科学基金应急管理项目

"国家自然科学基金项目档案管理与发展策略研究"（编号：J1524001）的研究成果

科学基金项目
档案管理调查研究

以科技信息资源管理为视角

陈新红　孙雅欣　编著

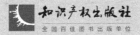

知识产权出版社

全国百佳图书出版单位

图书在版编目（CIP）数据

科学基金项目档案管理调查研究：以科技信息资源管理为视角 / 陈新红，孙雅欣编著.—北京：知识产权出版社，2018.8

ISBN 978-7-5130-5651-9

Ⅰ.①科… Ⅱ.①陈… ②孙… Ⅲ.①科学基金－档案管理－研究 Ⅳ.①G275.9

中国版本图书馆CIP数据核字（2018）第139383号

内容提要

本书以国家自然科学基金项目档案管理为研究对象，立足科技管理、科技信息资源管理视角，开展调查研究。采用文献调研、问卷调研、实地走访、专家访谈和案例分析等研究方法，从宏观、中观和微观，即法规政策环境与政策制定、档案管理、科技管理研究和科技项目档案管理实践三个层面进行了调研分析。首先，融合档案学基本理论，质量管理和过程管理等管理学思想，分析阐述科技计划项目档案、科学基金项目档案等基本概念和特点。其次，就国内外档案管理的法规制度环境、国家资助科技项目档案管理实践等进行调研分析，并对加拿大CIHR的项目档案管理开展典型案例研究。最后，对我国国家自然科学基金委和依托单位进行调研，借鉴国外相关经验，结合我国科技项目档案管理实际，提出改进意见。本书可为国家自然科学基金委和依托单位的科技项目档案管理提供决策参考，可供科技档案管理人员、科研人员阅读使用。

　　责任编辑：许　波　　　　　责任印制：孙婷婷

科学基金项目档案管理调查研究：以科技信息资源管理为视角
KEXUE JIJIN XIANGMU DANG'AN GUANLI DIAOCHA YANJIU: YI KEJI XINXI ZIYUAN GUANLI WEI SHIJIAO

陈新红　孙雅欣　编著

出版发行：知识产权出版社 有限责任公司	网　　址：http://www.ipph.cn
电　　话：010－82004826	http://www.laichushu.com
社　　址：北京市海淀区气象路50号院	邮　　编：100081
责编电话：010－82000860转8380	责编邮箱：xubo@cnipr.com
发行电话：010－82000860转8101	发行传真：010－82000893
印　　刷：北京中献拓方科技发展有限公司	经　　销：各大网上书店、新华书店及相关专业书店
开　　本：720mm×1000mm　1/16	印　　张：15.5
版　　次：2018年8月第1版	印　　次：2018年8月第1次印刷
字　　数：236千字	定　　价：48.00元
ISBN 978-7-5130-5651-9	

前言

2015年，科技部、财政部按照深化科技体制改革、财税体制改革的总体要求和《中共中央国务院关于深化科技体制改革加快国家创新体系建设的意见》（中发〔2012〕6号）、《国务院关于改进加强中央财政科研项目和资金管理的若干意见》（国发〔2014〕11号）的精神，在充分征求各有关部门（单位）和专家意见的基础上，联合制定了《关于深化中央财政科技计划（专项、基金等）管理改革的方案》（以下简称《方案》），对中央财政科技计划（专项、基金等）（以下简称科技计划）管理改革做出全面部署。《方案》将中央各部门管理的科技计划整合形成五类科技计划：国家自然科学基金、国家科技重大专项、国家重点研发计划、技术创新引导专项（基金）、基地和人才专项。重构后的科技计划有明确的分工，其中国家自然科学基金加强基础研究和科学前沿探索，支持人才和团队建设，这在一定程度上解决科技计划在体系布局、管理体制等方面突出表现的科技计划碎片化的问题，增强了我国源头创新能力。

科技计划是国家引领和指导科技创新的重要载体，体现了国家意志、政策取向、战略布局和发展重点，对全社会的科研活动具有风向标和指挥棒的作用，科技计划项目是政府在科技创新领域发挥引领和指导作用的重要载体。

党的十九大报告明确提出，科技实力要在建设社会主义强国时进入世界前列，要求瞄准世界科技前沿，强化基础研究，实现前瞻性基础研究、引领性原创成果重大突破，为我国基础研究在新时代取得新发展指明了方向。

科学基金是我国基础研究主渠道，是我国科技经济社会协调发展的重要支撑。中国特色科学基金制实施31年来，已建立了一套完备、普惠、高效、优化、诚信的制度。国家自然科学基金委员会杨卫主任在《国家自然科学基金"十三五"规划战略研究若干问题思考》中指出，我国基础研究现状"投入大、科技论文总量居世界第二、重大原创成果呈'星星之火'，蓄积'燎原之势'"，并提出"如何全面提升专业化管理水平"的思考，明确指出"建设卓越科学资助机构"等科学基金目标。科学基金面临着总体数量庞大、重大成果激增的现状和趋势，科学基金项目在立项、实施和结题验收过程中产生大量的科学基金项目档案（以下简称基金项目档案），基金项目档案管理规范化、标准化、信息化，有效服务科研，服务社会发展，是科学基金"卓越管理"的根本要求，也是科技发展与国家科技创新的根本需求。

本书是国家自然科学基金应急管理项目"国家自然科学基金项目档案管理与发展策略研究"成果之一，项目编号：J1524001。课题组按照项目要求和研究设计开展了广泛的文献调研、问卷调研和实地调研。宏观上，调研分析了国内外在基金项目档案管理中的基本理论原则、政策法规环境和管理实践，充分认识到我国科技档案、科技档案管理体系的中国特色，各国档案管理模式的差异以及我国科技创新新形势下科技管理对科技档案工作的新要求和新的发展契机。落实到实际的研究与工作实践中，我们通过文献、网站等梳理了国内外已有的研究成果，并面向自然科学基金委各片区片长依托单位发放调查问卷，回收178份，其中有效问卷159份，通过问卷掌握了解依托单位基金项目档案管理制度、管理条件、管理效果等的基本情况。走访了北京大学、清华大学、中国人民大学、中科院文献信息保障中心、中科研苏州医工所、中科院高能物理所、湖南大学、中南大学、黑龙江大学、中南大学、苏州大学、牡丹江医学院等高校和科研院所30余家，开展专题调研和专家访谈，咨询了自然科学基金委文档处有关专家和科学部部分处室的专家，了解了基金委内部基金项目档案管理实践。通过以上调研，在对基金委提交的调研报告基础上反复修改，形成本书稿。

为解决国内外在基金项目信息资源管理模式与理念的不同，解决在国外没有"科技档案"及其下位概念（项目档案、基金项目档案）的问题，我们尝试基于共同的信息资源管理视角，把对基金项目档案的管理置于科技管理的大的体系和需求之下。首先，符合项目最初被提出的初衷——为基金项目管理服务；其次，符合创新型社会体系之下，科技管理对基金项目档案管理的要求；最后，符合基金项目档案作为科技档案鲜明的信息资源属性。

本书内容共7章，力图从科技信息资源管理的视角来分析和研究基金项目档案管理与实践。第1章分析并解释了科技信息资源管理视角下的主要概念、理论基础和研究现状。第2章对国外基金项目信息资源管理重点关注，我国基金项目档案中涵盖的重要信息资源——科技报告和科学数据进行了对比研究。第3章开展国外基金资助项目档案管理调研，重点关注法规政策和基金资助机构的科技档案管理两个方面，同时以典型案例的方式在基金委人员实地调研加拿大卫生研究院获取的资料基础上，重点研究了加拿大卫生研究院的管理实践。第4章、第5章、第6章对国内的基金项目档案管理展开了调研。第4章法规政策制度环境。第5章基于文献计量分析和内容分析的基金项目档案管理文献调研，梳理了存在的主要问题，进一步采用问卷调研、实地调研和案例分析对依托单位基金项目档案管理开展研究并梳理主要问题。第6章对基金委的基金项目档案管理进行调研并梳理相关问题。第7章在调研与分析的基础上，提出建议和意见。

本书由陈新红、孙雅欣撰写，具体分工如下：

第1章、第2章、第4章：孙雅欣（牡丹江医学院），共计11.75万字；

第3章、第5章、第6章、第7章：陈新红（牡丹江医学院），共计11.85万字。

在本书的编写过程中，参考了大量国内外相关专著和论文，谨向有关学者表示诚挚的谢意。在这里诚挚感谢扬州大学傅荣贤教授给予本书细致耐心的指导，感谢调研过程中基金委员会、各高校以及科研院所的各位老师给予的帮助和支持，感谢苏州大学毕建新教授对本书的贡献。由于研究对象本身的复杂性，以及编写人员在认知方面的局限，本书还存在诸多不足，恳请各位读者提出宝贵意见。

目录

第1章
绪　论

1.1　研究背景

　　2015 年，科技部、财政部按照深化科技体制改革、财税体制改革的总体要求和《中共中央国务院关于深化科技体制改革加快国家创新体系建设的意见》（中发〔2012〕6 号）、《国务院关于改进加强中央财政科研项目和资金管理的若干意见》（国发〔2014〕11 号）的精神，在充分征求各有关部门（单位）和专家意见的基础上，联合制定了《关于深化中央财政科技计划（专项、基金等）管理改革的方案》（以下简称《方案》），对中央财政科技计划（专项、基金等）（以下简称科技计划）管理改革做出全面部署。《方案》将中央各部门管理的科技计划整合形成五类科技计划即："（一）国家自然科学基金。（二）国家科技重大专项。（三）国家重点研发计划。（四）技术创新引导专项（基金）。（五）基地和人才专项。"在一定程度上解决科技计划在体系布局、管理体制等方面突出表现的科技计划碎片化的问题。重构后的科技计划有明确的分工，其中国家自然科学基金加强基础研究和科学前沿探索，支持人才和团队建设，增强我国源头创新能力。科技计划是国家引领和指导科技创新的重要载体，体现了国家意志、政策取向、战略布局和发展重点，对全社会的科研活动具有风向标和指挥棒的作用，科技计划项目是政府在科技创新领域发挥引领和指导作用的重要载体。

党的十九大报告指出，创新是引领发展的第一动力，是建设现代化经济体系的战略支撑，明确要求在全面建成小康社会决胜期坚定不移实施科教兴国战略、人才强国战略、创新驱动发展战略，明确提出科技实力要在建设社会主义强国时进入世界前列，要求瞄准世界科技前沿，强化基础研究，实现前瞻性基础研究、引领性原创成果重大突破，为我国基础研究在新时代取得新发展指明了方向。

科学基金是我国基础研究主渠道，是我国科技经济社会协调发展的重要支撑。近年来，国家财政对科学基金经费的投入不断增加，1986年，基金委管理的公共财政总额水平较低，为8000万元起步，2016年增长到近250亿元，增长300多倍，而项目资助强度仅以面上项目为例，从1986年的3433项、平均2.8万元／项，增长到2015年的16709项、61.3万元／项，较大地改善了我国基础研究的资助环境，促进了基础研究总体能力的提升并已取得了一批在国内外具有领先水平的研究成果。❶近五年来，中国基础研究体现的特色可以用四个"出人意料"来形容：首先，学科发展的全面加速出人意料。我国发表的国际科技论文被引次数排名2008年为世界第10位，2013年提升至第5位，2017年跃升至第2位。材料科学、化学、工程科学三个学科发展进入总量并行阶段，发表的论文数量均居世界第一，学术影响力超过或接近美国。其次，研究品质的上升出人意料。我国高影响力研究工作占世界份额达到甚至超过总学术产出占世界的份额。中国C9高校的高水平研究工作占比超过日本RU11的对应占比。我国各学科领域加权的影响力指数（FWCI）从20年前的0.37增长至2016年的0.94，接近世界均值。再次，青年科技人才的崛起出人意料。海外青年科技人才从十年前的少数回国发展，到当前的出国和回国基本平衡。国家杰出青年科学基金、优秀青年科学基金、青年千人计划等青年人才项目申请热度持续提升，人才待遇空前提高。项目主持人年轻化趋势明显。最后，国际合作对中国的期盼出人意料。我国在国际科学合作网络中已从2009年处于第一近邻圈的地位，上升为2014年的次中心位置。中国已成为各种国际学术会议的

❶ 王新，张藜，唐靖.追求卓越三十年——国家自然科学基金委员会发展历程回顾[J].中国科学基金，2016,(05):386-394.

热门选址地。国际科学合作方已从应对式的被动合作转为期盼式的主动合作。国家自然科学基金委员会已与49个国家或地区的91个机构签署了合作协议或谅解备忘录。我国主导的"支持科学人才合作，共创'一带一路'未来"国际研讨会，吸引了30多个国家或地区的科研资助机构参加。

中国特色科学基金制实施31年来，已建立了一套完备、普惠、高效、优化、诚信的制度。进入新时代，我国基础研究必将迎来新的发展机遇。任重路远，更需砥砺前行。"完备"表现为：建立了包含1部条例和28部管理办法的业务性规章制度体系，从严治党的规范性文件体系也即将完成。"普惠"表现为：2017年受理申请量已达19.43万份，资助项目4.1万项，体量全球最大。"高效"表现为：基金委全员每年人均受理项目近900项，为全球最高，但组织实施费仅占0.88%，为全球最低；每8.6篇国际科技论文中有1篇、每6.4篇高被引论文中有1篇论文是自然科学基金资助所产出，排名世界第一。"优化"表现为：建立"探索、人才、工具、融合"四位一体资助格局，设立17类项目，实现了体量、年龄段、地区、类型的优化配置；资助率始终保持在全球公认的优化区间。"诚信"表现为：坚决捍卫学术道德和科研诚信，早在2007年就在《国家自然科学基金条例》中列入相关条款，近五年处理科研不端行为案件285件。国家自然科学基金委员会杨卫主任在《国家自然科学基金"十三五"规划战略研究若干问题思考》中指出我国基础研究现状投入大、科技论文总量居世界第二、重大原创成果呈"'星星之火'，蓄积'燎原之势'"，并提出"如何全面提升专业化管理水平"的思考，明确指出"建设卓越科学资助机构"等科学基金目标。进入新时代，我国基础研究必将迎来新的发展机遇。任重而道远，更需砥砺前行。中国基础研究的发展道路在摸索中逐步形成。一要坚持"筑探索之渊、浚创新之源、延交叉之远、遂人才之愿"的发展方向；二要把握"聚力前瞻部署、聚力科学突破、聚力精准管理"的战略导向；三要遵循"总量并行、贡献并行、源头并行"的发展节奏。要用历史唯物主义的观点来看待我国基础研究当前的地位和未来发展，不忘初心、继续前行。❶

---

❶ 人民论坛.中国基础研究步入新时代的璀璨征程[EB/OL].(2017-12-06)[2017-12-28].http://www.nsfc.gov.cn/publish/portal0/tab511/info72267.htm.

科学基金面临着总体数量庞大、重大成果激增的现状和趋势，科学基金项目在立项、实施和结题验收过程中产生大量的科学基金项目档案（以下简称基金项目档案），基金项目档案管理规范化、标准化、信息化，有效服务科研，服务社会发展，是科学基金"卓越管理"的根本要求，也是科技发展与国家科技创新的根本需求。首先，基金项目档案是科技项目诚信档案的有力支撑。2012年9月，中共中央、国务院印发了《关于深化科技体制改革加快国家创新体系建设的意见》，指出当前存在科技项目管理不尽合理，研发和成果转移转化效率不高，科研诚信和创新文化建设薄弱等问题，并明确要求"建立科技项目诚信档案，完善监督机制"。基金项目档案是在科学基金项目立项、实施、结题验收和成果转化整个过程中产生的，是科学基金项目执行过程中的真实记录，记录科学基金项目全生命周期的全面信息，是基金项目执行、管理、监测、评价的可靠信息来源和凭证，成为科技项目诚信档案的重要支撑；其次，基金项目档案管理是科学基金管理的组成部分，对项目管理具有支撑和促进作用。档案资源是特殊的科技信息资源，是科技资源的组成部分，尤其是在信息社会，信息管理已经成为管理工作的重要组成部分。档案特有的真实、完整、准确能够如实记录、客观反映科学基金项目的运行过程、运行状态，记录科研过程与科技成果，对项目管理起到监管、备查、支撑评价与绩效的作用，是科学基金管理的手段与依据之一。2014年10月，基金委颁布了最新的《国家自然科学基金委员会档案管理办法》，对委内项目档案的归档范围进行了明确规定。《国家自然科学基金条例》规定依托单位应当"建立基金资助项目档案"；项目负责人应当"作好基金资助项目实施情况的原始记录"；基金委的八类项目管理办法以及《国家自然科学基金依托单位管理办法》都对做好项目文件和项目实施情况的整理提出要求；《国家自然科学基金条例》和《国家自然科学基金依托单位管理办法》都对基金管理机构、依托单位"抽查时应当查看基金资助项目实施情况的原始记录"做出了规定，以上法规文件的规定对基金委及对依托单位的档案工作一定程度上提供了制度保障，对科学基金管理工作形成有力支撑。再次，基金项目档案是科技信息资源传播与积累的手段。基金项目档案凝聚了广大科研人员在科学研究和技术开发中产生的知识、技术和经验，是国家宝贵的知识财富和重要的战略资源，科技创新从本质上是一种继承与发展的过程，它以知识的储备和经验的积累为基础，基金项目档案包含科技报告和原始记录，负载重要的科技信息资源，是科技信息传播与积累的重要媒介，对科技创新提供重要的信息支撑。最后，科学基金是国家科技计划的组成部分，国家科技计划项目具有国家主导、前瞻性投入、关键技术研究等特点，项目档案是对国家科技发展的真实历史记录、核心技术内容的承载，考评与绩效的依据，这决定了基金项目档案对国家科技经济发展具有永久的价值。

1.2 科学基金项目档案概念研究

认识是实践的理性前提与基础，只有理性认识清楚了，实践的管理工作才能真正做好。每个事物都有其区别于其他事务的本质特征，定义的任务就在于揭示概念所指事物的本质特征。目前，很多学科和社会实践领域大都是用形式逻辑基本方法来认识和界定其核心概念与所面对的事物对象的。但由于形式逻辑方法本身的局限性及其概念具有多维性，人们对某一目标事物的概念进行定义的认识思路、角度具有多样性，所以具体的定义往往多种多样，甚至会陷入难有定论的学术纷争之中[1]，但学术界有一个共性现象，尽管人们对定义纷争不已，但对概念所指称的事物的本质特征的认识却是基本一致的，档案学界也是如此。[2]

1.2.1 科学基金项目档案

1.文件、档案

《档案学词典》对文件的解释是，"广义指组织或个人为处理事务而制作的记录有信息的一切材料。""狭义仅指法定机关、团体、企事业单位等形成的具有完整体式和处理程序的公文。"电子文件是20世纪中期以后出现的名词，是计算机技术的伴生物。电子文件归档与管理规范（GB/T18894-2002）中规定，

---

[1] 冯惠玲,张辑哲.档案学概论[M].第二版.北京:中国人民大学出版社.2006:4.

[2] 冯惠玲,张辑哲.档案学概论[M].第二版.北京:中国人民大学出版社.2006:5.

电子文件是指在数字设备及环境中生成，以数码形式存储于磁带、磁盘、光盘等载体，依赖计算机等数字设备阅读、处理，并可在通信网络上传送的文件❶。这与我国的档案行业标准档案工作基本术语（DA/T1-2000）的表述基本相同，即：电子文件是以数码形式记录于磁带、磁盘、光盘等载体，依赖计算机系统阅读、处理并可在通信网络上传输的文件❷。

1987年通过的《中华人民共和国档案法》规定，档案是指过去和现在的国家机构、社会组织以及个人从事政治、军事、经济、科学、技术、文化、宗教等活动直接形成的对国家和社会有保存价值的各种文字、图表、声像等不同形式的历史记录。近期，《中华人民共和国档案法》修订草案（送审稿）对于档案的定义做了新的诠释，"本法所称的档案，是指机关、团体、企业、事业单位、其他组织和个人在各项工作和活动中形成的，对国家、社会和单位、个人具有利用价值、应当归档保存的各种形式和载体的文件、记录和数据。"这一定义体现了学界对档案概念与时相宜、与世相宜的思考。"应当归档保存"的提出有利于明确"归档"这样一个行为的发生与否，不应是文件与档案的分水岭，文件与档案两个概念的本质特征在于是否具有保存价值，这样的逻辑区分不应以一个物理行为进行界定。通常认为，文件是档案的前身，档案是文件的精华，文件和档案本是同一事物，但两者并非完全等同，关键区分在于是否具有价值，通过"归档"这样一个行为界定同一事物的两个阶段，不符合概念区别根本特征来定义的根本原则。在"文档一体化"、"前端控制"以及电子文件研究的大趋势下，对文件的管理和研究不应忽视。

中国档案界及社会上应用最为普遍的三个档案种类概念是文书档案、科技档案与专门档案，这三个概念其在逻辑上的划分标准并非很一致、很严格，但具有较好的理论涵盖功能，即人们可以通过这三个概念对社会上各种各样的档案有一个较全面、较简洁的总体认识与把握。❸

---

❶ 中国国家标准化管理委员会.电子文件归档与管理规范(GB/T18894-2002)[S/OL].[2018-01-03]. https://wenku.baidu.com/view/04363a4ecf84b9d528ea7a31.html.

❷ 中华人民共和国档案局.档案工作基本术语(DA/T 1-2000)S/OL].[2018-01-03].https://wenku.bai-du.com/view/1250a3bfcd22bcd126fff705cc17552707225ebb.html.

❸ 冯惠玲,张辑哲.档案学概论[M].第二版.北京:中国人民大学出版社.2006:16.

2.科技档案

科学技术档案简称"科技档案"。1980年颁布的《科学技术档案工作条例》将科技档案定义为"在自然科学研究、生产技术、基本建设（以下简称科研、生产、基建）等活动中形成的应当归档保存的图纸、图表、文字材料、计算材料、照片、影片、录像、录音带等科技文件材料"。科技档案是反映国家科学技术、经济建设历史真实面貌的原始记录，也是科学技术的存在形式。❶王传宇在《科技档案管理学》中将科技档案定义为"科技档案组织机构或个人在科技、生产活动中直接形成的、保存备查的信息记录。"❷为方便与国际科技项目档案（Record）❸对比研究，本研究是指比较宽泛的在科技活动中形成的"应当归档保存"的文件、记录、数据。科技档案是档案的一大门类，与其他档案，特别是同一般文书档案相比较，在许多方面呈现出比较突出的特点。

科技档案专业性的特点，集中表现在形成领域和内容性质两个方面。首先，科技档案的形成领域具有鲜明的专业性特点：人们在科技生产活动中．一方面不断地开拓新的活动领域，另一方面也在不断地进行专业分工，任何一项科技生产活动都是在一定的专业分工范围内进行的．都具有一定的专业性。科技档案作为科技生产活动的记录和伴生物。它们毫无例外地都形成于特定的专业技术领域，是相应的专业技术活动的记录和产物。其次，科技档案的内容性质也具有鲜明的专业性特点。这是由科技档案所反映的科技生产活动的具体专业领域决定的，在哪一个专业领域的科技生产活动中形成的科技档案，就集中地反映哪一个专业的科技内容及相关的科技方法和手段。

科技档案成套性的特点，同样是由科技生产活动的特点所决定的。科技生产活动的开展都是以一个独立的项目或某一特有的现象为对象进行的，比如一个课题的研究、一个工程项目的设计和施工、一种型号产品的研发利生产，一个气象过程的观（探）测等。围绕一个独立科技项目的进行，规律性地形成了

---

❶ 吴宝康,冯子直.档案学词典[M].上海:上海辞书出版社.1994:207.

❷ 王传宇,张斌.科技档案管理学[M].第三版.北京:中国人民大学出版社,2009:12.

❸ 王岚.法律与学术中的"文件"与"档案"——Documents与Records关系正理[J].档案学研究,2011(05):4-14.

一系列相关的科技文件，这些科技文件记载和反映了该项科技生产活动的全部过程和成果，它们之间既以反映不同工作阶段的不同内容相区别，又以总体的科技程序和科技内容紧密衔接，构成了一个反映该项科技生产活动的、文件相互间密不可分的有机整体。这就是科技档案的成套性特点。

科技档案成套性的特点对于科技档案的科学管理起着重要的规定和制约作用。它要求科技档案必须完整，以此来建立利技档案的收集工作和其他相关工作；科技档案的进馆、移交以及科技档案的保管、统计、鉴定、开发利用等需要考虑科技档案成套性的特点。

科技档案的现实性特点，是指科技档案具有较强的现实使用性。其他文件材料归档以后，基本上完成了现行功能，取而代之的是凭证功能，用科技档案来进行历史查考；科技档案则不同，在科技文件进行归档，在物理上转化成科技档案以后，大部分科技档案不仅没有退出现行使用过程，相反正是它们发挥现行效用的活跃时期，而且在较长的时期内发挥现行作用。从我国的档案定义出发，科技档案当中属于"现行档案"的那部分是具有现实性的。另外，科技文件运动规律研究表明，技术创新绝不是线性的，而是多维、网络型的，科技活动是由线性到多维，由阶段性到连续性演化的过程，这一科技活动的运动规律，决定了科技文件运动是一个从线性到多维，从阶段性到连续性演化的过程❶。科技档案具有现实性，并非仅指可以更改、补充的那一部分，从科技档案的对象角度而言，一个科技活动形成的科技档案可以转化为另一科技活动的现行科技文件。现代科技的特点和趋势也说明了科技档案的现实性特点，客观上对科技档案的科学管理提出了特殊的要求。❷❸

此外，科技档案还具有规范通用性和科技存储性等特点❹❺。科技档案是进行生产技术管理、科研管理的重要依据和凭证，也是科学研究和设计工作的必要条件，是进行科学技术交流的工具。

---

❶ 黄世喆.科技文件运动规律研究[J].档案学通讯,2005(01):43-46.

❷ 王传宇,张斌.科技档案管理学[M].北京:中国人民大学出版社,2009:17-19.

❸ 吴建华.科技档案管理学[M].南京:南京大学出版社,2002:16-19.

❹ 吴品才.现代科技档案管理学[M].苏州大学出版社,1996:15-21.

❺ 吴宝康,冯子直.档案学词典[M].上海:上海辞书出版社.1994:207.

3.科技计划项目档案

（1）科技计划项目档案定义。

1982年国家正式出台了《"六五"国家科技攻关计划》，标志着我国的科技计划已从科技规划中分离出来，具备了相对独立的形式。改革开放以来，相继设立了星火计划、国家自然科学基金、"863"计划、"火炬"计划、"973"计划、行业科研专项等科技计划。按照科技部《国家科技计划管理暂行规定》总则第二条的规定，国家科技计划是指根据国家科技发展规划和战略安排的，以中央财政支持或以宏观政策调控、引导，由政府行政部门组织和实施的科学研究与试验发展活动及相关的其他科学技术活动[1]。国家科技计划是国家解决社会和经济发展中涉及的重大科技问题、实现科技资源合理配置的重要手段。我国早期科技计划体系由核心计划和环境建设计划组成，核心计划又由基础研究计划、"863"计划、支撑计划、重大专项组成，环境建设计划由研究开发条件建设、科技产业化环境建设组成[2]。2015年，根据国家战略需求、政府科技管理职能和科技创新规律，将中央各部门管理的科技计划（专项、基金等）整合形成五类科技计划（专项、基金等）即国家自然科学基金，国家科技重大专项，国家重点研发计划，技术创新引导专项（基金），基地和人才专项。[3]

目前国内尚无对国家科技计划项目文件和国家科技计划项目档案概念的统一认识，"科技计划项目档案"一词在学术文章中最早出现在潘世萍所著《科技档案资源保护迫在眉睫——北京市科技计划项目档案管理现状研究》一文"科技计划项目档案，专指以国家或地方政府财政投入为主，并列入国家或地方科技计划项目，在其管理和实施全过程中形成的，具有保存价值的各种类型和载体的原始记录"[4]。安小米认为国家科技计划项目档案是指在国家科技计

---

[1] 中华人民共和国科学技术部.国家科技计划管理暂行规定[EB/OL].（2000-10-27）2017-06-14]. https://baike.baidu.com/item/国家科技计划管理暂行规定/7975706.

[2] 王新才,陈荷艳.国家科技计划项目档案管理标准规范建设思考[J].档案学通讯,2013(2):83-88.

[3] 国务院.关于深化中央财政科技计划（专项、基金等）管理改革的方案[EB/OL].（2014-12-03）2017-06-14].http://www.most.gov.cn/ztzl/shzyczkjjhglgg/wjfb/201501/t20150107_117294.htm

[4] 潘世萍.科技档案资源保护迫在眉睫－北京市科技计划项目档案管理现状研究[J].北京档案,2005(10):17-19.

划项目活动过程中形成的，具有可持续价值的各种形式的科研文件。[1]王新才认为国家科技计划项目档案为相关单位或个人在国家科技计划项目的立项、研究、评估、验收、审计、成果推广应用等过程中形成的，应归档保存的各种类型及载体的原始记录，如项目申请书、研究报告、项目验收报告等。[2]三者都认为科技计划项目档案是在科技计划项目活动中形成，具有保存价值的原始记录或者科研文件。

（2）科技计划项目档案分类。

关于科技计划项目档案的分类与构成有专家认为，由于科技计划项目涉及若干参与单位，它们在各自的工作中所形成的项目档案，构成项目档案的整体[3]。依据档案的形成主体划分：

科技行政主管部门是科技计划项目工作的主管部门，他们在履行项目管理职能的过程中主要形成五类档案：第一类，规划类档案，主要包括《课题征集指南》、需求报告等；第二类，立项管理类档案，主要包括项目管理任务书、课题任务书、各种委托合同等；第三类，管理过程类档案，主要包括项目调整通知书、项目撤销通知书等；第四类，项目验收与评估类档案，主要包括项目完成确认书、项目档案验收确认书；第五类，审计类档案，主要包括项目验收确认审核表等。

项目主持单位主要有三类项目档案。第一类，依据类档案，主要包括各种委托协议书和合同等；第二类，工作过程类档案，主要包括各种计划、工作记录等；第三类，结果移交类档案，工作结果报告及档案移交报告等。

各受托单位主要有五类项目档案。第一类，课题论证与招标类档案，主要包括课题投标书及证明文件、中标文件、课题任务书等；第二类，研发类档案，主要包括课题实施责任书，课题实验、测试、观察原始记录，课题执行情

---

[1] 安小米.国家科技计划项目档案管理核心标准制修订阶段进展和成果汇报[C].《国家科技计划项目档案政策法规与标准规范体系研究》子项目学术研讨会,北京.2006.12.25-26.

[2] 王新才,周佳.科技计划项目档案管理策略研究——基于华中地区五所高校科技计划项目档案管理情况的调查[J].信息资源管理学报,2013,3(02):91-96.

[3] 潘世萍,贺真,徐云,李名选.我国科技计划项目档案构成及特点初探[J].北京档案,2013(10):13-16.

况报告等；第三类，成果类档案，主要包括课题研究报告、专著、论文、课题成果推广的经济效益与社会效益证明等；第四类，财务类档案，课题经费总决算表、财务凭证等；第五类，基建与设备类档案，课题申报文件、固定资产清单、课题设计图纸等。

项目档案按照内容性质还可以划分为两类：第一类，管理类档案。是科技行政管理部门在行使科技计划项目管理职能的过程中形成的，反映科技计划项目的立项、检查与验收等活动，具有保存价值的文件材料，即包括科技计划项目审批与管理部门的管理文件，也包含中标单位（含下级课题委托单位）在项目运行过程中形成的管理文件。第二类，研究类档案。是指项目承担单位在项目研究过程中形成的，反映研发过程、研发技术、研究条件、研究成果与项目运行等活动，具有凭证依据价值的文件材料。

科技计划项目档案是项目全生命周期的记录与反应，按照项目的生命周期还可以将档案划分见表2-1。

表2-1 按项目生命周期科技计划项目档案构成

项目生命周期	类型	主要内容
项目申请阶段	管理类	项目指南、项目申请书
项目评审阶段项目	管理类	项目评审意见表（含同行评议和会评意见）
项目立项阶段	管理类	项目批准通知、项目计划书、各种委托合同、任务书等
项目实施阶段	管理类	涉及项目负责人或依托单位或研究内容等变更的材料、项目实施过程中出现的其他重大变更事项的材料
	研究类	课题进展报告、实验（测试）记录、工作过程记录等
项目结题阶段	管理类	项目结题报告、项目结题批准通知、财务类档案（决算表等）
后续管理阶段	管理类	基建与设备档案、受托单位的档案移交清单、项目验收确认表等
	研究类	项目结题后获得的相关成果清单

它包括项目从申请立项到成果验收过程中形成的有关管理档案，项目研究过程中形成的各种原始记录的研发档案，项目研发究程中购置的设备档案、相应的基建档案和涉及项目资金使用情况的会计档案等。这些档案在实际管理中隶属不同的部门，具有复杂性。

（3）科技计划项目档案特点。

科技计划项目档案真实记录和反映了科技计划项目从立项、研究到结题的各项工作内容，具有一般科技档案的特点即专业性、成套性、现实性（也体现为情报性）等特点，同时还具有项目档案特殊的个性特点。

首先，对象周期性。科技计划项目从发布指南、立项审批、过程监管、结项验收、到成果推广，具有相对固定的流程与周期，项目档案文件与项目活动相伴客观产生，并由科学工作者与档案人员有意识进行搜集、组织、管理，伴随着项目固有生命周期进程，形成相对稳定的文件和档案资料。项目档案按照生命周期和文档一体化理论，具有遵循科技档案现实性的显著特点，有意识的收集、整理、组织、管理。

其次，形成主体的多元化。科技计划项目的全过程涉及包括三个机构和一个个人的四类主体：一是政府的科技行政主管部门，负责项目申请的审核、项目进行情况的检查及项目验收等；二是政府科技行政主管部门授权或委托的项目组织实施管理机构，即项目主持单位，对项目目标的实现、项目任务的完成、关键技术的突破及涉密项目的科技保密等，承担组织实施的责任；三是各类项目受托单位，负责完成项目管理及实施过程中的一些专业性工作，包括招标代理、监理、审计及各项评估等；四是项目承担者，负责执行合同或计划任务书，完成项目目标任务。

再次，形成主体的临时组合性。科技计划项目的研发工作是由通过申报和审批程序组建的项目团队承担，项目的内容和要求不同，研发团队的承担单位与研发人员的组成也各不相同。项目的参与者即项目档案的形成者，都是根据项目研发任务临时组合而成的，项目结束后研发团队就会解体，使项目团队具有临时性或一次性的特点。

最后，项目档案归属的复杂性。我国《科技进步法》《知识产权法》《国家科技计划项目管理暂行办法》等科技管理、知识产权管理有关法规文件，对科技成果在国家、机构和研究者间的归属权给予了规定，项目档案管理必须根据国家相关政策和法规，处理好项目档案所有权的界定、项目档案的保管及利用政策等特殊问题，使国家投入巨资支持的科技计划项目能实现最大收益。

12

同时由于科技计划项目的特殊性，科技计划项目档案还体现为高价值性和社会资产属性。

科技计划项目档案是对科技计划项目的立项、执行以及验收、推广利用等各环节的记录和描述，是科技计划项目的如实反映。科技计划项目是由科技计划管理部门组织、管理或者委托有关部门开展的科技工作，国家科技计划项目体现了国家科技发展的前沿领域，是国家科技创新工作的重要组成部分，因而使科技计划项目档案的信息内容具有较高的科技含量，体现为较高的科技价值、社会价值以及经济价值。

公共信息资源是产生于社会领域并能为公众所享用的具有公共物品特性的信息资源。这里所说的公共物品特性，是指它的非竞争性和非排他性。非竞争性是指一个使用者对该物品的消费并不减少它对其他使用者的供应；非排他性是指使用者不能被排除在对该物品的消费之外。科技计划项目是科技计划管理部门审批并划拨经费进行资助的科技活动，其经费来源主要为财政拨款，是重要的社会资产，应注重公共财政效率，其成果在不违反知识产权，不危害国家科技信息安全等前提下，为广大社会公开获取，回馈社会。

4.科学基金项目档案

科学基金制是由出资人设置基金，采取自主申请、专家评审、择优支持的机制，资助特定科学技术研究的制度❶。这项制度在世界范围内取得了成效。作为科技体制改革的一项重要举措，我国于1981年11月建立了科学基金制，由中央财政拨款设立自然科学基金，用于资助基础研究。《中华人民共和国科学技术进步法》第二章第十六条规定国家设立自然科学基金，资助基础研究和科学前沿探索，培养科学技术人才。

科学基金项目是国家科技计划项目的组成部分，资助重点在于基础研究和科学前沿研究。为适应基础研究资助管理的阶段性发展需求，统筹基础研究的关键要素，国家自然科学基金"十三五"规划将科学基金资助格局调整为探索、人才、工具、融合四大系列。探索系列主要包括面上项目、重点项目、国

---

❶ 张红，马龙君，余积明，孙璐瑶.《国家自然科学基金条例》中的几个法律问题[J].中国科学基金，2016，30(01):60-63.

际（地区）合作研究项目等；人才系列主要包括青年科学基金项目、优秀青年科学基金项目、国家杰出青年科学基金项目、创新研究群体科学基金项目、地区科学基金项目等；工具系列主要包括国家重大科研仪器研制项目等；融合系列主要包括重大项目、重大研究计划项目、联合基金项目、基础科学中心项目等。科学基金项目是指国家自然科学基金资助的各类项目，主要包括面上项目、重点项目、重大项目、国家杰出青年科学基金项目、专项项目和国际合作与交流项目等。自然科学基金委可根据需要对项目类型进行调整❶。

基金委针对不同的项目类型，出台了十余部项目管理办法，但这些项目从生命周期来看，都可以分为申请阶段、评审阶段、执行阶段和结题验收阶段，因此针对这些项目形成的项目档案，仍可以按照项目周期来研究项目档案的构成。基金委2014年颁布的《国家自然科学基金委员会档案管理办法》也规定，"自然科学基金委的档案按照文书档案和科学基金资助项目档案两类进行管理。文书档案包括文件档案、会议（活动）档案以及相关声像档案等。项目档案包括资助项目在申请、评审、资助、管理过程中形成的有关材料。"

科学基金项目档案（以下简称基金项目档案）指在自然科学基金项目申请、评审、立项、研究和结题过程中形成的具有保存价值、应当归档保存的文字、图表、数据、声像等各种形式和载体的科技文件。它是科学基金研究活动的真实记录，是基础研究储备的一种形式，是一种重要的信息资源。

基金项目档案从来源包含两个部分即基金委在其业务活动中产生的项目档案和依托单位（含课题委托单位）在科学基金相关业务活动中产生的项目档案。

"国家科技计划项目实施过程中，项目承担单位应按《科学技术研究课题档案管理规范》和有关国家科技计划项目科学数据管理规定的要求将项目实施所取得的实验报告、数据手稿、图纸、声像及其他形式的科学数据进行收集整理，建立档案。项目验收时，计划管理机构应检查项目实施产生的科学数据和档案是否系统、完整和准确，并以此作为项目通过验收的基本条件，以便于按相关规定和约定进行查询共享。重大成果的档案清单及其管理情况由项目承担

---

❶ 国家自然科学基金项目管理规定(试行)[J].中国科学基金,2003(03):62-64.

单位负责在项目验收结束后1个月内通过计划管理渠道向计划管理机构报告❶"
等大量科技档案管理的具体规定。

1.2.2 科技计划项目档案与基金项目档案的关系

科技档案是在科学技术活动中直接形成的应归档并具有保存价值的文字、
图表、声像等不同形式的历史记录；科技计划项目档案是指在科技计划项目活
动过程中形成的，具有保存价值的文字、图表、声像等不同形式的历史记录；
基金项目档案是特指自然科学基金资助的科技计划项目档案。

科技计划项目档案、科学基金项目档案同属于科技档案，作为科技档案的
本质属性相同：都是科学技术活动的记录和产物，都是宝贵的文化财富和资
源。科技档案记录和反映了人类认识自然和改造自然的各种活动，是科学技术
资源的一种储备，它在工作查考、科学研究、经验总结、技术交流等方面具有
重要作用，是国家全部档案的重要组成部分。

科技计划项目档案、科学基金项目档案具有共同特点，共同遵循科技档案
一般规律：都具有科技档案专业性、多样性、成套性、现实性的特点，同时此
二者还具有项目档案的周期性、形成主体的多元性、形成主体的临时组合性、
档案归属的复杂性等特点；科学技术档案管理学科是介于科学学、技术学与档
案管理学之间的边缘学科❷，二者都遵循科技档案及其组织管理学科的一般
规律。

科技计划项目档案、科学基金项目档案管理的体制相同，遵循科技档案管
理一般原则。按照《档案法》的规定档案工作实行统一领导、分级管理的体
制。档案管理以维护档案的真实、完整、准确、安全，便于社会各方面利用为
原则。《科学技术档案工作条例》规定国家档案局和各级档案管理机关应当加
强对科技档案工作的指导、监督和检查。科技档案工作必须按专业实行统一管

---

❶ 科技部.关于加强国家科技计划成果管理的暂行规定[EB/OL].(2003-06-18)[2017-06-22].http://
www.most.gov.cn/fggw/zfwj/zfwj2003/200512/t20051214_54936.htm.

❷ 王绫琨,冯欲杰,周心萍,等.社会科学交叉科学学科辞典[M].大连:大连海事大学出版社.1999:
450.

理。国务院所属的各专业主管机关和省、自治区、直辖市人民政府所属的各专业主管机关，应当建立相应档案机构，加强对所属企业、事业单位科技工作的领导。这就是科技档案的"条块"管理体制。国家科技计划项目、科学基金项目都是中央财政统一拨款，根据国家科技发展战略由科技计划行政管理部门组织、管理的科技活动。按照《国家自然科学基金条例》规定，国务院自然科学基金管理机构负责管理国家自然科学基金，监督基金资助项目的实施。国务院科学技术主管部门对国家自然科学基金工作依法进行宏观管理、统筹协调。国务院财政部门依法对国家自然科学基金的预算、财务进行管理和监督。审计机关依法对国家自然科学基金的使用与管理进行监督。❶国家自然科学基金委员会是管理国家自然科学基金的国务院直属事业单位❷。从项目管理体制的"条块"来看，项目主管机关是科技计划项目档案管理领导的主体，各级档案机构应加强对项目档案的指导、监督和检查。科技档案具有知识储备功能，记载和记录科技活动及其成果；具有凭证功能，是科技活动、科技产品、科研过程等的真实记录，是提供判断和决策的依据；具有情报功能，包含大量的科技信息；具有经济功能，是科学技术和生产力相结合的"媒体"和"媒介"。项目档案的管理应维护档案的真实、完整、准确、安全，充分发挥科技项目档案的功能，以服务社会为基本原则。

科学基金项目作为科技计划项目的组成部分也具有其特殊性。第一，资助重点侧重与基础研究和科学前沿探索，培养科学技术人才，其项目研究对象主要为基础研究及前沿探索，一定程度上具有科研档案的特点。这也是档案学部分学者一度将科技项目档案作为科研档案的一种进行研究的原因之一。第二，项目研究周期大多为3~4年，其中体量最大的项目类型面上项目，研究周期为4年；其次青年项目研究周期为3年，其档案复杂程度不高。第三，科学基金其资助群体为依托单位及其科研人员，科学基金依托单位为我国境内的高等学

❶ 中华人民共和国国务院.国家自然科学基金条例[EB/OL].（2007-04-01）[2016-12-06].http://www.nsfc.gov.cn/publish/portal0/tab475/info70229.htm.

❷ 国家自然科学基金委员会.国家自然科学基金委员会章程[EB/OL].（2005-05-28）[2016-12-06].http://www.nsfc.gov.cn/publish/portal0/tab475/info70230.htm.

校、科学研究机构以及其他公益性机构❶，因此，科学基金项目档案的一个主要来源为高校、科研机构及公益性组织，不包含企业等营利性机构，同时科学基金在对依托单位进行注册时，有规范的科研管理及财务管理相关制度与机构要求，为项目管理及项目档案管理的完备性提供了基础保障。

从涵盖范畴上，档案、科技档案、科研档案、科技计划项目档案、基金项目档案具有如下关系，如图1-1所示。

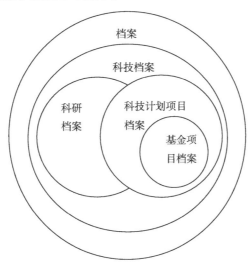

图1-1 档案、科技档案、科研档案、科技计划项目档案与基金项目档案的范畴关系

基金项目档案是由自然科学基金委组织、管理的基金项目档案，是基金项目科技活动的反映和记录，是国家科技计划项目档案的组成部分，科技计划项目档案因项目类型的复杂性和科技活动的复杂性，不仅包含科研档案，也包含各类专门档案，如财务档案、基建档案、设备档案等，虽然在档案学分类中将专门档案独立于科技档案和文书档案，但此处的财务档案等专门档案是围绕项目形成的，本研究将其作为科技档案的一部分。科技档案是档案大家庭中的一部分。基金项目档案、科技计划项目档案具有显著的科技档案和项目档案特点，遵循与之相适应的档案学规律和理论原则。

❶ 国家自然科学基金委员会.国家自然科学基金依托单位基金工作管理办法 [EB/OL].（2005-05-28）[2016-12-01]. http://www.nsfc.gov.cn/publish/portal0/tab475/info70264.htm.

1.2.3 科技信息资源管理视角

科技信息资源是指具有价值和使用价值、与社会活动相关的各种科技、贸易、生产方面的资料、信息等，是反映科技政策、动态和成果等的重要信息资源。科技信息资源按照文献性质可分为科技图书、科技期刊、科技报告、会议文献、专利文献、标准文献、学位论文、产品资料以及技术档案❶。广义的科技信息资源还包含与此相关的各类信息要素，包括信息技术、设备、设施、信息生产者等。

科技信息资源管理可以定义为科技信息资源管理主体在一定的环境和条件下，运用经济、行政、法律、技术等手段，对科技信息资源进行科学规划、有效开发、合理配置和高效利用，以使科技信息资源有效支撑科技创新活动，最终实现组织战略目标的过程。科技资源信息管理主体是指对科技信息资源进行管理的行为主体，包括各级政府、企业、科研院所、中介组织等各类科技信息资源的拥有者和使用者；科技信息资源管理的客体是各类科技信息资源。管理手段包括经济、行政、法律、技术等手段。管理方式包括对科技信息资源的规划、开发、配置、

本文所指的科技信息资源管理视角有五个要点。第一，在对基金项目档案概念的理解上，将突破一般档案意义上的归档保存后的基金项目文件，而是将基金项目档案作为一种重要的信息资源，关注从产生、存储、开发利用与绩效评价的全生命周期管理，认为基金项目档案是具有保存价值的基金项目文件。因此其管理研究将不仅仅局限于文件过程当中最后端，归档保存之后，而是关注全生命周期，关注全过程管理。第二，基金项目档案具有信息资源的特殊性，表现为非物质性、可共享性、时效性、整合性和稀缺性。作为信息资源的基金项目档案是同时具有物理实体的文件和具有非物质性的原始科技信息，信息可以被多客体同时共享，并不会因一方使用和获得信息，而使得第一方无法同时使用信息。信息具有整合性，人们对其检索和利用，不受时间、空间、语言、地域和行业的制约，信息的产生与组织形式直接关系到信息的利用体验与

---

❶ 段明莲,吴悦,张宇红等编著.现代信息检索[M].高等教育出版社,2002:8–17.

利用效果。第三，基金项目档案是包含有重要原始信息的科技信息资源。包含基金项目管理文件和基金项目研发文件，这些文件承载着大量的科技管理信息、科技创新信息，这些信息在社会生活诸多领域都具有重要的价值和使用价值，比如在基金项目管理领域实现科学管理与科学评价，对科学团队和科研人员信用管理，为基金项目评估提供决策支持等。同样实验记录、科研过程报告、科学数据等科技创新信息对科学家开展后续研究及学术交流发挥重要作用。这些信息产出可以开发形成多种信息产品，独自存在，但是，其最基础、最具有原始性的文件信息资料，恰恰是项目档案的组成部分，而且只能是档案的组成部分。基金项目档案理论上囊括了最真实、最准确、最完整的信息资源。第四，基金项目档案作为科技信息资源的管理，不能忽视资源的效益管理。档案作用重要资源被管理起来的基本目的在于被查，但是科技档案有其特殊性，在于科技信息之间的继承、迭代与交流共享，基金项目档案作为国家资助科学研究项目信息资源，具有公共物品属性，更应在知识产权等法律与相关保密政策的允许范围内，积极开展信息资源产品开发与服务，最大限度探讨信息资源的挖掘与利用，资源时效性降低、闲置、甚至是浪费都是全社会的共同损失。第五，基金项目档案作为科技信息资源的管理，不能忽视信息技术、设施、信息人员等信息要素。

1.3 科学基金项目档案相关理论与原则

1.3.1 依据来源原则使之成为有机联系的整体

来源原则其发展过程大致可以分为四个阶段：法国的尊重全宗原则，普鲁士的登记室原则，荷兰的来源原则，德国的自由来源原则。尊重全宗原则产生于法国档案部门。1841年法国档案部门颁布的《各省和各地区档案整理和分类基本条例》中确定全宗是来源于任何一个特定机构，如来源于一个行政当局、一个公司或一个家庭的历史中形成的档案。档案人员在对档案进行整理和分类时要尊重全宗，不得拆散。至于全宗内的档案文件，则可先按问题后按年代、地区或字母顺序划分和整理。尊重全宗原则成为来源原则产生的标志。尊重全宗原则在普鲁士得到推广和发展。1881年，普鲁士国家机密档案馆在其档案整理条例中不仅要求档案人员按来源机关管理所接收的档案，还要求保持档案在原机关的整理顺序和所有标志，从而扬弃了法国关于全宗内必须按事由重新整理的规定，这就发展了法国的来源思想，使其更加完善。因此，西方档案学者说，法国人提出了来源和全宗概念，德国人使来源原则得以形成。1898年，三位荷兰档案学者的《档案整理与编目手册》问世，它是第一部系统论证来源原则的理论著作。而后，来源原则在不同国度、不同传统和不同载体的档案管理中得到运用和发展。来源原则体现了文件形成的相互联系，在编制档案检索工具上具有无可替代的作用，来源原则在电子文件时代仍然是基本原则。

项目档案其收集和整理都体现了来源原则。就基金项目档案来说，作为基金项目管理机构的基金委的项目档案，其产生于具体负责项目组织和管理的八个学部、国际合作局和计划局。各学部以及国际合作局、计划局形成的项目档案在整理和分类的时候都不得拆散，按照年代顺序进行整理。从依托单位的角度看，其项目档案主要来源于各依托单位（委托单位）和科研人员，如申请书、过程记录、研究成果、项目变更申请、结题报告等。还有部分则来源于基金委，如批准通知、计划书等。按照科技档案成套制的要求，需要将来源于科研人员和基金委的科研文件围绕"项目"这个对象集中保存，从而形成一套有机联系的项目档案整体。对于纸质档案来说，每项目档案案卷中的科研文件应按照项目档案生命运动过程的顺序排列，对电子档案来说，应能实现按照来源分组聚类，体现项目档案的有机联系及完整性。另外，电子档案还应注意保存与电子文件生成、保管、利用相关的各种数据，即文件的背景信息，借此体现职能、活动、形成过程等来源的联系，从而保证其证据价值。对于这一点，谢伦伯格早有论断，他认为机关内文件的保存，首先要考虑的是文件作为职能和组织方面的证据价值，这也是为了保持其历史的有机联系的需要。

1.3.2 文件价值理论驱动项目档案从形成者向档案保管机构转移

文件价值理论（具体包括文件价值形成、文件价值形态、文件价值运动、文件价值鉴定等方面）对于现行文件开放利用服务具有基础性意义，是开展现行文件开放利用服务的首要的根本理论依据。现行文件开放利用服务强调的是文件对于社会的有用性，即文件自身的价值只不过是文件价值形成的必要条件而非充分条件，只有通过社会实践活动，结合了社会需求，文件价值才算最终形成，并将其由潜在价值转化为现实价值。文件价值依其利用对象的不同可以分为两种：第一价值，即文件对其形成者的价值；第二价值，即文件对非形成者的价值。在文件的整个生命周期中，这两种价值形态不是固定不变的，而是不断进行着有规律的变化，即文件的第一价值逐步递减，第二价值逐步递增，最终实现第一价值向第二价值的转化。在文件形成之初（现行文件阶段），它对形成机关的第一价值最为突出，所以保存在其形成者手中；随着第一价值的淡化和第二价值的凸显，文件开始由现行阶段向非现行阶段过渡并最终表现为非现行文件，其服务对象由形成者扩展到社会，因而其保存地点也逐步向文件中心和档案室、档案馆转移。文件的利用价值并非完全都是随着时间的推移而增大，相反有许多文件的利用价值往往随着时间的推移缩小甚至消失。一般来说，现行文件在其形成后的前5年利用率最高，之后逐年递减。因此我们应主张不失时机地开发文件信息资源，积极开展利用工作，充分发挥其对国家、社会的重要作用。谢伦伯格文件双重价值理论中的第一价值指的是文件对其形成部门工作事务的有用性，分别体现为行政管理价值、法律价值、财务价值和科技价值，文件的第二价值是指文件对形成机关以外的其他利用者的有用性，包括证据和情报价值。❶❷

价值鉴定是文件管理工作的重要环节，决定着文件的存毁去留。无论在文件的何种阶段，进行文件价值鉴定的视角都不仅应该考虑文件的形成主体，更

❶ 吕新.《论科技档案的第一价值和第二价值》质疑[J].档案学通讯,2013,03:8-10.

❷ 黄世喆.关于科技档案本体论若干问题的探讨(之二)——从科技档案的特点看档案学支柱理论的适用性[J].档案管理,2008,05:11-17.

要分析其利用主体的非特定性，顾及社会需求的多样性和差异性。

由中国科学院、中国国家自然科学基金委员会和加拿大自然科学与工程研究理事会共同主办的全球研究理事会（Global Research Council，GRC）2014年年会在北京召开。会前，基金委发布了《国家自然科学基金委员会关于受资助项目科研论文实行开放获取的政策声明》❶，基金委还正式启动了科学基金资助项目结题报告全文公开工作❷，这体现了项目档案在其生命周期内的价值转换。

1.3.3　文件生命周期理论是指导文档全过程管理的基本理论

文件生命周期理论是指导从文件到档案全过程管理的基本理论，是现代档案学重要理论之一，因管理海量纸质文件的需要而产生并迅速普及，成为文档管理的常用概念和思维方法。文件生命周期理论揭示了文件从形成到销毁或作为档案保存的整个运动规律和管理过程，为文件的科学管理奠定了基础。文件生命周期理论认为文件从形成到销毁或永久保存是一个完整的运动过程；文件是有机的生命体，有一个产生、使用和被销毁或进入档案机构保存的过程；文件的生命过程由一些文件的运动阶段构成，这些阶段顺时依次运动，呈现线性运动的特征；文件生命周期的各运动阶段具有相对独立性，有较为明显的分界线；文件生命周期理论从微观的时间视角出发观察和揭示了文件实体运动各阶段之间的关系以及与具体管理活动之间的关系。文件生命周期模型如图1-2所示。

文件生命周期理论在电子时代仍具有强大的指导价值。随着网络的普及，电子文件的数量呈几何级数增长，但电子文件作为文件的一种类型，仍然具有文件的基本特征。文件生命周期理论认为，现行文件的质量直接决定档案管理的成败，在客观上要求对文件进行前端控制。因此，在文件产生之前和设计阶段就应该确定归档范围及保存价值，并采用相应的保护技术。前端控制就是要从文件运动的全过程着眼，进行整体规划，在文件形成和维护阶段进行监督，把管理工作向前延伸，体现其前瞻性，从文件形成开始就介入保护技术，对有价值的文件采取相应的保护措施。前端控制思想实质上是一种全程管理的思想，无论是纸质文件还是电子文件，都需要依靠前端控制来加强管理，这同样属于文件生命周期理论的范畴。2007年英国国际数字保管中心（Digital Curation Centre）在国际标准《ISO14721：2003 开放档案信息系统—参考模型》（OAIS）的框架下提出了电子文生命周期模型，如图1-3所示。

图1-2 文件生命周期模型

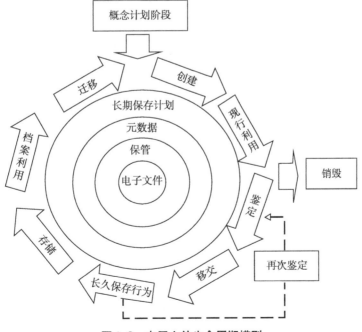

图1-3 电子文件生命周期模型

对于项目档案而言，科学基金管理工作作为完整的业务活动过程，具有明显的线性运动特征和阶段性特征。每个运动阶段都会产生特定的文件，且文件之间具有天然的联系。科学基金管理工作一般包括发布指南、项目申请、项目评审、项目立项、项目实施、项目结题、后续管理及文件归档等几个环节。项目档案，无论是纸质的还是电子的，都具有明显的线性运动特征，其管理必然遵循文件生命周期理论。

1.3.4　文件连续体理论提供文件一体化管理思想

澳大利亚的国家档案标准对文件连续体的定义是："从文件形成（包括形成前，文件管理系统的设计）到文件作为档案保存和利用的管理全过程中连贯一致的管理方式"[1]。同年，厄普沃德构建了基于时空的文件连续体模型[2]，并接连提出了一系列连续体模型（图1-4）[3]。首先，文件连续体模式拓展了文件和文件保管体系范围，有利于了解文件背景及文件工作现状；第二，文件连续体模式认为文件利用才是管理过程的重点；最后，文件连续体模式强调不同机构之间的协作，尤其是在有紧密联系但又存有隔阂的业务方面的合作[4]。因此，文件连续体模式最大的贡献是提供了文件一体化管理的思想[5]。

---

[1] Standards Australia. As 4390–1996 Standards australia：records management：1996[S/OL].[2017–03–29].http：//xueshu.baidu.com/s？wd=paperuri：(ad45c7ff135745b5bbb343b0305ea489)&filter=sc_long_sign&sc_ks_para=q%3DA+study+of+the+use+and+importance+of+Australian+Standard+AS+4390+–+Records+Management+by+members+of+the+Records+Management+Association+of+Australia&tn=SE_baiduxueshu_c1gjeupa&ie=utf–8&sc_us=15046315803659547201.

[2] Upward，F. Structuring the records continuum–part one：post–custodial principles and properties[J].Archives and manuscripts,1996,24(2)：268–285.

[3] Upward，F. Modelling the continuum as paradigm shift in recordkeeping and archiving processes，and beyond a personal reflection[J].Records management journal,2000,10(3)：115–139.

[4] 安小米.文件连续体模式对电子文件最优化管理的启示[J].档案学通讯,2002(3)：52–55.

[5] Flynn，S.J.A. The records continuum model in context and its implications for archival practice[J].Journal of the society of archivists.2001,22(1)：79–83.

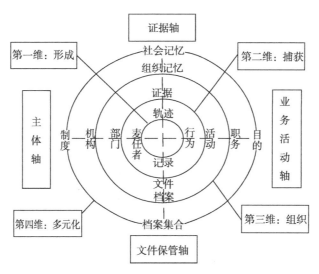

图1-4 文件连续体模型

1.3.5 档案研究中的"三位一体"知识结构体系

　　档案学已形成了集专业基础层、信息管理层和政治文化层于一体的较为完善的知识结构体系。其中专业基础层是该体系的坚实核心，信息管理层是其紧凑的相关，政治文化层是其广阔的外围❶。因此，档案管理是一个以档案专业知识为基础，借鉴信息管理的技术、方法等，在政治文化及法制宏观框架下运行的一种多学科相融的系统性工程。档案学专业知识是档案管理的基础和核心，使档案管理区别于其他学科，具有独立的学科特点并指导实践工作；信息管理层侧重档案的知识属性即采用一定方法及技术手段，实现信息和知识的共享与交互，注重档案作为一种信息资源的知识价值与情报价值；档案是人类社会生活的记录，具有凭证属性，也是历史文化的一部分，虽然科研档案与文书档案相比具有较强的知识属性特点，但也是科技文化事业的一部分，同时在管理法规与标准上不能脱离档案管理的总体规范要求，而档案工作也是与国家政体，档案管理模式与体制紧密相关的，所以说，档案研究应兼顾档案专业、信息管理及政治文化。

❶ 甘玲,朱玉媛.论档案学"三位一体"的知识结构体系及其相对稳定性[J].图书情报知识.2005.2:43-46

1.3.6　质量管理、过程管理、系统管理等现代管理理论

质量管理理论强调经营管理的每一环节都以质量为中心，以客户需求为导向，以全员参与为基础，可为改进和提升科技信息资源质量提供重要借鉴。管理过程理论将管理职能分为计划、组织、人事、领导和控制，而把协调作为管理本质，这对于明确科技信息资源管理的职能具有重要指导意义。系统管理理论认为组织是人们建立起来的相互联系并共同运营的要素所构成的系统，任何子系统的变化均会影响其他系统的变化，运用系统观点考察科技信息资源管理过程，有助于提高科技信息资源管理的整体效率。

1.4　国内外研究现状

1.4.1　国内研究现状

1.针对科学基金项目档案的研究

张民社[1]介绍了 NSF 项目档案数字化工程。2004 年，国家自然科学基金1982—1998 年项目档案全部移交到中央档案馆，实现了自然科学基金会档案管理工作与国家档案管理工作全面接轨。科学基金资助项目档案管理是项目管理的后端，档案管理与项目管理前期的受理、评审、经费管理、中期检查、结题、评议等各个环节共同组成了基金管理的内容，同时也是对前期各个环节工作的最后监督与制约。袁旭[2]介绍了国家自然科学基金项目档案的利用概况及"国家自然科学基金资助项目信息共享服务网站"的建设情况，并对比分析了科技档案利用系统及国外科技档案的网络利用情况，研究了项目档案开放利用的内涵、指标、工作机制和可能出现的问题。冯奇[3][4]探讨了科学基金文档一体

❶ 张民社,吴宁,龙军,杨奕娟,张志吴.加强项目档案管理推进国家自然科学基金管理信息化建设[J].中国科学基金,2005(1):49-50.

❷ 袁旭.国家自然科学基金项目档案开放利用研究[C]//国家档案局档案科学技术研究所.新常态下的档案工作新思维论文集.北京:中国文史出版社,2015:286-292.

❸ 冯奇,吴宁.关于科学基金文档一体化系统建设的思考[J].中国科学基金,2015(4):293-295.

❶ 冯奇,吴宁.PDF文档解析在国家自然科学基金项目档案数字化验收过程中的应用[J].中国科学基金,2012,26(06):372-376.

化系统建设，建议通过电子文件管理的前端控制、文本挖掘技术和权限管理，实现政务管理质量和效率的提升。通过PDF文档解析提高验收效率，此项工作需要在业务系统中对归档需要的元数据进行前端控制，实现档案基本信息和电子文件自动归档，指出文件、档案一体化管理具有重要性和迫切性。目标是把档案信息库转变为社会科技发展和科学基金项目管理的知识库。孙站成[1]、毕建新[2]就依托单位的建档工作提出思考，指出基金委档案管理遥遥领先，依托单位建档工作水平不一，存在顶层设计不够、标准欠缺；责任主体不明确、管理力度不足；建档材料不全，原始记录不全，合作单位档案材料不全等问题。此外，冯惠玲与刘越男分别于2010年和2011年获得基金委的委托研究项目《数字环境下国家自然科学基金委文件、档案规范化管理策略》与《科学基金数字文件管理创新发展路径研究》，对基金委的文件、档案科学化、规范化管理开展研究。研究人员分别从项目管理部门与依托单位的不同角度对基金项目档案管理展开了研究，积极有效的推动基金项目档案管理工作。

2. 针对科技计划项目档案的研究

王新才[3][4]梳理了我国在科技计划项目档案管理标准规范建设方面取得的成绩和存在的问题，指出科技档案管理相关规范跨越时间久，与现实要求存在一定差距；针对具体每类科技计划项目的专门档案管理规范与标准尚未制定，科技计划项目档案管理标准规范体系仍未形成，并提出管理策略。崔爱菊[5]认为，我国科技项目档案管理已经形成了一套制度保障、模式成型的管理方式，但依然存在法规建设水平相对滞后，体系不完善等方面问题，基金项目档案管理的标准规范体系尚未形成，规章制度的缺失是基金项目档案管理工作需要解决的

---

[1] 孙站成,傅裕贵,许炎生.关于国家自然科学基金资助项目建档工作的几点思考[J].中国科学基金,2008(6):364-366.

[2] 毕建新等.有关科学基金项目档案管理的思考与建议[J].中国科学基金,2015(3):207-211.

[3] 王新才,陈荷艳.国家科技计划项目档案管理标准规范建设思考[J].档案学通讯.2013(2):84-88.

[4] 王新才,周佳.科技计划项目档案管理策略研究——基于华中地区五所高校科技计划项目档案管理情况的调查[J].信息资源管理学报,2013,3(02):91-96.

[5] 崔爱菊.试谈国家自然科学基金资助项目的归档管理[J].山东档案,2015,(05):41-42+77.

首要问题。潘世萍❶❷分析了项目档案的主体多元化、主体临时组合性、归属复杂性、内容综合性，高使用价值性等特点，认为项目档案的完整性、系统性较差，加之体制、机制、管理手段的限制，项目档案分散在承担单位的业务部门，导致利用率极低。政府对项目档案具有成果使用权、行政介入权和成果收益分享权等。张爱霞❸对国家科技计划项目档案管理的现状，包括管理体系和管理模式以及存在的主要问题进行了分析，在此基础上提出了加强国家科技计划项目档案管理的对策建议。安小米❹认为，我国国家科研项目文件管理目前仍处于"三无"状态：即无统一管理的机构、无统一管理的法规和无统一管理的标准规定。仅关注已经形成的科研项目档案的管理，不重视正在形成和将要形成的科研文件的管理，文件管理理念落后，缺少集成管理意识，管理制度尚待完善。张爱霞❺从国家知识资产的角度，从多元视角构建管理体系探讨了项目文件资源管理体系框架模型四维度，以及组织模式、流程优化、资源整合、服务模式、政策法规等管理要素。科学基金项目档案作为科技计划项目档案的一种，其管理规律应具有科技计划项目档案管理一般规律特点。

3.科技档案基本理论、现象、规律与政策研究

国家档案局经科司王岚❻❼❽发表一系列研究文章论述文件与档案的关系（document、record、archive），认为英文中的record应与中文的档案含义一致，

---

❶ 潘世萍.论国家科技计划项目档案中政府权益的体现[J].档案学研究.2007(6)：11-13

❷ 潘世萍,贺真,徐云,李名选.我国科技计划项目档案构成及特点初探[J].北京档案,2013,(10)：13-16.

❸ 张爱霞,沈玉兰.国家科技计划项目档案管理现状分析及对策研究[J].科技进步与对策,2008,25（12）：25-28.

❹ 安小米,赵建平,朱叶吉,段小华,倪永宁.面向知识管理的国家科研项目集成化文件管理体系构建研究:背景、框架及模型[J].山西档案,2008,(03)：15-18.

❺ 张爱霞等.国家科技计划项目文件资源管理要素研究[J].图书馆论坛,2012(03)：167-171.

❻ 王岚.厘清责任坚守本义筑牢档案工作的概念根基[J].中国档案,2012(03)：38-41.

❼ 王岚.法律与学术中的"文件"与"档案"——Documents与Records关系正理[J].档案学研究,2011（05）：4-14.

❽ 王岚.文件管理还是档案管理?——Records Management正义[J].档案学研究,2010(05)：23-29.

甚至在大文件观下，Record的范畴更大，大于档案，对于文件和档案在翻译和理解上的误区已经影响档案事业的发展。黄世喆[1][2]研究认为，科技文件运动规律的理论基础为文件生命周期理论、文件连续体理论等，科技文件的运动规律决定科技档案的性质，成套性、完整准确真实和现实性；全宗理论不适用于科技档案。霍振礼[3]从"文件生命周期"入手，认为"档案的形成规律是人们在社会实践活动中，根据逻辑程序，在档案意识的指导或干预下形成文件，经整理、鉴别，特别是归档后形成的"，科技档案形成符合档案形成的一般规律。贺德方[4]与贺真[5]探讨了科技报告与科技档案的关系。加小双[6]等通过介绍、分析、比较国外科研档案管理制度、标准化体系、文件生命周期理论、管理制度、典型案例等，为我国科研档案工作提供借鉴。徐拥军[7]张斌[8]对我国科技档案管理体制机制存在的问题进行了梳理研究，提出树立新科技档案观，健全科技档案工作法规制度体系等10个方面31个建议，引人深思。毛天宇[9]利用文献计量学方法得出科技档案研究具有数字化研究趋势。科技档案相关理论离不开档案理论的支撑，相关研究取得了丰硕成果，但还存在认识上的不同观点，有待进一步深入探讨。科学基金项目档案是科技档案的一种，科技管理法规政策、科技档案管理法规政策直接影响基金项目档案管理工作。科技档案的深入研究为科学基金项目档案管理奠定了基础。

---

[1] 黄世喆.科技文件运动规律研究[J].档案学通讯.2005(1):43-46.

[2] 黄世喆.关于科技档案本体论若干问题的探讨(之二)——从科技档案的特点看档案学支柱理论的适用性[J].档案管理.2008(15):11-17.

[3] 霍振礼.从文件生命周期透视档案形成规律[J].中国档案.2014(11):42-44.

[4] 贺德方.再论科技报告与科技档案的区别—与"也谈科技报告与科技档案的区别"的作者商榷[J]档案学研究,2016(4):30-35.

[5] 贺真,李名选.也谈科技报告与科技档案的区别——与"中国科技报告体系的建设模式研究"的作者商榷[J].档案学研究,2014(02):28-33.

[6] 加小双,张斌.欧美科技档案管理的经验借鉴[J].档案学研究,2016(1):25-31.

[7] 徐拥军,张斌.我国科技档案管理体制机制的现存问题[J].档案学研究,2016(02):14-21.

[8] 张斌,徐拥军.我国科技档案管理体制机制建设的政策建议[J].档案学研究,2016(03):25-34

[9] 毛天宇.我国科技档案研究的发展现状和研究特征——基于国内档案学核心期刊的文献计量分析[J].档案建设.2015(9):8-12.

4.对国外科研资助机构项目档案信息资源管理研究

霍振礼[1]认为，美国存在实际意义上的科技档案和科技档案工作，美国的科技档案和科技档案工作更注重科技文件材料的成果性，科技档案隐含在情报资料之中，科技报告工作类似于我国科技档案工作。潘世萍[2]进一步分析了科技报告的档案属性，认为项目档案和科技报告都是科技成果的记录形式，都是科技管理的对象与工具，同为科技创新的信息资源保障，两者可相互转化。董宇[3]等利用"science archives、science data、science information、science informationresource、science records、science knowledge、science reports"等关键词研究了国外科技档案的研究进展。钱澄[4]等调查分析了国外7个科研机构、基金会和协会、高校的典型科研文件管理制度。

科研资助机构科学数据管理研究。陈大庆[5]调查了英国科研资助机构数据发布时间及内容等方面的管理政策，王巧玲[6]等在介绍了英国科学数据共享的法律基础、指导思想和原则基础上，研究分析了英国研究理事会、基金会、大学、政府部门等的科学数据管理政策。李向阳[7]等对国外主要科研资助机构颁布的数据管理计划（DMP）政策进行了调研分析。张瑶[8]等以英美研究理事会为例，对国外科研资助机构数据政策进行调研了与分析，将科研资助机构的科

---

[1] 霍振礼,尹建.美国为什么不存在科技档案和科技档案工作的专门概念[J].档案,2004(4):35.

[2] 潘世萍,李名选.美国国家档案馆接收科技档案带给我们的启示——兼论科技报告的档案属性[J].档案学研究,2017(05):113-116.

[3] 董宇,安小米,钱澄,郝春红.信息化视角下国外科技档案管理研究进展与特点[J].档案与建设,2014(07):15-19.

[4] 钱澄等.国外科研文件管理制度典型案例研究及借鉴[J].北京档案,2014(8):12-15.

[5] 陈大庆.英国科研资助机构的数据管理与共享政策调查及启示[J].图书情报工作,2013,57(8):5-11

[6] 王巧玲,钟永恒,江洪.英国科学数据共享政策法规研究[J].图书馆杂志,2010,29(3):63-66.

[7] 李向阳,顾立平,王彦兵.国外科研资助机构数据管理计划政策的调研与分析[J].情报资料工作,2016(1):62-67.

[8] 张瑶,顾立平,杨云秀,等.国外科研资助机构数据政策的调研与分析——以英美研究理事会为例[J].图书情报工作,2015,59(6):53-60.

研数据政策分为存储政策、质量监管政策及传播政策。杨淑娟❶过对英国研究理事会的数据政策共同原则和美国国家自然科学基金委员会的数据管理的原则、方针和要素进行解读，建议图书馆做好数据管理计划服务的人才、制度和服务模式准备。汪俊❷比较了美国NSF和NIH在科学数据共享的理念、内容和方式等方面的差异，深度剖析了其在科学数据共享方面面临的困境及其解决方案，结合国家自然科学基金在科学数据共享方面的实践进展，提出了完善我国科学数据共享的对策建议。

对国内的科学数据管理研究侧重于科学研究数据而不是资助机构数据管理或者是科研项目数据管理，可能与国内数据管理政策与实践的发展现状有关。王祎❸对国际科学数据管理与共享的发展历程进行了系统总结，重点比较分析了美国、欧洲在科学管理与共享方面的优劣势，结合我国科学数据管理与共享的现实情况，提出了适合我国国情的科学数据管理与共享建议。邓仲华❹对我国现有科学数据平台进行抽样研究，指出现有平台有行业和领域局限，众多分散的高校或企业科研项目产生的科学数据常难以长期保存，又缺乏统一的科学数据处理标准，科学数据难以实现共享。樊俊豪❺、刘玉敏❻、陆丽娜❼等分别研究了科研机构以及机构图书馆的科学数据管理。

"科技档案"概念具有国家特色，在借鉴国外科技信息资源管理规律时，我国学者也关注到科技报告、科学数据、科技文件等在科研资助机构信息管理领域的重要作用。

---

❶ 杨淑娟,陈家翠.研究成果传播与共享——英美国家基金项目数据管理计划概述[J].情报杂志,2012,31(12):176-179+69.

❷ 汪俊.美国科学数据共享的经验借鉴及其对我国科学基金启示:以NSF和NIH为例[J].中国科学基金,2016,30(01):69-75.

❸ 王祎,华夏,王建梅.国内外科学数据管理与共享研究[J].科技进步与对策,2013,30(14):126-129.

❹ 邓仲华,黄雅婷."互联网+"环境下我国科学数据共享平台发展研究[J].情报理论与实践,2017,40(02):128-132.

❺ 樊俊豪.图书馆在科学数据管理中的角色定位研究[J].图书情报工作,2014,58(06):37-41.

❻ 刘玉敏,张群.中美高校图书馆科学数据服务调查与分析[J].图书馆论坛,2017,37(11):132-138.

❼ 陆丽娜,王萍,张辐麒.国内外大学科学数据监管比较研究——以国内外农业高水平大学为例[J].图书情报工作,2016,60(23):62-68.

5.其他相关研究

电子文件、数字档案管理取得系列进展，为基金档案研究奠定了基础。冯惠玲[1]对于我国电子文件管理研究起到了开创新和奠基人的作用，提出了"三位一体的数据工作模式"和"多重控制"方式保证数据质量的可靠。麻新纯[2]认为，文件生命周期理论、前端控制思想及后保管模式是电子文件一体化管理的理论基础，信息技术引发的文档信息网络化和全国规模的严密完整的文档机构组织体系是文档管理一体化的实践基础[3]。刘越男[4]认为，电子文件的全程管理有许多新的突破和发展，表现在理论基础由传统的文件生命周期理论发展为电子文件生命周期理论，管理目标由提高文件流效率升华为提高整体业务效率，管理范围由收发文拓展为全部文件，管理流程的整合和优化由局部向整体发展，监控办法由事后纠正到全程监控，机构内部配套管理体制由文件、档案部门的"硬性合并"向各方人员的"软性合作"发展，宏观管理中的行政指令更多地为多边合作和服务所取代。周毅[5]提出了"文件管理流程重组"这一概念。随着以计算机技术为核心的信息技术在文件管理部门的逐步运用，传统的以流程分工为特点的文件管理模式已经不能适应电子文件形成和管理的需要。重新设计后的文件管理业务流程是以电子文件形成为起点，以电子文件处理和管理为核心，以便于电子文件的保管、利用及提高其运行效率为最终目的的业务链。文件管理流程重组有利于文档一体化管理，通过前端介入提高文件质量。马林青[6]对在文件管理中系统应用业务活动分析方法的必要性进行了分析，阐述了系统的业务活动分析方法论，对业务活动分析结果在文件管理中的应用

---

[1] 冯惠玲、李华.档案工作现代化的重大课题——论档案计算机检索的数据准备[J].档案学通讯,1992(1):41-45.

[2] 麻新纯.电子文件时代文档管理一体化论[J].档案管理,2005(6):44-47.

[3] 安小米等.21世纪的数字档案资源整合与服务:国外研究与借鉴[J].档案学通讯,2014(2):47-51.

[4] 刘越男.电子文件全程管理——对纸质文档一体化管理的继承和发展[J].浙江档案,2006(3):19-21.

[5] 周毅.信息技术运用与文件管理流程的重组[J].档案学通讯,2001(1):19-22.

[6] 马林青.业务活动分析方法在文件管理中的应用研究[J].档案学研究,2013(6):4-8.

方式进行了探讨。李丽云[1]分析了E-Science环境下电子科研档案采集—整理—管理—利用的管理流程。

倪晓春[2]认为，我国档案管理标准体系微观上存在标准老化、制修订周期长、采标先进性不高等问题，宏观上存在完整性差、系统性缺乏等问题，从体系环境、功能需求、机构要素三个方面分析提出档案管理标准体系框架设计。徐欣云[3]认为，我国的档案工作和档案学理论具有政治性，因此在理论和实践研究中应当给予重视。

1.4.2　国外研究现状

1.重视文件管理，强调文件档案全过程管理

1940年美国档案学研究者菲利浦·C.布鲁克斯提出了文件生命周期理论，即文件从其形成到销毁或永久保存的过程中，研究文件属性与人的主体和行为之间关系问题的理论[4]，国际文件和档案领域广泛采用文件生命周期理论描述文件的流程阶段。科研档案管理也分为文件管理和档案管理，科研文件管理的目标是基于证据的科研决策支持、科技项目治理和科技创新支持；科研档案管理的目标是维护科学家、科研机构或基金会、学科科学史和科技活动记忆[5]。美国、英国等国家科研机构、科研基金会和协会等类型机构，其科研档案管理覆盖文件的全生命周期，将整个运动过程的科研文件纳入管理范围，包含科研文件和科研档案，科研档案仅是其中需要永久保存的部分[6]，如NASA（美国航空航天局）、NSF（美国国家科学基金会）和JISC（英国联合信息系统委员会）等科研和科研管理机构，在科研文件进入档案馆之前就进行整个生命周期的监督和指导。美国政府将记录研究工作全过程的调研报告、论证报告、进展

---

❶ 李丽云.E-Science环境下实现电子科研档案管理流程的探讨[J].科技管理研究,2009(10):261-263.

❷ 倪晓春.中国档案管理标准体系建设与发展研究[J].档案学通讯.2016(4):84-88.

❸ 徐欣云.我国档案理论与实践关系的再探索——重申政治因素的影响[J].图书情报知识.2011(1):57-62.

❹ 张关雄.评外国文件生命周期理论[J].档案学研究,2000(2):75-77,64.

❺ 安小米.中外科研档案管理的现状比较及借鉴[J].中国档案,2007(8):60-61.

❻ 钱澄等.国外科研文件管理制度典型案例研究及借鉴[J].北京档案,2014(8):12-15.

报告、中间报告，以及技术札记、备忘录等原始记录材料编入四大科技报告，按密级在不同范围交流❶❷❸❹。

2.重视科研文件档案管理的科学和规范

科研文件档案作为科学研究及其成果的载体，其管理广受重视。国际档案理事会下属的科学档案分类委员会开展的活动与美国档案工作者协会开展的科学与技术、医疗与健康工作等活动，在科研文件档案理论实践工作方面具有积极引导的作用。在美国、英国、澳大利亚、瑞典等国家，政府投资的科研项目文件被看成是公共文件（Public Records），是公共产品的储存形式，并据此制定了专用性的管理标准规范。对国家科研项目文件的管理在鉴定和移交档案馆永久保存和提供公众利用方面有专门性的法规❺。2007年加拿大政府制定了《关于加拿大政府计划、活动及结果文件管理标准的制定：业务管理者与文件专业管理者指南》，在该标准中"文件管理被视为机构能力建设的基本工具和资源，在国家公共事务管理中支持决策要求、问责制、财务管理、绩效评估"。加拿大的科研档案管理受数据保护法、知识产权法、信息自由法、档案法、大学和学术机构的政策、研究团队的规定、捐赠机构的要求等多种制约❻❼。法国每个科研过程都认真地作为档案予以保存，并上升为法律在全国的研究机构中得到执行❽。还有美国科学促进会制定的《文件规划：如何做指南》、英国国民

---

❶安小米等.面向知识管理的国家科研项目集成化文件管理体系构建研究：背景、框架及模型[J].山西档案,2008(3):15-18.

❷黄宁燕,孙玉明.法国科技文献的档案管理体系调查[J].科技管理研究,2009(9):88-89.

❸ http://www.tbs.gc.ca .[EB/OL].[2015-08-02].Treasury Board Secretariat.

❹ Home-The National Archives[EB/OL].[2015-7-16]. http://www.nationalarchives.gov.uk/.

❺安小米等.面向知识管理的国家科研项目集成化文件管理体系构建研究：背景、框架及模型[J].山西档案,2008(3):15-18.

❻曹宇,孙沁.《加拿大图书档案馆法》述评及其对我国《档案法》建设修改的启示[J].档案学通讯,2011(1):39-42.

❼ Treasury Board Secretariat - Canada.ca[EB/OL].[2015-08-02] https://www.canada.ca/en/treasury-board-secretariat.html.

❽黄宁燕,孙玉明.法国科技文献的档案管理体系调查[J].科技管理研究,2009(9):88-89.

健康服务基金委员会制定的《科研项目文件的文件管理》等系列制度规范。❶❷
在管理的原则和规范方面，科研文件管理遵循一般公共文件管理原则，采纳或
引用ISO15489等系列文件管理国际通用标准❸。通过将科研项目档案管理纳入
政府公共管理体系保证文件的控制力，纳入事务活动法规体系保证文件的证据
力，纳入信息利用法规体系保证文件的服务力，采纳国际化文件管理标准保证
文献的规范化。

3.重视电子科研文件的管理

国外电子科研文件管理发展历程，以信息技术手段划分，经历了3个阶
段：计算机电子化管理（1967—1994年）、分布式计算机网络化管理（1994
—2000年）和互联网大数据智能化管理（2000年至今）❹，产生了前端控制
思想、全程管理思想、双重鉴定思想和国家战略思想等重要管理思想与研究
成果，形成了具有一定体系的管理规范和标准，对电子科研文件记录科学与
技术活动过程，科研活动电子信息的产生、发布、保护、管理和利用等活动
予以规范，为实践工作的开展提供借鉴和指导。如电子文件管理国际标准系
列：国际标准ISO15489（信息与文件–文件管理）是可信电子文件管理体系
的基础和核心；国际标准ISO23081（信息与文件–文件管理过程–文件元数
据）是针对ISO15489而制定的文件管理元数据标准，在国际文件与档案领
域，该标准的采标率达到90%以上。❺国际标准ISO/TR 26122（信息与文件–
用于文件的工作过程分析），是在ISO15489基础上针对建立可信电子文件分
类方案而制定的前端控制标准。❻还有ISO/TR13028（信息与文件–文件数字

---

❶ Home–The National Archives[EB/OL].[2015-7-16].http://www.nationalarchives.gov.uk/.

❷ National Archives [[EB/OL].[2015-8-4].https://www.archives.gov/.

❸ 李泽江,安小米.基于ISO15489的文件处置研究[J].北京档案,2010(3):10-13.

❹ 董宇等.信息化视角下国外科技档案管理研究进展与特点[J].档案建设,2014(7):15-19.

❺ ISO. Information and documentation – Records management processes – Metadata for records（ISO 23081）:2006[S/OL].[2016-12-23].https://www.iso.org/standard/57121.html.

❻ ISO. Information and documentation– Work processanalysis for records（ISO/TR 26122）:2008[S/OL]. [2016-12-23].https://www.iso.org/standard/43391.html.

化实施指南）等。❶❷❸2005年以后欧美国家陆续从国家层面制定电子文件管理策略，如英国国家档案馆（TNA）的电子政府文件管理指南及政策框架项目，德国国家档案馆的数字档案信息长期保存技术研究项目，丹麦国家档案馆的电子文件战略与需求研究项目等❹。英国数据资产框架（Data Asset Framework，DAF）构建了一整套数字资产审计制度，防止电子科研档案资产的流失，并开发了相应管理软件工具，应用广泛❺。

4.重视科学数据管理

资助机构、科研机构重视科学数据的管理和共享。2010年，NSF声明更改其数据共享政策，要求自2011年7月18日起，所有申请NSF资助的项目计划要以两页补充文件形式提交研究项目的数据管理计划（Data Management Plan）❻。NSF在其《申请、资助政策和程序指南》（Proposal&Award Policies&Procedures Guide）中明确对数据管理（Chapter II.C.2.j）和数据共享（Chapter XI.D.4）❼提出明确要求。英国惠康基金会（Wellcome Trust）2010年8月发布《数据管理与共享政策》，要求所有寻求该机构资助的研究者需要考虑研究提出阶段对科学数据管理和共享的方法，惠康基金将通过不同领域科学数据的共享等方式来为最大化科学数据的价值营造环境❽。美国国家医学卫生

❶ ISO . Information and documentation—Implementation guidelines for digitization of records（ISO／TR 13028）：2010[S/OL].[2016-12-23].http：//www.tsinfo.js.cn/inquiry/gbtdetails.aspx?A100=ISO/TR%2013028-2010.

❷ ISO. Information and documentation—Space data and information transfer systems—Open archival information system—Reference model（OAIS）（ISO/TR 14721）：2003[S.OL].[2016-12-28].http：//www.oais.info/.

❸ ISO. Information and documentation—Digital records conversion and migration process（ISO 13008）：2012[S/OL].[2016-12-28].https：//www.iso.org/standard/52326.html.

❹ 杨安莲. 聚焦电子文件管理前沿———国际电子文件管理研究热点及启示[J]. 档案学通讯，2007（6）：60-64.

❺ 郝春红等.数字科研档案资产管理研究——英国数据资产框架案例分析及借鉴[J].北京档案，20014（1）：13-16.

❻ Dissemination and Sharing of Research Results[EB/OL].[2018-01-05]NSF-National Science Foundation https：//www.nsf.gov/bfa/dias/policy/dmp.jsp.

❼ PAPPG Introduction [EB/OL].[2018-02-10].https：//www.nsf.gov/pubs/policydocs/pappg18_1/index.jsp.

❽ Policy on Data Managementand Sharing[EB/OL].[2018-01-12].http：//www.wellcome.ac.uk.About- us. Policy.Policy- and- position- statements.WTX035043.htm.

研究院（National Institutes of Health，NIH）专门就科学数据共享问题发布一系列政策。2011 年，新西兰健康研究委员会（The HealthResearchCouncilofNew-Zealand，HRC）等17家健康机构等共同签署共享科学数据联合声明，希望通过建立数据管理和共享的框架和标准，促进医疗卫生的更快发展、发挥更好的资金价值以及实现科学更高质量的发展❶。英国伦敦大学由学校制定强制性数据开放政策，要求作者将与科研成果相关的科学数据提交到由图书馆主导构建、管理的机构知识库，所有科学数据可以通过伦敦大学发现系统（UCL Discovery）查询并在全球范围内开放获取❷。约翰·霍普金斯大学的科学数据管理服务（Johns Hopkins University DataManagement Services，JHUDMS）包括 3 方面；提供科学数据管理计划制定的咨询服务，通过约翰·霍普金斯大学的数据档案库提供科学数据的归档服务和科学数据管理培训服务。❸

5.重视国际合作与开放获取

开放获取是国际科技界、学术界、出版界、信息传播界为推动科研成果利用网络进行自由传播而发起的运动，以此促进科学信息的广泛传播、促进学术信息的交流与出版、提升科学研究的公共利用程度、保障科学信息的长期保存。以德国马普学会、开放社会协会等为代表的许多科研机构、行业协会和社会组织积极推动科技信息开放获取运动，2002 年发布了《布达佩斯开放获取计划》（Budapest open Access Initiative）.❹，2003 年发布了《关于自然科学与人文科学资源的开放获取的柏林宣言》（Berlin Declaration on Open Access to Knowledge in the Sciences and Humanities）❺。2004 年初，美国国立卫生研究院（National Institutes of Health，NIH）制订了公共获取政策草案——《NIH 提高对科研信息开放获取政策草案》并于2005 年正式公布开放获取政策。2007 年

---

❶ 黄如花,邱春艳.国外科学数据共享研究综述[J].情报资料工作,2013(04):24-30.

❷ UCL publications policy 2012[EB/OL].[2016-01-14]. ht-tp://www. ucl. ac. uk/library/open-access/publications-policy.

❸ 陈丽君.约翰·霍普金斯大学科学数据管理服务实践与启示[J].现代情报,2016,36(04):110-114.

❹ BOAI. The Budapest Open Access Initiative after 10 years.[EB/OL].[2015-04-16]. http://www.budapestopenaccessinitiative.org/boai-10-recommendations.

❺ BOAC. Berlin Declaration on Open Access to Knowledge in the Sciences and Humanities [EB/OL].[2015-04-16].http://openaccess.mpg.de/67605/berlin_declaration_engl.pdf.

美国国会众议院通过了一项NIH强制要求开放获取的提案并获布什总统的签署。2008年，NIH又发布了《加强对NIH资助研究的存档出版物公共获取的政策》的修订版，该政策要求受NIH资助的研究人员必须将其经过同行评审的最终版本论文存放在美国医学图书馆在线文档库PubMed Central中，论文的全文必须在发表后至多12个月内可供公众免费获取❶。英国研究理事会（Research Councils UK，RCUK）2005年公布了《RCUK关于研究成果开放获取的立场声明》的草案，声明适用于同行评议的期刊论文，还适用于会议的发言稿。它采用一种分布式的机构知识库而不是一个中心的机构知识库，其成员组织可根据各自的情况制定各自的开放获取政策❷。2016年9月第18届国际档案大会在韩国首尔召开，会议指出档案工作者的工作环境20年来已经发生了翻天覆地的变化，技术促使个人、家庭、公共机构、志愿者组织、私人企业等生成的文件呈指数式增长，文件格式愈加复杂多样，这些文件需要在慎重平衡隐私权与利用权的基础上负责任地予以管理；文件中所蕴含的信息具有巨大的潜在资产价值，应该从社会整体利益出发，明智地对其进行管理。会议形成《公告》强调档案是一种独特的、不可替代的信息资源。着力制定数字文件管理方针，倡导对新数字化技术的基础设施建设与维护进行持续性投资加强国际合作❸❹。在实践领域，基金资助机构主要采取削减项目资助资金或取消受资助者再次申请基金资格的惩罚性措施来督促科研人员遵守其OA政策，科研机构则将科研人员遵守OA政策的情况与其绩效评估相挂钩，借以激励机构成员实现研究产出的开放获取❺。

---

❶ NIH. Policy on Enhancing Public Access to Archived Publications Resulting from NIH-Funded Research[EB/OL].[2015-04-16]. http://grants.nih.gov/grants/guide/notice-files/NOT-OD-05-022.html

❷ RCUK. RCUK Announces Proposed Position on Access to Research Outputs[EB/OL].[2015-04-16]. http://webarchive.nationalarchives.gov.uk/20110304132839/http:/rcuk.ac.uk/media/news/2005news/Pages/050628.aspx

❸ 2016国际档案大会首尔公报：档案、和谐与友谊——延续首尔精神[DB/OL].[2016-10-28].http://www.dajs.gov.cn/art/2016/10/19/art_1230_82359.html.

❹ Universal Declaration on Archives | International Council on Archives [EB/OL].[2016-12-11].http://www.ica.org/en/universal-declaration-archives.

❺ 张燕,刘筱敏.强制性且带有激励措施的OA政策调研及实例分析[J].图书情报工作,2016,60（18）:89-100.

第2章
国内外基金项目档案中关键信息资源

项目档案是项目工作的伴生物，记录项目整个生命周期，真实反映项目的发展进程和项目成果，是项目管理与监督的凭证，更是重要的科技信息资源。纵观国内外研究情况，国内外对科技档案、项目档案的概念、内涵和外延还存在不同的看法，从科技项目管理的角度，为充分管理和使用科技信息资源，研究科技档案的管理不应局限于狭小的已经归档保存的档案信息资源，而应从档案资源的产生与项目周期伴生特点出发，关注生命周期中的符合文件前端控制理念的形式各样，但最终将转化为档案的各种信息资源。科技报告和科学数据是国外基金项目信息资源管理中重点关注的对象，我国基金项目档案中涵盖的重要信息资源，下面重点就此进行对比研究。

2.1 科技报告与科技档案

2.1.1 科技报告、科技档案的一般定义

我国国家标准科技报告编写规则（GB/T7713.3–2009）认为，科技报告是科学技术报告的简称，是用于描述科学或技术研究的过程、进展和结果，或描述一个科学或技术问题状态的文献。2013年10月，科技部印发《国家科技计划科技报告管理办法》，其中第二条称"科技报告是描述科研活动的过程、进展和结果，并按照规定格式编写的科技文献，目的是促进科技知识的积累、传

播交流和转化应用"

美国科学技术报告编写标准（ANSI/NISOZ39.18）将科技报告解释为"用以传递基础或应用研究的结果、支撑基于这些结果所产生的决定"。这类报告应包含一些必要的信息，用于解释、应用或重复一项研究结果或方法，其主要目的在于推广传播科学技术研究的结果，并提出有关的行动建议。而我国的概念包含的信息是：第一、内容。描述科技活动。第二、形式。有规定格式；第三、目的。知识积累、知识传播、转化应用。国外的概念包含的信息：第一、内容。必要的信息用以解释、应用、重复结果或者方法。第二、目的。传递研究结果、决策支持，主要是传播研究结果，提出建议。另外，《科技报告—编制、格式和保存》（ANSI/NISOZ39.18-2005）也对科技报告的格式给予规定。所以从概念来看，中国和美国的科技报告没有本质区别，都是描述科技活动，都有规范的格式，都是为了科技知识的传播、交流和应用，但是美国的科技报告内容要求更细致，对包含的信息的性质和作用提出了明确要求，要能解释、应用或者验证科研过程与结果，能实现技术研究传播推广，最终能提出建议支撑决策，更侧重于科技报告的可应用性。因此，为满足此类更明确、细化的科技交流与信息交流目的，美国的科技报告涵盖更多的信息形式、信息质量和信息容量。

我国档案界一般认为，美国没有出现科技档案和科技档案工作专门概念，但是存在实际意义上的科技档案和科技档案工作[1][2]，美国政府四大科技报告，从功能和形式上讲是科技资料。从内容上讲，美国四大报告中的技术数据就是我国所称的科技原始记录材料。从记录性上讲，美国四大报告包含了科技工作的全过程和结果，即有资料性的一面，实用价值很高。从保存上讲，美国四大报告是永久保存的，迄今为止，我们只听说过美国四大报告有降密、解密之说，但没有超过一定时间后进行销毁的报道。因此，它类似于我国永久保存的档案。美国存在实际意义上的科技档案，自然也存在实际意义上的科技档案工

[1] 潘世萍,李名选.美国国家档案馆接收科技档案带给我们的启示——兼论科技报告的档案属性[J].档案学研究,2017(05):113-116.

[2] 霍振礼,尹建.美国为什么不存在科技档案和科技档案工作的专门概念[J].档案学通讯,2003(05):70-71.

作，例如每个科研课题结题后，有关课题研究人员都要将研究过程中形成的原始材料、技术文件等进行收集。但他们并不到此为止，而是将这些技术文件融会贯通，并以文献形式编写成详尽的科技报告上报、交流。同时，他们还须将这些原始文件保存起来，作为内部资料供内部人员使用。美国四大报告实行的是上报制度，从形成单位编制、收藏到发行单位的审批、制作，均有底稿。这些底稿的整理、收藏、利用等工作，可视为美国实际意义上的科技档案工作。

2010 年，美国国家档案与文件署（NARA）与 NTIS 就保护数字科技档案签订了一项协议。该协议规定：NTIS 继续提供数字科学、技术、工程信息（以下简称 STEI）的访问获取，NARA 将备份保存其所有数字 STEI 的记录副本，并对形成超过 40 年的档案拥有合法保管权。❶此举表明科技报告作为档案（科技档案）的一部分，保存在专门的档案机构。正如美国的档案工作者戴维·S. 费列罗指出："这项协议将有助于国会和美国公众确认 NTIS 收藏的联邦政府资助的数字科学、技术、工程和商业信息将使世界各地未来几代研究人员长久获益。"❷

2.1.2　国内学者对科技报告与科技档案之间关系的主要观点

第一种观点。科技报告是科研档案的重要组成部分。区别在于：首先，侧重点不同。科技报告侧重参考价值，是技术内容的规范化描述和记录。科研档案是原始凭证，侧重凭证价值，保存研究过程中形成的管理性文件和研究结果的依据性材料。其次，目的不同。科技报告以积累、传播和交流为目的。科研档案以归档保存、历史记录、备考、待查为目的。最后，服务对象不同。科技报告主要面向公众或特定群体提供开放共享和授权使用；科研档案主要服务于科研实施单位和管理部门的科研管理。❸

第二种观点。科技报告与科技档案既有区别又有联系，其联系在于其同步

❶ NARA and NTIS Sign Major Agreement To Preserve Digital Scientific Records［EB/OL］.［2016 -04 -11］.https://www.archives .gov/press/press-releases/2011/nr11-25.html.

❷ NARA and NTIS Sign Major Agreement To Preserve Digital Scientific Records［EB/OL］.［2016 -03 -01］.https://www.archives . gov /press/press-releases/2011/nr11-25.html.

❸ 贺德方.科技报告资源体系研究[J].信息资源管理学报,2013,3(01):4-9+31.

产生于科技计划项目实施与转化过程之中，区别在于科技报告是科技计划项目产出的重要表现形式，是科技创新过程细节与结果描述之记录，也可以说是一种经过文献化处理的科技项目研发档案，以交流共享为目的。❶

第三种观点。科技报告与科技档案是"龙"与"睛"的关系。项目档案是反映项目全过程的重要原始文件。科技报告是在对项目原始记录再加工的基础上形成的，对科技活动的主要经过和取得的主要成果的概括性描述。同项目档案相比，科技报告缺乏完整性，两者功能互补、形式各异、互相转化。项目档案是撰写科技报告的基础，科技报告最终归入项目档案❷

2.1.3　科技报告与科技档案比较分析

1.从涵盖的科技文件来说

根据1987年由国家科学技术委员会、国家档案局联合发文的《科学技术研究档案管理暂行规定》第七条科研文件材料的归档范围主要包括：

（一）科研准备阶段：科研课题审批文件、任务书、委托书，开题报告，调研报告，方案论证和协议书、合同等文件；

（二）研究实验阶段：各种载体的重要原始记录，实验报告，计算材料，专利申请的有关文件材料，设计文件、图纸，关键工艺文件，重要的来往技术文件等；

（三）总结鉴定验收阶段：工作总结，科研报告，论文，专著，参加人员名单，技术鉴定材料，科研投资情况、决算材料等；

（四）成果和奖励申报阶段：成果和奖励申报材料及审批材料，推广应用的经济效益和社会效益证明材料等；

（五）推广应用阶段：推广应用方案、总结，扩大生产的设计文件、工艺文件，生产定型鉴定材料，转让合同，用户反馈意见等。

从字面上看与科技报告相关的仅有开题报告，实验报告，科研报告，

---

❶ 贺德方.再论科技报告与科技档案的区别—与"也谈科技报告与科技档案的区别"的作者商榷[J]档案学研究,2016(4):30-35.

❷ 潘世萍,李名选.美国国家档案馆接收科技档案带给我们的启示——兼论科技报告的档案属性[J].档案学研究,2017(05):113-116.

但仔细分析表述内容，可以看出其归档思路涵盖了各阶段一切有保存价值的科技文件，这也与档案和科技档案的保存有价值的科技文件基本原则一致。

在科技计划项目档案管理规定中，2011 年科技部发布的《国家科技重大专项档案管理规定》重大专项档案的归档范围其中研究工作阶段总结，专项（课题）执行情况、年度报告，专项（课题）调整申请及批复，专项工作报告等。评估验收阶段：研究报告，研制报告，技术报告，论文专著报告，专利文件，检测鉴定报告，评估大纲，评估报告，专家意见，审计报告，验收全套材料（专家名单、会议记录、验收意见），成果推广应用报告，成果登记表，专项总结报告等。

2017 年，科技部修订发布《国家科技重大专项（民口）档案管理规定》，其中归档范围过程管理阶段包括实验任务书、实验大纲，实验、探测、测试、观测、观察、野外调查、考察等原始记录、整理记录和综合分析报告等，各类协议、合同等，样机、样品、标本等实物，设计文件和图纸，计算文件、数据处理文件，照片、底片、录音带、录像带等声像文件，项目（课题）调整、变更材料，三部门监督评估报告，年度、阶段执行情况自评价报告、检查报告，专项阶段执行情况报告/专项阶段总结报告等；验收阶段包括验收申请书，验收承诺书，验收通知，自评价报告及相关材料，科技报告，知识产权及其证明类材料，第三方检测、测试、评估报告，验收现场测试报告，成果产业化证明类，财务验收抽查报告及整改报告，审计报告及审计底稿、决算报告等财务相关资料，验收评审类材料（专家签到表、专家承诺书、验收意见等），验收结论书，产业化年度报告等。

2013 年 10 月科技部关于印发《国家科技计划科技报告管理办法》第七条项目（课题）呈交的科技报告类型包括：

（一）项目（课题）年度报告、中期报告及验收（结题）报告；

（二）项目（课题）实施过程中产生的实验（试验）报告、调研报告、工程报告、测试报告、评估报告等蕴含科研活动细节及基础数据的报告。

对比以上文件，科技档案的管理范畴远远大于科技报告的管理范畴，其内容比科技报告更为丰富。正是因为科技报告在科技活动、科技管理活动中的重要作用，彰显了科技报告在项目管理中重要的价值性，对于具有价值的科技文件形式——科技报告，按照科技档案的概念和管理原则，必然被囊括在科技档案的管理范畴中。

2.从各自的主要特点来说

科技报告主要具有以下几个突出特点：

（1）专业性强，内容详尽，附有图表、数据、研究方法等信息，涉及或覆盖科研的全过程，其技术含量和使用价值远高于其他文献。

（2）科技报告时效性强，具有较强的新颖性和前沿性，能及时反映科研过程进展和技术进步成果，代表项目研究的最新状况和水平，有助于提升研究起点，形成成果阶梯，可以加快一个国家整体的科技创新和科技进步步伐。

（3）出版周期不固定，大部分不公开出版发行，一般为非正式出版物。科技报告也不受篇幅限制，可以是几页，也可以是几百页，虽然具有严格的编写规范，但一般不经过同行专家评审和专业编辑人员审查，发表和出版相对较快。

（4）科技报告管理严格，有不同的密级划分和使用范围限制，以保证科技报告的安全利用，保护相关知识产权。

科技档案的主要特点为专业性、成套性、现实性、复杂性等（详见本书第一章）

可见，科技报告与科技档案是具有显著不同特点的两个概念，两个事物。

3.从科技项目管理实践来说

自2001年以来，我国在科技计划项目管理过程中已经建立起了相应的报告制度，如在项目执行过程中要提交年度、中期等报告，在项目验收时要提交验收报告，这些报告也都是项目档案归档的重要内容。但这些报告缺乏统一管理，没有统一的撰写格式，其中对研发过程和技术细节描述不详尽，影响交流与共享。

国家推动的科技报告制度建设，要求承担政府科技计划项目的单位和科技人员提交科技报告，把项目实施过程中的技术细节和结果按照规定的格式记录下来。科技报告管理强调将科技报告的撰写、审查、提交和利用流程纳入科研管理，嵌入科技计划项目管理过程中。

在科技项目管理过程中，科技信息被记录为科技报告等科技文件，在项目进行过程中伴随科研管理过程，按时提交到管理部门，用于项目过程管理。在项目结束后，科技报告按照有关国家资助项目信息共享规定，通过一定的途径、在一定的范围内共享交流。并且进入档案系统存储归档、备查代考，也可用于不同需求的信息交流，归档不是埋进坟墓，而是形成资源宝库，随时等待利用。

很长一段时间内，科技报告是科技档案的组成部分，被作为科技档案进行管理。作为科技档案组成部分的科技报告，在科技档案管理体制之下，不可避免地体现科技档案的特点，而作为科技报告的自身固有特点体现不足。表现为：其一，在长期以来在档案管理领域普遍存在着"重备考、轻开发""重藏轻用"的思想，科技档案中的科技报告很难实现发表和出版，其共享和利用范围有限，其时效性无从谈起。其二，项目档案强调成套性，即围绕着一个科技计划项目形成的档案是一个有机整体，认为成套性是项目档案发挥价值的基础，也是其管理的基本要求。科技报告则具有独立性。一项科技活动会产生若干份科技报告，每份科技报告都自成一册，有独立编号，独立性赋予科技报告的灵活特点，依托管理系统和检索工具，在项目完成后按照项目管理、相关保密及知识产权法规及时公开，方面交流共享。其三，科技档案中的科技报告对编写格式、内容质量等方面的要求不够严格，内容偏向针对管理者而撰写的组织管理报告，而不是针对创新者而撰写的科技报告，科研信息量不足也是制约科技信息交流的原因之一；另外，档案管理人员自身在情报开发利用方面的知识结构欠缺也是阻碍科技报告信息有效交流的原因之一。总之，在原有科技档案管理体制之下，科技报告没有很好地发挥科技信息承载、交流、共享的情报信息使命，尤其是在国家科技体制改革，科技创新需求高涨的今天，原有科技档案管理体制中的科技报告不能满足科技创新、科技管理、科技信息便捷交流共享的共同需求。

科技事业的发展要求科技报告发挥更好的信息传播、交流、共享的作用，更强调其作为情报资源的时效性、格式化、信息负载性等特点。国家对科技报告相关政策的推出与落实正是适应这种需求。但是科技报告的发展并不等同于科技档案的弱化，二者不是此消彼长的关系，恰好相反，国家对科技报告重视，推动科技报告工作的开展，从政策、标准、平台、技术甚至人才、管理等方面形成长足进展，有利于科技报告质量提升、整体管理水平的提升。科技报告作为科技档案的组成部分，报告质量的提升同样意味着档案质量的提升。国务院办公厅转发科技部《关于加快建立国家科技报告制度的指导意见》指出"科技报告是包括科研活动的过程管理报告和描述科研细节的专题研究报告"。这表明科技报告是科技计划项目中研究开发过程之相关细节和结果的重要记录，也是科技计划项目产出的重要表现形式之一。科技报告"完整而真实地反映科研活动过程和结果的技术内容和经验教训"。这恰好是以往科技档案中缺失的部分，其中翔实的数据分析、细致的技术过程描述和实证的结论归纳等，恰好可以丰富原有科技档案的技术内容，有效地弥补原有科技档案在政策法规中要求存档过程记录，而实践不足的弊端，成为科技档案的重要补充；从管理上来说，原来的科技报告主要为管理文件，而非技术文件，有编写要求与管理办法的科技报告有望从粗放式管理向精细化管理过渡。科技报告管理水平的提升会对科技档案的管理形成政策、法规、标准、技术等多方面的借鉴，有利于科技档案工作的推进与发展，二者作为满足科技需要的信息管理手段与产品，实现同步生长；另外，科技档案存储备考的特有属性也会对科技报告形成有力补充，在科技报告满足时效性的同时，科技档案满足历史性与完整性。美国的NARA与科技报告的主要管理部门NTIS签订的"保护数字科技档案协议"也是科技报告等科技信息资源在档案部门的归档保存。科技报告与科技档案的如何协调发展，兼顾利用与凭证、时效与记忆，满足社会公众、信息用户、科技工作者、科技管理、科技事业、科技创新等多方群体的需求和利益，共同为科技事业发展提供信息保障，正是档案人员、情报工作人员、科技管理人员乃至顶层政策制定人员的共同研究课题。

2.2　科技报告

2.2.1　国内的科技报告

2013年10月，科技部印发《国家科技计划科技报告管理办法》，其中第二条称"科技报告是描述科研活动的过程、进展和结果，并按照规定格式编写的科技文献，目的是促进科技知识的积累、传播交流和转化应用"，包括科研活动的过程管理报告和描述科研细节的专题研究报告。通过文献检索，不难发现学界对科技档案与科技报告的认识并不完全一致。近期，具有代表性的是贺真和李名选2014年发表在《档案学研究》的《也谈科技报告与科技档案的区别——与中国科技报告体系的建设模式研究"的作者商榷》和2016年贺德方、曾建勋发表在《档案学研究》《再论科技报告与科技档案的区别——与"也谈科技报告与科技档案的区别"的作者商榷》，双方在从"科技报告"与"科技档案"的概念到与体系建设相关的政策、体制、法规、标准等方面存在不同的认识，但都认同科技报告和科技档案都是国家科技信息资源的重要组成部分，二者的管理有利于提高财政投入的产出率，是国家创新能力体系建设的一部分；双方都赞同应加强国家财政支出的科技计划项目的科技报告管理工作，通过科技报告管理工作推动科技信息资源的管理，提升国家科技创新的总体效益，提升国家创新能力[1][2]。

在国家政策与战略层面，陆续推出一系列政策与规范，推动科技报告工作快速向纵深发展。2012年，中共中央、国务院在《关于深化科技体制改革加快国家创新体系建设的意见》中明确提出："对财政资金资助的科技项目和科研基础设施，加快建立统一的管理数据库和统一的科技报告制度，并依法向社会开放。"2014年3月，国务院发布《关于改进加强中央财政科研项目和资金

---

[1] 贺真,李名选.也谈科技报告与科技档案的区别——与"中国科技报告体系的建设模式研究"的作者商榷[J].档案学研究,2014(02):28-33.

[2] 贺德方,曾建勋.再论科技报告与科技档案的区别——与"也谈科技报告与科技档案的区别"的作者商榷[J].档案学研究,2016(04):30-35.

管理的若干意见》（国发〔2014〕11号），提出建立国家科技报告制度。科技行政主管部门要会同有关部门制定科技报告的标准和规范，建立国家科技报告共享服务平台，实现国家科技资源持续积累、完整保存和开放共享。"对中央财政资金支持的科研项目，项目承担者必须按规定提交科技报告，科技报告提交和共享情况作为对其后续支持的重要依据。"2014年8月，国务院办公厅转发科技部《关于加快建立国家科技报告制度的指导意见》（国办发[2014]43号）明确建立国家科技报告制度的总体要求、相关管理机制、科技报告的积累与开放共享等，明确提出："到2020年建成全国统一的科技报告呈交、收藏、管理、共享体系，形成科学、规范、高效的科技报告管理模式和运行机制。"2014年12月，国务院印发《关于深化中央财政科技计划（专项、基金等）管理改革方案的通知》（国发〔2014〕64号）："科技计划（专项、基金等）项目全部纳入统一的国家科技管理信息系统和国家科技报告系统，加强项目实施全过程的信息公开和痕迹管理。除涉密项目外，所有信息向社会公开，接受社会监督。"2016年7月《"十三五"国家科技创新规划》中又提出："全面实行国家科技报告制度，建立科技报告共享服务机制⋯⋯"❶。

我国的国家科技报告制度建设思路清晰、目标明确，就是在国家层面建立起完善的科技报告政策法规体系、合理的组织管理体系、统一的标准规范体系和科学的收藏服务体系，将科技报告工作纳入科研管理程序，实现科技报告完整、规范的产生和呈交，统一、安全的保存和管理，安全、共享的交流和使用。我国科技报告制度建设将采用政府主导、强制呈交，以用为本、服务创新，统一标准、共建共享，试点先行、分步实施的原则进行。总体目标是通过5-10年的努力，在全国范围内初步建立起符合科技发展规律、服务自主创新的国家科技报告制度，对公共财政支持的科研活动，实现科技报告的依法征集、义务呈交；对社会资金投入产生的科技报告，积极引导其积累共享，最终形成覆盖各部门、各地方乃至企业科技投入的、统一的国家科技报告体系，使

---

❶ 中华人民共和国国务院."十三五"国家科技创新规划[EB/OL].(2016-08-08)[2016-09-06].
http://www.gov.cn/zhengce/content/2016-08/08/content_5098072.htm.

国家科技报告制度成为中国特色国家创新体系的重要组成部分。❶

因此，无论学界存在怎样的争议，在国家层面上，顶层设计将科技报告纳入国家科技创新体系，成为科技计划项目管理的有效手段已是不争的事实。

2013年，《国家科技计划科技报告管理办法》（国科发计〔2013〕613号）规定了科技报告相关主体职责分工、工作流程、科技报告权益保护及保障条件；2014年陆续推出《科技报告编写规则》（GB/T7713.3-2014）、《科技报告编号规则》（GB/T15416-2014）、《科技报告保密等级代码与标识》（GB/T30534-2014）、《科技报告元数据规范》（GB/T30535-2014）等一系列标准文献；2016年《中央财政科技计划（专项、基金等）科技报告管理暂行办法》（国科发创〔2016〕419号）规定了适用于国发〔2014〕64号文《方案》中科技计划体系的科技报告职责分工、工作要求以及共享使用的规定，更进一步明确和规范了国家科技计划项目科技报告的管理与实践，对报告的撰写、呈缴与开放利用等提供了标准和依据。

在科技报告实践领域，应该说在全面推动科技报告制度之前，我国除国防系统外，没有对科技报告进行统一的规范管理。虽然在科技档案领域《科技档案管理条例》《国家科技重大专项档案管理规定》及各行业及科技管理制度与科技档案管理制度，无一例外地将科技报告列入管理范围，将科技报告作为科技档案的一部分进行搜集、组织和管理，比如科技部颁布的《国家科技计划项目管理暂行办法》规定："项目承担者的基本职责包括：真实报告项目年度完成情况和经费年度决算，及时报告项目执行中出现的重大事项，填报由科技部制发的科技计划统计调查表和科技成果登记表；各类国家科技计划必须建立相互兼容的数据库，实现信息、数据资源共享。项目承担者提供的验收文件、资料，包括：项目合同书或项目计划任务书，科技部专项计划部门对项目的批件或有关批复文件，项目验收申请表，科技成果鉴定报告，项目研发工作总结报告和项目研发技术报告等科研文件。"在客观实践上，我国的档案机构尤其是

---

❶ 国家科技报告服务系统[DB/OL].[2018-02-01] http://www.nstrs.cn/admin/Content/ArtileDetails.aspx?arid=4624&type=3.

科技档案室（馆），已经持续积累并保存了大量的科技报告，但这部分科技报告格式并不规范、技术信息量有限，大部分为科技管理类报告，对科技信息的承载量有限，难以满足科学技术研究信息交流、传播和共享的需求。或许正是科技档案中这些科技报告的先天不足，促使国家加大力度开展科技报告统一规范管理工作。

从2013年4月开始，科技部在国家科技计划中启动了科技报告试点，开展"十一五"以来科技计划立项项目（课题）的科技报告回溯与呈交工作，先期就科技部负责的973计划、863计划、支撑计划、重大专项、国际科技合作专项、大型仪器专项、国家科技奖励等国家科技计划（专项）自2006年以来立项的全部非涉密计划项目开展科技报告的试点工作[1][2]。2014年3月，国家科技报告服务系统（NSTRS）网络开通，目前由中国科学技术信息研究所负责运维和管理。即使在国家政策的重点关注和大力扶持之下，在NSTRS等网络服务平台的信息技术支撑之下，现有科技报告资源质量还有待提升，科技报告元数据虽基本能满足用户需求，但是用户满意度不太理想[3][4]。科技报告成为科技信息的主体，真正在科技活动和国家科技创新战略中切实高效发挥信息交流、传播、共享的作用还有很长的路要走。

2.2.2　美国的科技报告

国外的科技报告的内涵比较广泛，包括一切与科学技术有关的报告，可能包括学者记录、科学记录、科学和技术报告、政府出版物、科研成果、技术报告和科技成果报告。在科技报告制度中，着重的概念是科学和技术报告，但也往往覆盖了一部分科研资助报告、政府出版物、科学记录等。[5]

❶ 毛刚,贾志雷,侯人华.情报学视角下的科技报告研究[J].情报杂志,2013,32(12):62-66+109.

❷ 贺德方,曾建勋.再论科技报告与科技档案的区别——与"也谈科技报告与科技档案的区别"的作者商榷[J].档案学研究,2016(04):30-35.

❸ 钟凯,宋立荣,杨小芳.面向用户服务的国家科技报告资源质量调查分析研究[J].情报杂志,2017,36(02):140-145.

❹ 荀玥婷,乔振,高巍,殷斌.我国科技报告政策现状[J].科技管理研究,2017,37(19):47-52.

❺ 吴蓉,顾立平,曾燕.英国科技报告制度调研与分析——支持科技报告存储与传播的政策环境[J].图书情报工作,2015,59(21):76-82+95.

美国政府很早就把科技报告作为重要的战略信息资源，重视科技报告工作的开展。1895年，美国政府将各部门及相关研究机构编写的科技材料统一编目，形成《美国政府出版物月报》，并公开对外界提供使用。1945年，美国政府又签署了第9568号总统令，成立了科技报告出版局，开始了有组织的科技报告管理工作。

美国政府科技报告是指美国联邦政府资助研发活动过程中产生的科技报告，从来源单位来看，主要是美国各级政府机构及其合同户，如大学、营利和非营利组织、国家验室等。这些科技报告类型多样、来源广泛，覆盖工业、农业、能源、交通、军事、航空等几十个学科，包括专题技术报告、技术备忘录、技术论文、专题报告、会议论文、期刊论文、实验报告技术进展报告、组织管理报告、最终技术报告等多种形式，完整反映国家主要科研工作的研究动态与研究进展，具有极高的情报价值和档案价值。美国高度重视科技报告的管理和利用，对编写格式要求和编号规则以"制度"方式进行统一规范，对交流密级、交流范围和服务对象等内容都形成了完备的制度，进行规范管理。美国政府科技报告主要包括国防部和三军系统的AD报告、国家航空与航天局的NASA报告、能源部系统的DE报告、政府其他部门的PB报告。❶AD报告、NASA报告、DE报告和PB报告公开的部分统一上报到国家信息服务局（NTIS），NTIS和每个部门都提供科技报告的检索服务❷，如图2-1所示。NTIS是美国商务部下属的收集、加工和传播以政府四大科技报告为主体的科技成果和研究进展动态信息的中心机构，其主要任务是在全球范围内收集并传播科技信息、永久保存非密性的科技信息、促进联邦政府部门生产的科技信息的流通和交换、促进公众使用联邦科技信息。

❶ 王维亮.美国政府四大科技报告指南[M].北京:科学技术文献出版社,1995.

❷ 贺德方.国家科技报告体系研究[J/OL].信息资源管理学报,2013(3):4-9,31[2016-11-12].http://www.docin.com/p-976138445-f4.html.

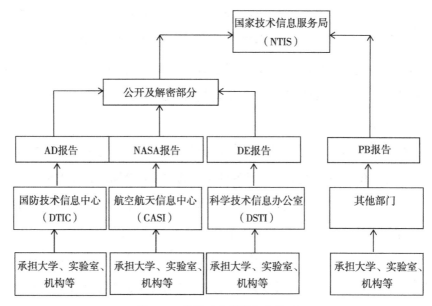

图2-1　美国政府科技报告体系

2.2.3　欧盟的科技报告

欧盟并没有科技报告的集中呈交规范和程序，一般根据项目计划的不同，需要呈交报告的类型、时间和程序等都不尽相同，比如"地平线2020"（H2020）科技报告、欧洲智能能源（IEE）科技报告等。在欧盟，科技报告被认为是一种管理工具，可以用来检测项目是否进入了正轨，项目承担方是否按照合同规定的时间表实施项目等。由于欧盟科研经费的资助方式是阶段性的，因此，科技报告的呈交很大程度上与经费的申请密切联系，即科技报告的呈交直接关乎下阶段资助经费的划拨，因此科技报告的呈交与财务报告是同步进行的。欧盟所需呈交报告分为两种：阶段性报告和终期报告，这两种报告又分别包含科技报告和财务报告。

管理流程如下：一旦项目开始，受资助方就应当使用连续报告功能呈交信息，实时化连续科技报告模板，如图2-2所示。所呈交的信息一般包括：科研产出，取得的节点进展，摘要更新，对重要风险、出版发行、知识产权等问题的应对，对经济和社会影响的问卷调查等。以上实时更新的信息将汇总到定期报告中，形成科技报告的A版块内容。作者必须保证以上填写的信息是最新的，因为在正式提交欧委会之前项目管理员将对信息进行"锁定审查"，在锁定审查之后不能再对信息进行修改。与此同时，受资助者和项目协调员也应在授权管理系统完成定期报告的准备工作。在每个报告期即将结束的时候，定期报告的功能将被激活，那么受资助方可以准备该阶段定期报告的内容。科技报告的A部分内容由实时化连续性报告的内容生成，B部分则通过下载专用模板，在操作系统准备完毕后，以pdf形式储存和呈交（其中B部分不仅可以由项目协调员上传，受资助者也可以上传）。当两部分都准备完毕后，科技报告部分将由项目协调员的联系人最后确定完成。项目协调员负责审查和明确批准定期科技报告。如果有必要，协调员可以解锁科技报告部分，以便对科技报告进行修改。原则上财务报表应当与技术报告一起提交，但是如果报告的合作者没有按时提交，可以在下一期的定期报告中提交。项目协调员负责把报告的各个部分集中在一个文件里，包括所有人的财务报表以及科技报告的B部分，最后点击"呈交到欧盟"按钮完成呈交。欧委会对科技报告进行审核后可以作出如下决定：通过报告，并开始准备下一阶段的项目资金支付；退回报告（需要修改），报告存在某一方面的问题，呈交者应该按照要求修改后重新呈交。当欧委会通过科技报告，并对相关成本进行审核通过后，将会在收到报告90日内支付临时付款[1]。

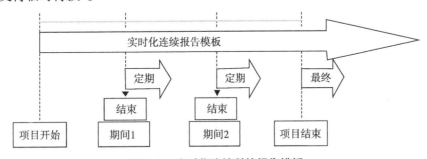

图2-2 实时化连续科技报告模板

可见，欧盟将科技报告嵌入到科研活动中，将科技报告作为一种科研管理手段，将科技报告与项目进展、资金支付直接挂钩，一方面保障了科技报告质

---

[1] EUROPEAN COMMISSION .Processes for submitting a periodic re-port. [EB/OL]. (2015-11-20) [2016-8-04]. http://ec.europa.eu/research/participants/docs/h2020-funding-guide/grants/grant-management/ reports_en.htm

量；另一方面能够实现对科研项目的监管，端正科研行为。欧盟非常重视科技信息的保护和开放共享，在保护科技报告等科技成果的同时，在最大程度上实现开放共享，从而保证了欧盟科技资源的传播，实现科技资源共享，促进欧盟科技交流与进步。

科技报告呈交类型和内容根据 H2020 计划的要求，受资助方需要向欧委会呈交的科技报告包括定期科技报告（Periodic Technical Report）和终期科技报告（Final Technical Report）。欧盟科技报告跟财务报告是在一起的，在同一个报告模板里面，即财务报告跟科技报告要同时准备、同时呈交。以定期科技报告为例，科技报告包括两部分：A 部分是授权管理系统的结构化表格，包括封面、摘要、项目实施问题、调查问卷；B 部分是自由文本部分，也是报告的核心部分，将作为一个独立的部分，以 PDF 形式上传到授权管理工具中。下面分别介绍。

（1）定期科技报告。项目协调员必须在每一个报告阶段结束后 60 天内呈交定期科技报告，定期科技报告包括以下内容：①项目现在的实施情况和取得的成果。项目协调员必须检查是否所有的可交付成果已经呈交，如果计划内的工作没有完成，受资助方必须作出解释。②项目进展概述（Overview of the Progress）。进展概述必须描述所取得成果的开发利用和传播情况。③发表摘要（Summary for Publication），包括对活动的总体描述、展示活动目标和取得的成果。摘要必须适合出版，以便其可以在网上及时发表。如有需要，欧委会或者机构可以将摘要进行修改，然后发布。④问卷（Questionnaire）。问卷必须向欧委会或者机构展示项目活动的定期信息更新，以便对活动进行监测。问卷包括一些结构化信息，信息以模块化方式设计，包含尽可能多的结构化问题；问题按照主题方式列出，包括项目定期产出的出版物和项目产生的知识产权、创新点、对中小企业的影响等模块。

（2）终期科技报告。最后一个报告阶段结束后 60 天内，除了呈交最后定期科技报告外，还要呈交项目终期科技报告。终期科技报告内容包括项目成果总结以及成果的开发和利用情况、结论、社会经济影响等。终期报告必须覆盖科研活动的全过程，书写内容和方式必须简单易懂，即使是非专业人员也可以读懂理解。同时项目协调员必须保证所呈交的可以发表的摘要不属于欧盟所列举的不可公开的保密信息。具体而言，报告的内容应包括：①最新行动的网站链接；②项目标识、图表、照片和工作的视频说明（如果可行）；③最终版本的项目成果以及成果的开发利用和传播计划。

　　根据以上科技报告呈缴的类型和内容来看，不论是定期科技报告还是中期科技报告，其实质都是项目的实施过程、进展情况、成果及成果的开发利用情况，其重点都在于覆盖科技活动全过程、真实、可信，其目的都在于对项目实现有效管理，便于科研成果的交流与共享，对科技活动的过程进行记录，以备考证。欧盟的科技报告与我们科技档案中的科技报告突出不同在于实效性，报告编写的格式化以及编写内容的易懂性，这些内容突出了科技报告的情报属性，更利于科技信息的交互，尤其是项目成果以及成果的开发利用和传播计划，体现了对利用与传播的高度重视。作为科技项目进展过程当中的副产品这些科技报告虽然对科技活动过程信息进行了再加工和整理，仍然是报告活动的原始性记录，具有档案属性。

2.3　科学数据

　　科学数据是指人类社会科技活动所产生的基本数据，以及按照不同需求系统加工的数据产品和相关信息❶。在数字化科研和大数据背景下，全球科学研究越来与依赖于海量数据的共享和利用，科学数据是重要的科学资产和公共信息资源。科学数据也是联合国教科文组织（The United Nations Educational，Scientific and Cultural Organization，简称 UNESCO）界定的三种开放存取信息资源（科学出版物、教育资源、科学数据）之一。❷

　　科学数据是一种重要的战略性资源，是支持国家科技长期可持续创新发展的重要信息保障，在建设创新型国家过程中发挥着至关重要的作用。科学数据不仅是科技创新、经济发展和国家安全的重要战略资源，也是政府部门制定政

　　❶ 黄鼎成,郭增艳.利一学数据共享管理研究[M].北京:中国科学技术出版社.2002:3.

　　❷ Open Access policy concerning UNESCO publications[EB/OL].[2016-01-17].http://www.unesco.org/new/fileadmin/MULTIMEDIA/HQ/ERI/pdf/oa_policy_rev2.pdf.

策、进行科学决策的重要依据。实施科学数据共享工程，对于增强我国科技创新能力，提高科技整体水平，促进社会和经济发展具有十分重要的意义。如：《国家中长期科技发展规划纲要（2006—2020）》《国家"十二五"科学和技术发展规划》提出要加强科学数据开放、整合与共享，构建集中与分散相结合的国家科学数据中心群，形成国家科学数据分级分类共享服务体系；启动了科学数据共享工程，并将其作为国家科技创新体系建设的重要内容和科技发展基础条件大平台的重要组成部分。

我国《科学技术研究档案管理暂行规定》《国家科技重大专项档案管理规定》《科学基金依托单位管理办法》《科学基金项目档案归档范围》等众多科技管理、科技档案管理法规文件，其归档保存范围中均包含研究实验阶段的各种载体的重要原始记录，实验报告，计算材料，计算文件、数据处理文件等科学数据。《关于加强国家科技计划成果管理的暂行规定》要求："国家科技计划项目实施过程中，项目承担单位应按《科学技术研究课题档案管理规范》和有关国家科技计划项目科学数据管理规定的要求将项目实施所取得的实验报告、数据手稿、图纸、声像及其他形式的科学数据进行收集整理，建立档案。项目验收时，计划管理机构应检查项目实施产生的科学数据和档案是否系统、完整和准确，并以此作为项目通过验收的基本条件，以便于按相关规定和约定进行查询共享。重大成果的档案清单及其管理情况由项目承担单位负责在项目验收结束后1个月内通过计划管理渠道向计划管理机构报告。"❶但科学数据种类繁多、体量巨大，尤其在数字时代，数据格式各异、依赖的平台各异，其保存与利用既重要又有很多知识产权、技术、平台等方面的问题。目前，我国科学数据共享平台建设存在共享程度差异较大、政策法规不完善、平台功能不完善，数据不全面，服务管理不到位等问题❷。大多数科研项目和实验室还缺乏有效的实验室信息管理系统，还未完全建立从实验仪器、模拟数据、管理数据等进入数据归档的通道，无法对数据进行有效、专业的描述和管理，最终无法方便

❶ 科技部.关于加强国家科技计划成果管理的暂行规定[EB/OL].（2003-08-05）[2016-01-17].http://www.most.gov.cn/tjcw/tczcwj/200708/t20070813_52374.htm.

❷ 邓仲华,黄雅婷."互联网+"环境下我国科学数据共享平台发展研究[J].情报理论与实践,2017,40（2）：128-132.

地对外发布和共享❶。

英国数据资产框架（data asset framework，DAF）提出了数据资产管理的整套方法论体系，主体是高等教育机构科研部门的领导及研究者，客体是高等教育机构产生的科研档案，核心是数据审计框架（Data Audit Framework，DAF），开发了具体的管理工具，应用广泛，英国巴斯大学、伦敦国王学院、爱丁堡大学等高校都有应用❷。英国数据资产框架主要采用的研究方法是结构性访谈和问卷调查，主要工具是资产审计软件。调查问卷主要包括两方面：一是个人信息；二是科研及科研数据具体信息，如数据类型、数据大小、数据所有权、数据重要程度、数据保管期限、是否经常更新、备份、是否有数据专门保管人以及是否制定正式数据资产管理计划等。访谈主要包括五个方面：研究中会产生哪些数字化资料？这些资料如何产生并保管？在管理过程中曾遇到哪些问题？所在单位的电子文件管理现状与需求如何？数字化资源管理及服务有哪些要求？开发的数据资产审计软件主要包含两个元素：一个是关于数据资产政策及管理实践的问卷调查；另一个是数据资产登记簿，每条数据资产记录都包括内容、技术及获取三方面信息❸。

数据审计框架的审计指标主要体现在三张表：Form1 主要涉及三个类别信息：审计单位基本情况、数据管理基本情况和审计活动基本情况。Form2 主要是罗列审计单位数据资产并将其分类，主要记录资产的基本内容，管理人员及资产地址，从而便于迅速定位，了解档案资产内容。Form3 主要涉及六大类问题：①数据资产是什么，如名称、数据类型、摘要、拥有者等；②数据资产为什么要管，如来源，利用频率和产生原因等；③数据资产由谁管，如创建者，管理者，用户权限信息等。④数据资产在哪儿管。⑤数据资产管到什么时候。⑥数据资产怎么管，如文件类型，数据资产管理软硬件平台要求及其管理成

---

❶ 潘教峰,张晓林. 第四范式:数据密集型科学发现[M]. 北京:科学出版社,2012.

❷ Sarah Jones. Data Audit Framework lessons learned report：GUARD audit[EB/OL].[2016-6-4].http://www.data-audit.eu/docs/DAF_lessons_learned.pdf.

❸ 郝春红等.数字科研档案资产管理研究——英国数据资产框架案例分析及借鉴[J].北京档案,2014(1):13-16.

本，数据类型和格式将揭示保管的复杂性。❶

美国国家医学卫生研究院（National Institutes of Health，NIH）专门就科学数据共享问题发布一系列政策。2011年，新西兰健康研究委员会（The Health Research Councilof New Zealand，HRC）等17家健康机构等共同签署共享科学数据联合声明，希望通过建立数据管理和共享的框架和标准，促进医疗卫生的更快发展、发挥更好的资金价值以及实现科学更高质量的发展❷。英国伦敦大学由学校制定强制性数据开放政策，要求作者将与科研成果相关的科学数据提交到由图书馆主导构建、管理的机构知识库，所有科学数据可以通过伦敦大学发现系统（UCL Discovery）查询并在全球范围内开放获取❸。约翰·霍普金斯大学的科学数据管理服务（Johns Hopkins University Data Management Services，JHUDMS）包括3方面；提供科学数据管理计划制定的咨询服务、通过约翰·霍普金斯大学的数据档案库提供科学数据的归档服务和科学数据管理培训服务❹。

新罕布什尔大学指定的待保存数据包括原始数据（观测记录、实验报告、访谈与调查数据）、计算机存储的电子文档、数据库、实验室的视听资料与照片、实体样品和标本等，有的高校认为有关研究项目的一切记录都应当保存，杜克大学甚至认为研究中使用的实验材料和生产的产品同样属于科学数据（研究记录）的范畴❺。

科研数据联盟（The Research Data Alliance，RDA）成立于2013年，目的是加快国际范围数据驱动的创新和发现。会员通过研讨会对联盟的愿景和目标达成共识，讨论管理文档，组织结构、工作规范和实践操作等。通过基础设

❶ Jones，Ross，Ruusalepp.Data Audit Framework Methodology，version1.8[EB/OL].[2016-6-7].http://wenku. baidu. com / link? url=b6MrZ0Ts6Xcl7MY2NGdg0waBE3hajY5ZFkFEe0V2r4_9NtaLSF5GcPch5TD7nxP-bEpQeBuCIKGQ9_T0-moNn_JvKwv0sxuz71Fv2jto3ceq.

❷ 黄如花,邱春艳.国外科学数据共享研究综述[J].情报资料工作,2013(04):24-30.

❸ UCL publications policy 2012[EB/OL].[2016-01-14]. ht-tp://www. ucl. ac. uk/library/open-access/publications-policy.

❹ 陈丽君.约翰·霍普金斯大学科学数据管理服务实践与启示[J].现代情报,2016,36(04):110-114.

❺]Duke University. Policy on Research Records：Sharing, Retentionand Ownership [EB / OL].[2015 - 03 - 05].http://provost. duke. edu/wp - content/uploads/FHB_App_P.pdf.

施，包括底层结构和构成、永久数据识别符号、共享元数据结构等，共用政策和机构实施办法，统一实践标准等方面的推进，促进科研数据共享和交换、使用和重复使用、统一标准，提高数据的可发现性，加快数据国际化驱动的创新和发现。目前，已有来自全球71个国家，1500多名的会员，以欧洲和北美为主，我国也有个人和机构成为该联盟的会员❶。

科技档案已经成为人类共同的知识资产，跨国界和跨学科的协同合作日趋增多。如GrayLit Network汇集了能源部、航空航天局、环境保护局和国防部四个美国科技报告的资源，Science. gov汇集了15个联邦部门及其下属机构的科技信息。欧盟制订有"欧洲科学数据长期保存计划"（Parmanent Access to the Records of Science in Europe，PARSE.Insight）致力于如何保障原始数据、科技出版物等不同形态的科学数据资源的长时期可获取性、可使用性和可理解性。

科学数据的管理与共享需要加强国际协调与交流，目前世界上已有一些国际性的科学数据合作组织和计划，如国际科技数据委员会（The Committee on Data for Science and Technology，简称CODATA）、国际科学理事会世界数据系统CICSU-WDS）等。长期以来，我国中科院等机构积极参与CODATA行动，成立了CODATA中国委员会，为整合推介国内科技数据共享成果，提供战略性、政策性咨询起到了重要作用。

在国际上，档案部门与科技信息部门的协同与合作也不鲜见。2010年，美国国家档案与文件署（NARA）与国家信息服务局（NTIS）就保护数字科技档案签订了一项协议。该协议规定：NTIS继续提供数字科学、技术、工程信息的访问获取，NARA将备份保存其所有数字STEI的记录副本，并对形成超过40年的档案拥有合法保管权。2012年，英国档案馆（TNA）和首席信息办公室（ICO）签订双方最高领导理解备忘录，承认双方技能互补，有共同关注点，要加强合作，双方高层每年至少会晤一次，基层联络视需要进行，网站上互相提供彼此的指南等法规政策。

综上，无论是科技报告、科学数据、科技论文还是科技档案都是科技信息

---

❶ 介凤,任树怀.科研数据联盟及其对我国科研数据管理的启示[J].图书馆杂志,2014(10):49-53.

的载体，依据各自的特点服务于科技工作、经济工作、社会发展以及国家创新和人民生活。

创新机制、完善法规政策、借助科技管理信息系统及平台建设等信息技术手段，实现科技信息资源的整合、利用，探索推进科技政务管理、强化数字科研档案管理、推进创新要素集成管理，实现科研过程监控治理、科研绩效考核评估、知识资源开放服务等，是档案和科技情报、科技信息领域共同的课题。

第3章
国外基金资助项目档案管理调研

在国外，没有专门的"科技档案""项目档案""科技档案管理""项目档案管理"概念，与我国科技档案相近的概念是"科技报告""科技信息资源""技术资料""灰色文献"等。虽然没有专门的概念，却不代表这些国家不存在实际意义上的科技档案、项目档案、科技档案管理和项目档案管理❶。

3.1　美国

美国是联邦制国家，各州都有独立的法权和治权，在这一政治体制下，美国的档案机构既无纵向的隶属关系，也没有横向的业务联系，是分散式管理体制。在档案法体系当中，也不可能形成调整全国档案事务的档案法律系统，其中央和地方各州拥有各自的立法权，联邦政府发布的各种档案法令、法规只在联邦机构中生效，对州政府不具有约束力。本章主要探讨对联邦资金资助的公共科研机构科技项目档案管理政策，按照前面对项目档案信息资源的分析，政策主要涵盖科技报告和科学数据政策。

3.1.1　法规政策

1963年美国出版的温伯格报告（Weinberg Report）❷提出，科研中产生的

❶ 加小双,张斌.欧美科技档案管理的经验借鉴[J].档案学研究,2016(01):25-31

❷ Weinberg A M.Science, Government, and Information: The Responsibilities of the Technical Community and the Government in the Transfer of Information[R].Washington: The President's Scientific Advisory Committee,1963.

科技信息的传递工作是科研过程完整而不可分割的一部分，因此政府有责任确保这种信息能被易于获取。事实上，美国科技档案管理发展过程中逐渐形成美国联邦政府主导，从国家-部门-项目承担单位三个层面实施科技信息管理制度❶，在科技报告的产生、管理和安全使用方面形成一整套完善的政策法规体系。

联邦政府层面，美国政府通过制定国家级政策法规或多个部门共同遵守的条例和制度，明确联邦投资产生的各类技术报告提交、知识产权、部门职责等规定。《美国联邦采办法规》（Federal Acquisition Regulations，FAD）、《美国联邦信息资源管理条例》（The Management of Federal Information Resources）、《信息质量法》（Information Quality Act）、《联邦信息安全管理法》（Federal Information Security Management Act）等法律法规都对科技活动中产生的科技资料进行了规定。在1991年之前，商务部国家科技信息服务局NTIS的科技报告存储量只占到联邦政府资助产生科技报告总量的1/3❷。一些联邦机构和科学家没有意识或不愿意将研究结果报告进行提交，还有相当数量的早期科技报告文献未被纳入科技报告管理体系之中。《信息质量法》规定在2001年9月30日之前，美国预算管理局（Office of Management and Budge，OMB）的主任必须为联邦政府各个部门的数据发布制定细则，各部门都必须建立相应的数据审查复核机制，尽最大可能保证政府所发布信息及其统计数据的"质量、客观性、实用性以及完整性"❸。《美国联邦采办法规》从法律层面为科技报告的强制呈缴提供法理依据，该法规指出"凡承包由联邦政府拨款资助的科研和生产项目者，都必须向联邦政府提交合格的科技报告。每个项目产生和提交的科技报告的数量、类型和时限在合同书上应有明确规定。"《美国联邦信息资源管理条例》也要求把由政府资助的大学、科研单位等机构的科学研究所产生的信息资源管理纳入到科技基金管理合同。《美国技术卓越法》规定美国联邦单位必须及时将

---

❶ 加小双,张斌.欧美科技档案管理的经验借鉴档案学研究[J]..档案学研究,2016(1):25-31

❷ Shill H B. NTIS: Potential roles and government information policy frameworks[J]. Journal of Government Information，1996,23(3):287-298.

❸ U.S.Fish & Wildlife Service.Public Law 106-554 Section 515[EB/OL].[2016-6-20]. http://www.fws.gov/informationquality/section515.html.

联邦资助研发活动产生的公开科学技术及工程信息传递给国家技术信息服务局（NTIS）❶。1996年2月10日，美国总统克林顿签署了《国防权威法（National Defense Authorization Act）》，该法案的E部分——《信息技术管理改革法》（*Information Technology Management Reform Act*）后被称为《克林格——考恩法》，该法案使联邦政府机构内信息资源管理的组织设立与人员配置法定化。将"首席信息资源官"变更为"首席信息官"，明确规定了首席信息官的3项基本责任，即信息技术采购和信息资源管理活动符合本法规定，使用信息技术提供指导，督促所在机构的领导重视本法规定。美国法典第5篇第5315节写明了首席信息官位列联邦行政编制的第四级，与首席财务官平级，从而赋予了首席信息官法定地位，是信息主管参与机构决策的重要依据。

联邦机构层面，以联邦政策法规为基础，由各部门、各行业根据自身需要和特点制定具体管理政策和办法。美国国防部、航空航天局、能源部、商务部等部门都制定有针对本部门科技报告工作的规章制度。如《国防部科技报告格式要求》《NASA科学技术信息记录、审批和传播要求》《能源信息法》等法规，明确了各部门科技报告的提交范围、方法、程序等❷。

承担项目单位层面，以上述两级制度为基础，各项目承担单位依据本单位的具体情况制定科技报告工作实施细则。如美国圣地亚国家实验室制定的《SAND报告准备指南》详细规定了本实验室科技报告的类型、撰写格式、提交等内容。其体系构成如图3-1所示。总之，美国科技报告管理形成了相对完备的法规制度体系、组织机构体系和工作机制。

另外，近几年美国接连出台多项电子文件管理重大政策与战略部署，以加强政府电子文件管理规划。2011年出台了《政府文件管理总统备忘录》，2012年颁布了《政府文件管理指令》，指令提出，到2019年，联邦机构要以电子形式管理所有的永久电子文件。2011年3月，国家档案与文件署（NARA）署长宣布内部组织机构改革举措，设置了美国联邦政府文件主管（Chief Records Officer，CRO），这个职位面向整个美国联邦政府机构设置，主要职责是领导

❶ 侯仁华.科技报告政策体系及服务方式研究[J].情报学报,2013(5):472-477.

❷ 贺德芳.科技报告资源体系研究[J].信息资源管理学报,2013(1):4-9.

和监督提高美国联邦政府机关的电子文件管理水平的行动❶。2014年，美国国会参众两院通过H.R.5170号法案《2014联邦文件问责法案》，主要针对如何防止或惩治联邦政府职员随意延缓电子文件移交或非法销毁电子文件等行为。2014年颁布了《2014总统与联邦文件法修正案》该法案强调应更为关注电子文件。NARA也修订和建立了相关电子文件管理规定，2012年出台了《新通用文件期限表（GRS）：重建并更新通用文件期限计划》，2013年出台了《邮件文件管理的新方法指南》，2014年出台了《移交永久性电子文件的格式指南（修订版）》等，促进数字文件强制规定目标的实现❷。

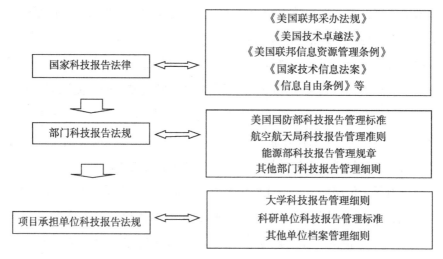

图3-1 美国科技报告管理法规体系

美国科技档案工作主要是对政府出资资助的科研项目的科技资料进行系统收集、加工和管理，美国在开展科技档案管理活动时，科技管理部门和信息管理部门协同工作。美国国家层面的科技档案工作被纳入美国政府科技报告的收集、服务和管理工作中。其运行机制为：首先科技管理部门和项目承担单位通过合同等方式确定需要提交的科技报告类型、数量、内容和格式等，在开展科技活动时，项目承担单位根据合同、协议等要求撰写、提交科技报告，并负责

❶ NARA.Archivist of the United States Announces Agency Restructuring and New Appointments[EB/OL]. [2015-12-29].http://www.archives.gov/press/press-releases/2011/nrl1-87.html.

❷ 马林青.国外政府电子文件管理规划分析及经验借鉴——以美国、澳大利亚文件管理的数字转型为例[J].档案学通讯,2015(5):73-77.

对其密级、知识产权、专利信息等进行审查。其次，科技管理部门对提交上来的科技报告的密级、分发限制、格式等进行审查，确保科技报告按要求提交到本部门信息中心。其后，本部门信息中心对提交上来的科技报告进行集中永久保存，并根据安全利用制度在不同使用范围内提供服务。各部门信息中心会将公开的科技报告移交国家信息技术信息服务局（NTIS）。最后由国家技术信息服务局（NTIS）对公开科技报告进行长期保存，同时向社会提供公开服务。如图3-2❶所示。

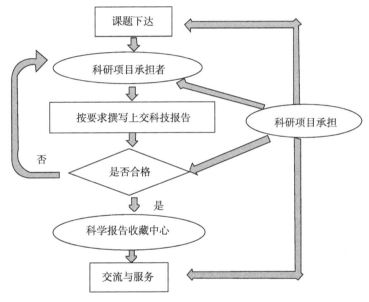

图3-2　美国科技报告上报流程图

1995年至今，美国科技报告科技信息的著录、标引、检索等工作逐步实现了计算机化，通过互联网为用户提供存取服务，科技信息的产生、传播和利用效率得到了极大的提升。

2010年，美国国家档案与文件署（NARA）与NTIS就保护数字科技档案签订了一项协议。该协议规定：NTIS继续提供数字科学、技术、工程信息（STEI）的访问获取，NARA将备份保存其所有数字STEI的记录副本，并对形

---

❶ 科技部.美国政府科技报告管理现状[EB/OL].（2014-09-12）[2016-05-19].http://www.most.gov.cn/ztzl/jlkjbg/kjbgxxjl/201409/t20140912_115511.htm

成超过40年的档案拥有合法保管权❶。此举表明科技报告作为档案（科技档案）的一部分，在专门的档案机构被保存。

美国尤其重视科技信息资源的有效转化，在国家、部门和承担单位三个层面通过政策和法律法规保障科技信息资源最大化有条件的向公众开放共享，表现在：

（1）国家层面。《自由信息法案》（1967年，多次修订）和《政府阳光法案》（1976年）要求除某些如涉及国家安全等信息免于公开外，联邦政府其他信息全部公开，包括资助的科技项目信息都向公众开放❷。《美国联邦采办法规》（2008年修订）旨在便于科技报告的交流和流通，在法律层面强制呈缴科技报告❸。《美国技术卓越法》（1992年）规定美国联邦单位必须及时将联邦资助研发活动产生的公开科学技术及工程信息传递给国家技术信息服务局（NTIS）❹，由国家技术信息服务局（NTIS）向公众提供科技报告共享服务。

（2）部门层面。美国国家科学基金委（NSF）、能源部（DOE）、航空航天局（NASA）等部门都在其资助指南或管理政策中明确规定资助申请者必须提供科技项目信息共享情况。如美国国家科学基金委（NSF）《资助与管理指南》（2011年修订）、《NASA科学技术信息记录、审批和传播要求》《国防部信息自由法计划》（1988年）等明确了各部门科技项目档案共享预期。像NSF《资助与管理指南》提出受资助的项目申请书附带说明，对科研成果、科研过程中的原始数据、样本及其他相关材料共享，隐私保护、机密、安全、知识产权以及其他权利要求等说明❺，并提供科技项目档案共享问题解答（FAQ），为科研人员提供共享指导。

（3）承担单位层面。各承担单位主要包括大学和各科研单位，承担单位依

---

❶ NARA and NTIS Sign Major Agreement To PreserveDigital Scientific Records［EB/OL］.［2016-04-11］.https://www.archives .gov/press/press-releases/2011/nr11-25.html.

❷ 汪传雷,许冰凌,叶春森.美国科技资源共享经验及对我国的启示[J],2014(1):8-13,22.

❸ 加小双,张斌.欧美科技档案管理的经验借鉴[J].档案学研究2016(1):25-31

❹ 侯仁华.科技报告政策体系及服务方式研究[J].情报学报,2013(5):472-477.

❺ National Science Foundation.Proposal & Award Policies & Procedures Guide（PAPPG）Chapter XI.D.4.[EB/OL].(2017-01-30)[2018-1-31]. https://www.nsf.gov/pubs/policydocs/pappg17_1/pappg_11.jsp#XID4.

据国家和各部门共享规定大都遵循相关规定或制定各自的科研信息共享规定。笔者在网上浏览各个网站，发现有部分学校科研机构制定有相关规定，如美国圣地亚国家实验室《SAND报告准备指南》详细规定了实验室科技报告的类型、格式、提交等内容❶。而且，为便于共享和交流美国科技报告管理有严格的统一标准，在项目申请之初就需要按照统一标准提交申请，对编写格式要求和编号规则以"制度"方式进行统一规范，对交流密级、交流范围和服务对象等内容都形成完备的制度。如美国国家标准研究所（NISO）制定的《科技报告——准备、介绍与保存》提供了统一的标准❷。

3.1.2　基金资助机构的科技档案管理

1.科技报告管理

美国国立卫生研究院（National Institutes of Health，NIH）基于受资助单位内部控制和应用信息化手段的基础上，通过覆盖项目申请到结束全过程的监控措施，及时发现问题，实施动态调整，主要包括：①年度报告。承担单位需集中提交反映项目整体进展和重要事项的年度报告，主要包括非竞争年度项目进展报告（或研究进展绩效报告）、多年资助进展报告、最终进展报告、财务报告、发明报告、财务利益冲突报告。各项报告将关键信息用表格形式进行规范，反映了项目最重要的进展。②信息管理。美国在科研项目管理方面广泛使用信息系统。NIH设立科技项目管理信息系统（e-RAs commons），从指南发布、项目申请、到结题都在系统上完成，利于查找、获取和分析加工信息。另外，从监督的角度，联邦政府设立审计信息交换系统、中央结题系统，项目报告系统等，便于各级监督主体获得和共享信息，实施动态监控。此外，NIH对项目记录的保存也有明确的要求，便于实现痕迹化管理❸。

---

❶ Sandia National Laboratories.Guide to preparing SAND Reports [EB/OL].（1997-04-05）[2018-02-10]. http://prod.sandia.gov/techlib/access-control.cgi/1997/970405.pdf.

❷ 钟凯,宋立荣.美国科技报高质量法规制度及对我国的启示[J].中国科技资源导刊,2017（3）:12-17,101.

❸ 潘昕昕.美国科技项目监督体系——以科技计划管理专业机构NIH为例[J].科技管理研究,2016,08:179-182.

反映项目进展情况的年度报告、审计、支出监控报告等是项目下年是否能够获得拨款的重要依据，如相关报告提供不及时、准确、完整或项目进展情况不好，可能会导致对项目更密切的监控、暂停拨款、附加特殊条款等调整措施。

美国自然科学基金委（NSF）在基金项目申请指南——技术报告要求中列出5类报告：年度报告（Annual Project Reports）、最终项目报告（Final Project Report）、项目公共成果报告（Project Outcomes Report for the General Public）、项目技术报告（Technical Reporting ）和决算报告（Grant Closeout），对报告的格式、内容、提交的时间做出明确要求，比如："项目公共成果报告要求资助期满不迟于120天，必须为公众提交电子的项目成果。本报告专门对公众简要概述，这个项目的性质和结果。""按照NSF绩效审核标准定义表述学术价值和影响范围来描述项目成果。这种描述应简短（一般是两到三段）的项目成果是为一般读者写的总结。项目申请人被强烈建议避免使用行话、术语或缩略语。""项目负责人必须在指定的时间提交最终的技术报告"❶。在记录的保存中强调："财务记录，支撑文件，统计记录及其他与美国国家科学基金会资助相关记录必须由受资助者，在资助结束后保留三年，同时按照《美国联邦法规（CFR）》section200的授权，受资助人有责任接受联邦政府、地方政府、非营利性组织的审计工作。"

美国科技档案工作其管理的一个主要目的在于实现科技档案等资料的有效利用和传播，以有效的方式提供对这些科研项目成果的检索查询。美国政府科技报告实行分类分级交流服务模式，大致分为公开科技报告、受限科技报告和保密科技报告。公开科技报告可以对公众开放使用。受限科技报告一般只对本部门和其他政府机构人员及其合同户提供服务。保密科技报告需要通过专门的渠道进行集中管理和服务，如能源部保密科技报告通过专门的能源保密信息管理系统提供服务。特别是随着万维网的普及，凡是非受限的科技报告资源都迁移到公用网上，向公众开放。美国编制了《政府报告通报及索引》（GRA&D）、

---

❶ NSF.PAPPG Introduction[EB/OL].（2017-01-30)[2017-04-10]. https://www.nsf.gov/pubs/policydocs/pappg17_1/index.jsp#A.

《航空和航天科技报告》（STAR）、《能源研究文摘》（ERA）三大检索工具，使检索美国政府四大科技报告更为便捷。形成了GrayLit Network、Science.gov、TRAIL综合检索系统，便于公众一站式检索。

2.科学数据管理

1996年修订的《信息自由法》（Freedom ofInformation Act）也是美国政府资助项目数据公开共享的起点。1999年，联邦政府预算管理办公室（OMB）依照《信息自由法》修订"OMB公告A-110"，对政府资助科学研究提出了数据共享的要求。在国际范围内，美国国立卫生研究院（NIH）是倡导项目数据共享并开展早期实践的组织之一。2003年2月，NIH《研究数据共享的最终声明》中关于数据共享目标的陈述被2004年经济合作与发展组织（OECD）引为《数据开放宣言》的"推动数据访问和共享"目标DECD于2012年制定了《公共资助科学数据存取的原则和指南》，提出了开放、灵活、透明、遵守法律、保护知识产权、承担责任、专业、互操作、质量、安全、效率、问责、可持续等原则困。

在"项目申请和立项"阶段，NIH、NSF设置的项目管理机制分别适用于合同类项目和资助类项目。NIH提出《数据共享政策和实施指南》，一直将各项目类别中年度预算（直接成本）超过50万美元的项目申请单列出来，正式要求此类项目须公开共享项目数据，在项目申请时应根据数据共享政策的要求制定《数据共享计划》。NSF在于2011年修订的《资助与管理指南》中明确提出了NSF对研究者公开共享项目数据的期望，要求凡是在2011年1月18日及其以后申请NSF资助的项目申请书必须附带一个两页的"数据管理计划"来说明数据管理的内容，详细描述如何遵守NSF的"传播与分享研究成果"政策，大致内容包括数据类型、数据与元数据形式及内容标准、获取与分享政策、再利用规定、存储数据计划等，而且这份数据管理计划同样接受同行评审。2011年12月，为了促使NSF完成其数据共享使命，促进科学研究和工程实践的发展，美国国家科学基金会理事会发布了《数字研究数据共享与管理》。该文件提出了NSF资助而产生的数字科研数据的管理和共享的十大挑战和五项建议。

3.不同学科的数据要求

2014年8月27日，NIH发布了"基因组数据共享"（Uenomic Data Sharing，UDS）政策。该项政策旨在促进基因组数据共享，并加快数据向知识、产品和流程的转化，同时保护相关研究参与者的隐私。NIH要求自2015年1月25日开始对申报的项目申请执行UDS政策，这项政策适用于所有NIH资助的大规模人类和非人类的基因组科研项目，包括受NIH拨款和合同支持的研究，以及在NIH院内研究计划框架内进行的研究。这项政策的实施将成为推动NIH的医学发现的关键。

《极地资助项目数据管理和数据报告要求》[1]除按NSF一般数据要求提出："所有项目书都必须符合国家科学基金会关于传播和分享研究成果的政策以及NSF项目资助指南，包括一项数据管理计划，说明在项目期间和项目之后将如何提供数据公开、质量控制以快速获取和全面科学数据和记录信息，数据管理计划必须具体阐述研究人员如何达到数据归档和报告要求。"同时要求开放的数据包括"元数据文件、完整的数据集和派生数据产品必须存放在一个长期的、可公开访问的档案中"提交时间为"在两年内或项目研究结束后，两者以先到为准"。存储地点为"适合数据中心的信息可以在极地程序的办公室网站上找到，或者通过认证获取"；如不能如约按时提交"任何在提交项目书时表明不能在规定时间提交信息的，必须以令人信服的理由为依据，并记录在《数据管理计划》中"；"中标后数据延期提交，都需项目管理人员通过NSF记录管理系统授权审批"。对于北极的数据还有特殊的要求："所有北极的科学数据集的元数据必须提交给NSF北极数据中心"。"北极观测网Arctic Observing Network（AON）"所有数据必须受到质量控制，并且必须在收集后6个月内存放在一个长期的、可公开访问的档案中。所有AON的数据集和派生数据产品都必须附有元数据和元数据配置文件"。

---

[1] NSF.Dear Colleague Letter: Data Management and Data Reporting Requirements for Research Awards Supported by the Office of Polar Programs（nsf16055）|NSF-National Science Foundation[EB/OL].（2016-05-09）[2017-12-31]. https://www.nsf.gov/pubs/2016/nsf16055/nsf16055.jsp.

　　《海洋科学部（OCE）的样品和数据政策》❶要求的类型包括"元数据文件、完整数据集、派生数据产品和实物样品"，同样要求"必须在收集后的两年内公开，包括软件和派生数据产品（例如模型结果、输出和工作流）"；"海洋地质和地球物理（MGG）项目包含广泛的数据类型和数据格式，它们需要存储到特定的数据中心"；"MGG研究人员，其数据由跨学科地球数据联盟（Interdisciplinary Earth Data Alliance，IEDA）数据中心服务，得到资助后可以联系IEDA，以便登记项目，并获得数据提交格式和提交数字项目数据和元数据的指南"。

　　基金单位的科学数据管理要求推动科研、高校、企业等相关研究单位数据基础设施和法规文件建设。如新罕布什尔大学指定的待保存数据包括原始数据（观测记录、实验报告、访谈与调查数据）、计算机存储的电子文档、数据库、实验室的视听资料与照片、实体样品和标本等。大部分高校指派项目负责人承担科学数据的记录、存储与保存任务。校方承担着后勤保障角色，为科学数据的"存储、备份、呈缴、注册与保存提供设备与服务"❷。

　　总之，美国的科研档案在较为完备的法规政策的规范指导下，以科学研究投入产出效益最大化为指导思想之一，规范科研人员形成完备、规范的科研档案，并及时上报，为科研管理以及开放共享提供必要的保障与基础。从内容上来看，美国的科研档案内容丰富，形式多样，即包含最终报告，如总结报告、研究报告、竣工报告、学术论文等，还包括能记录研究工作全过程的调研报告、论证报告、进展报告、中间报告，以及数据报告、实验室笔记和观察报告等等，反映科技工作的全过程和结果。从保存上来看，大部分科技报告为永久保存，如美国四大报告是永久保存的，存在解密与降密。也注重保密与知识产权，实行科技报告分级管理。对于公开的科技档案，借助先进的信息手段，依托网络等平台，实现开放获取，惠及大众。

❶ NSF. Division of Ocean Sciences（OCE）Sample and Data Policy（nsf17037）INSF-National Science Foundation[EB/OL].（2011-05-24）[2017-12-31]. https：//www.nsf.gov/pubs/2017/nsf17037/nsf17037.jsp.

❷ 庄晓喆.国外高校科学数据保存政策调查与思考[J].图书馆学研究,2015,16:68-72+76.

4.科技档案的开发与利用

美国是最早形成科技报告的国家，注重信息公开和共享政策、法律法规的制定，目前已形成国家、部门、承担单位三级机构组成的较为完善的协同作用的科技报告信息共享体系，内容涵盖了科技报告的撰写、提交、审核、发布等全过程。为实现这些科技信息资源的有效共享和利用，美国科技项目档案管理采取了广渠道、多形式的方式提供科技项目和科技报告的查询获取，不仅限于结题解密科技项目档案，对于正在研究的科技项目进展情况也可以进行查询。具体包括：

（1）编制检索刊，如《政府报告通报及索引》（GRA&I）、《航空和航天科技报告》（STAR）等。

（2）强制上报可公开科技报告。美国四大科技报告（AD报告、NASA报告、DE报告、PB报告）公开和解密的部分统一上报到国家信息服务局（NTIS），向社会提供科技报告的访问、检索、获取服务。四大科技报告未解密和公开部分对本部门和其他政府机构人员及其合同户提供服务。

（3）广泛应用电子政务平台。Grants. gov网站是美国政府资助项目发布和管理的统一平台，任何人无须注册即可在项目信息系统网站上查到科技项目信息，相关科技项目信息在各主管网站也会公布，如美国科学基金委（NSF）、能源部（DOE）、国防部（DOD）等从项目申请到研究进展都可以通过在线或邮件申请获得相关信息❶。

（4）一站式检索平台。提供GrayLit Network、Science. gov、TRAIL等一站式检索平台，检索科技项目档案相关信息。极大方便了公众查询和发现感兴趣的研究方向。

3.2 英国

英国科技报告（Science and Technology Publication）工作与我国的科技档案工作类似，此处的科技报告为广义内涵包括一切与科学技术有关的报告包括

---

❶ 黄军英.美国科技项目管理信息系统[J].全球科技经济瞭望,2015(1):6-10.

学者记录、科学记录、科学和技术报告、政府出版物、科研成果、技术报告和科技成果报告[1]。

3.2.1　法规政策

英国的科技档案管理制度并非作为独立特殊体制而存在，其政策存在于既有的法律法规之中，从国家到科研资助机构、科研教育机构都制定有相关法律法规。在国家层面，英国国家档案馆（TNA）制定了《大英政府许可框架》（UK Government Licensing Framework，UKGLF），立法委员会制定有《数据保护法案》（Data Protection Act 1998）、《信息自由法案》（Freedom of Information Act 2000）等。在科研资助机构层面，主要有研究理事会（Research Council UK，RCUK）、英国国家健康研究院（The National Institute for Health Research，简称 NIHR）等机构来支持科研活动。其中 RCUK 每年的科研经费预算占英国政府科研经费总预算的 80% 以上。英国研究理事会（RCUK）是由 7 个研究理事会组成的联合会，包括艺术与人文科学研究理事会（Arts and Humanities Research Council，AHRC）、生物技术与生物科学研究理事会（Biotechnology and Biological Sciences Research Council，BBSRC）、工程与自然科学研究理事会（Engineering and physical Sciences Research Council，EPSRC）、经济与社会科学研究理事会（Economic and Social Research Council，ESRC）、医学研究理事会（Medical Research Committee，MRC）、自然环境研究理事会（Natural Environment Research Council，NERC）、科学与技术设施理事会（Science and Technology Facilities Council，STFC）。[2]高等教育基金委员会（HEFCE）主要资助高校的科研活动。英国研究理事会（RCUK）制定有《研究自主条款与条例》（Research Grant Terms and Conditions；Terms and Conditions of Grants）等。科研教育机构也制定有相关规定，如伦敦大学指定的《记录管理指南》（Records Management-Guidance Note）等，见表 3-1。

---

[1] 吴蓉等.英国科技报告制度调研与分析——支持科技报告存储与传播的政策环境[J].图书情报工作,2015(11):76-82,95.

[2] 英国研究理事会[EB/OL].[2016-6-7].http://baike.baidu.com/link?url=wNfWpFygrPHQDhf0Hi4Hb-KEnZKRIIU8JwAKLyhKZSG3SRonBFCA_6OPchnRrh9z_1nBALYUtfvWDxCHMLxYnYK.

表3-1　英国科技档案相关法规制度

类别	机构	名称
法律法规	英国立法委员会（BLC）	《版权、外柜设计和专利法案》（Copyright，Designs and Patents Act 1988）
		《信息自由法案》（Freedom of Information Act 2000）
		《数据保护法案》（Data Protection Act 1998）
		《著作权公共管理规则》（The Copyright（Public Administration）Regulations 2014）
		《公共文件法案》（The Public Records Act）
	英国国家档案馆（TNA）	《大英政府许可框架》（UK Government Licensing Framework，UKGLF）
科研资助机构	英国研究理事会（RCUK）	《研究自主条款与条例》（Research Grant Terms and Conditions；Terms and Conditions of Grants）
		RUCK数据政策通用原则（RCUK Common Principles on Data Policy）
	医学研究理事会（MRC）	《MRC资助附加条款与条件》（MRC Additional Terms and Conditions）
		《知识产权》（Intellectual Property）
		《研究数据共享政策》
	经济与社会研究理事会（ESRC）	《ESRC研究经费指南》（ESRC Research Funding Guide）
		《科研数据政策》
	艺术与人文研究理事会（AHRC）	《研究资助指南》（Research Funding Guide）
	生物技术与生物科学研究理事会（BBSRC）	《BBSRC资助指南》（BBSRC Grants Guide）
		《数据共享政策》
	工程与自然科学研究理事会（EPSRC）	《资助指南》（Funding Guide）
		《科研数据政策框架》（EPSRC policy framework on research data）
	科学与技术设施理事会（STFC）	《研究资助手册》（Research Grants Handbook）
	自然环境研究理事会（NERC）等	《NERC数据政策指导注意事项》（NERC Data Policy-Guidance Notes）等

类别	机构	名称
科研教育机构	伦敦国王学院（KCL）	《科研记录和数据存储限期》（*Records and Data Retention Schedule Research Records*）
	伦敦大学（UOL）	《记录管理指南》（*Records Management—Guidance Note*）
	伦敦城市大学（City UOL）	《科研记录》（*Research Records*）
	爱丁堡大学（UOE）	《科研著作出版政策》（*Research Publications Policy*）
	华威大学（UOW）	《记录保存》（*Record Keeping*）
	格拉斯哥大学（GLA）	《科研记录管理指南》（*Guidance on Managing Research Records*）
	卡迪夫大学（Cardiff）	《科研数据及记录管理指南》（*Guidance for Managing Research Data & Records*）
	谢菲尔德大学等（UOS）	《良好研究和创新实践政策》（*Policy on Good Research and Innovation Practices*）

注：主要来源于http://www.legislation.gov.uk/、http://csc.mrc.ac.uk/、http://www.esrc.ac.uk/等网站

　　科技档案管理标准遵循一般公共文件管理原则，英国直接采用ISO15489等国际系列文件通用管理标准，以文件连续体管理思想为指导，在法律、法规或政府实施白皮书、战略框架下保持高效的法律依从性前提下，英国的科技档案管理规范与国际接轨，即与通用性、交互性的标准保持一致。英国通过政府文件办公室（Public Record Office）、英国标注署（British Standards Institution）、宪法事务部门（Department for Constitutional Affairs）等部门制定了70余个标准，形成完备的文件档案管理标准体系，从相关组织的文件管理战略使命、目标、原则，到具体的实施操作指南，每个层次都有相应的参照标准，文件管理标准的范围延伸到文件管理的每个维度、层次。如：英国国家档案馆标准《电子文件管理系统需求标准第一部分：功能需求》（2002），《电子文件管理系统需求标准第二部分：元数据标准》（2002），《电子文件管理系统需求标准第三部分：引用文件》（2002），《电子文件管理系统需求标准第四部分：实施指南》（2004）等[1]。

---

❶ 刘精精.ISO15489号标准在国内外的引用情况及借鉴研究[J].兰台世界,2008(8):2-3.

3.2.2 基金资助机构的科技档案管理

作为知识资产的科技报告受到资助机构政策的约束，为最大限度地向公众开放共享，需兼顾具体实施的可行性，科研资助机构对提交、管理、开放科研数据有不同程度的要求，并对存储和共享的具体细节做出规定，如提交时间、知识产权归属、呈缴责任人、存储时间、存储位置、报告获取等❶❷。

科技报告的直接负责人是项目负责人，参与项目的相关人员对科技报告的准确性、完整性和安全性也负有责任，防止由于责任不清造成科技报告不完整、缺失等情况发生。如信息系统联合委员会（Joint Information Systems Committee，JISC）《科研记录管理指导原则》规定，科研记录的管理责任应明确；由项目负责人（Principle Investigator，PI）对科研项目全过程中产生科研记录的准确性、完整性和安全性负责，项目负责人也可以委托项目团队的其他人员负责科研记录的管理，并告知项目团队的其他成员。伦敦大学《记录管理指南》规定科研项目记录的管理责任在项目启动之初就应明确。JISC是一家非营利性机构，其作用是为通过提供相关和有用的咨询意见、数字资源以及网络和技术服务，来支持高等教育和研究机构的科技研发工作。JISC在三个核心领域提供服务：提供数字基础设施共享和服务；跨部门合作，如JISC为学术期刊提供信息采集许可；提供可信的咨询建议和操作帮助❸。格拉斯哥大学《科研记录管理指南》的科研记录定义部分支出，项目负责人对科研记录负最终责任，但所有参与项目研究的人员也有责任确保科研记录的准确性、完整性和安全性，这部分人员包括参与研究的研究生、主管和正式职员❹。

不同机构对科技信息存储时间的要求各有不同，如JISC《科研记录管理指

---

❶ 吴蓉等.英国科技报告制度调研与分析——支持科技报告存储与传播的政策环境[J].图书情报工作,2015(11):76-82,95.

❷ 彭鑫,邓仲华,李立睿.英国基金机构数据管理计划的实践调查与分析[J].图书情报工作,2016,60(17):27-32+39.

❸ Jisc-Wikipedia[EB/OL].[2017-12-13]. https://en.wikipedia.org/wiki/Jisc.

❹ 吴蓉,等.英国科技报告制度调研与分析——支持科技报告存储与传播的政策环境[J].图书情报工作,2015(11):76-82,95.

导原则》和伦敦大学《记录管理指南》相关规定是，每个科研项目的情况不同，具体的存储应遵循资助机构的存储要求。如果资助机构未对相关存储提出要求，则对科技报告一般是应永久保存。伦敦国王学院《科研记录和数据存储限期》将存储限期分为3年以内、3~7年、7年以上❶。

公众权益保障是科技报告呈缴和共享的核心理由之一。英国《大英政府许可框架》要求公共部门信息的持有者有义务促进信息利用。《信息自由法案》主要为了保障公共机构信息自由共享与公民参与的权力。《著作权公共管理规则》中要求，尽其所能向公众披露有用的信息，在不违反商业利益、保护合理的商业创新利益的前提下，尽可能地提供开放共享。英国数字保存中心（Digital Curation Centre，DDC）数据管理与共享具有7个方面的益处：①在需要使用数据时，用户能够找到并理解数据；②当有研究人员离开团队，或有新研究人员加入时，能够保持工作的延续性；③用户可以避免不必要的重复工作，如重新采集数据；④支持文献的数据得以保存，从而对文献结论进行验证；⑤通过数据共享可以开展更多的合作，推动科学研究；⑥能够提高研究的显示度；⑦其他科研人员可以引用数据，是数据拥有着获得更多荣誉。❷

2005年以后，英国科研资助机构也都陆续制定了数据共享政策，如医学研究理事会（MRC）的《研究数据共享政策》、生物技术与生物科学研究理事会（BBSRC）的《数据共享政策》等。所有的资助机构都要求科研人员能够共享其科研产出的数据，规定科研人员在指定数据共享计划时需详细说明是否愿意共享数据、不愿意共享的原因、数据共享方式等内容。英国实行分级限制公开管理制度，按密级向不同范围用户开放。如伦敦国王学院将科技信息传播范围划分为3个等级，外部信息、内部信息和限制信息。外部信息面向公众，内部信息面向工作人员和学生，限制信息面向有权限的内部用户。❸

2005年，英国卫生部资助成立的英国国家健康研究院（The National Insti-

❶ 吴蓉,等.英国科技报告制度调研与分析——支持科技报告存储与传播的政策环境[J].图书情报工作,2015(11):76-82,95.

❷ DCC.How to Develop a Data Management and Sharing Plan[EB/OL].[2016-6-6].http://www.dcc.ac.uk/resources/how-guides/develop-data-plan.

❸ 陈大庆.英国科研资助机构的数据管理与共享政策调查及启示[J].图书情报工作,2013(4):5-11.

tute for Health Research，NIHR），基于国家战略"更好的研究用于更好的健康"，致力于健康和医疗方面的研究。NIHR作为一个实体研究机构承担了NHS的研究和部分管理职能，同时与卫生行政部门保持"一臂之距"。NIHR有功能完备的科研信息系统（R&D Information Systems），通过此系统解决和促进横跨整个NIHR的信息安全一体化问题，通过使科研人员和科研管理人员能够存取和管理相关信息及政策要求，实现高效管理，并采用恰当的管理方式，使关注科研的部分患者参与进来；减少申请和报告等行政管理负担，减少成果管理的工作量，使得监管和审查更高效；实现多端口的"一次性"（only once）数据录入，并在这个过程中，寻址相关的数据完整性问题。

数据与文件的管理实现标准化和规范化。提供支撑系统和服务的标准，进而实现诸如委托、基金、申请、科研管理和输出等NIHR全部职能，这也使得NIHR个业务部门的有意义、可比较的绩效成果展示得以实现；数据标准采用相关的国际标准；使研究者和机构按照标准要求交换文件和数据集，这就要求报告和数据输出是规范的、负责任的或者是符合合同约定及资助管理要求的；确保标准数据集和文档链接到重要的合作伙伴，包括europubmed中心，以及更广泛的NHS或其他提供获取的研究输出的系统。

科研信息系统的有效运行，使英国成为一个开展研究更快速、高效、精准的更具吸引力的国际性机构。通过给政策制定者、委员会成员和研究人员更清晰的相关政策要求阐述，和对研究人员、信息网络的支持，提高委托任务和进程初期的效率和效益；借助NIHR系统的迅速反应和易获取性，支持健康研究数据的开放获取原则，供决策者使用，同时与合作伙伴共同促进国际合作。❶

NIHR要求数据的保留要符合要求，既能支持对原始数据的分析，又能支持相关监管机构和组织的监督，信息要求能够免费获取研究过程中的和研究成果的信息，不论好的还是坏的，只要是客观的科研评价。❷

---

❶ NIHR.NIHR briefing documents[EB/OL].[2017-01-06].http://www.nihr.ac.uk/about-us/how-we-are-managed/briefing-documents.htm.

❷ 姚洁,高军,李宝智,翟启江.英国国家健康研究院的管理创新分析和思考[J].科技管理研究,2016(8):103-109.

值得一提的是2002年英国颁布《文件管理实践准则》，该准则的执行监管职责在信息专员办公室（Information Commissioner's Office，ICO），该办公室监督《信息自由法》《数据保护法》等涉及公共信息权利的法律法规的执行，处理相关投诉。2012年TNA和ICO签订双方最高领导理解备忘录，承认双方技能互补，有共同关注点，要加强合作，双方高层每年至少会晤一次，基层联络视需要进行，网站上互相提供彼此的指南等法规政策。❶英国文件档案机构的职能得到进一步的集中。

3.3 澳大利亚

澳大利亚是英联邦中的一个独立国家，为联邦制政治体制。澳大利亚的法律体系由联邦法律和各州法律组成，各州享有独立的立法、行政和司法权。

3.3.1 法规政策

澳大利亚档案事业的发展历程虽然仅仅只有50多年，但发展迅速，其中档案法规体系的建设也卓有成效，形成了由联邦《档案法》（1983）和州档案法及与档案法相关法组成的档案法规体系。澳大利亚档案事业具有两个显著的特点：一是各个州政权建立的时间早于澳大利亚联邦建立的时间，这就使得澳大利亚各州档案事业的历史早于联邦政府；二是澳大利亚的档案工作是从图书馆工作中分离出来的，后者对其影响较大。澳大利亚国家档案馆主要负责保管并提供利用联邦政府在全国所设各机构以及这些机构所管理的企事业单位形成的档案，并负责文件管理标准及有关档案工作政策的制定。此外，各州政府在文化部或教育部等政府部门下设州档案馆，负责保管并提供利用州政府形成的满一定年限的具有长久保存价值的档案。各个州档案馆之间互不统属，只是合作关系。同时，各州有自己的档案法，不受联邦档案法的约束。从档案机构的设置来看，澳大利亚没有全国统一的、纵向的、上下

❶ TNA & ICO.Memorandum of Understanding between the Information Commissioner and the Chief Executive of The National Archives / Keeper of Public Records.[EB/OL].[2015-12-23].Http://www.nationalarchives. gov.uk/document/information-management/mou-as-aug-2015.pdf.

具有指导协调关系的档案行政机构，档案事业管理体制处于分散状态。但从档案实体的管理看，又是高度集中的。联邦政府保管国家机构档案的部门只有国家档案馆，不再设各个部门的专业档案馆。各州在州档案馆以外，也再没有州政府其他部门的专业或部门档案馆。因此，澳大利亚的档案事业管理体制是一种以档案馆为主体，无档案行政管理机构，分散中有集中，分散与集中相结合的体制。

为了促进澳大利亚联邦政府的数字转型，以国家档案馆（NAA）为主的相关联邦机构开展了一系列强化文件全生命周期电子化管理的措施。2011年颁布了《澳大利亚政府数字转型政策》❶，2012年NAA馆长宣布2015年之后以数字形式产生的文件将只能以数字形式移交NAA。另外，艺术部部长于2013年批准一项补充政策，明确规定对于2015年之后以数字形式形成的不需要向NAA移交的文件，应当以数字形式进行管理。这样将机构内所有数字信息和文件都纳入到管理范围内。为了持续推进2015年以后的数字信息进程，NAA还制定了《数字连续性2020政策》❷，该政策确立了2020年应达到的目标，包括业务系统应当遵从文件管理国际标准，联邦政府信息应当可描述、可共享、可互操作、可再利用，以及联邦政府机构文件管理能力达标等具体目标。

澳大利亚关于影响政府机构生成和管理文件的法律除《档案法》之外还有很多不同的法律，如《信息自由法》（The Freedom of Information Act1982，简称FOI），共八章九十四条，其制定时间早于联邦档案法。《信息自由法》赋予公众利用政府官员和机构形成的文件。《信息专员法》（Australian Information Commissioner Act 2010，OAIC），确立了澳大利亚的信息专员制度，是政府和信息政策发挥作用的重要组成部分，致力于通过国家信息政策结构的发展和实施，建立安全和开放政府，鼓励公民利用政府信息，加速政府公开信息的进

---

❶ NAA. Australian Government Digital Transition Policy[EB/OL].[2016-06-19].http://www.naa.gov.au/records-management/digital-transition-and-digital-continuity/digital-transition-policy.

❷ NAA.Digital Continuity 2020 Policy.[EB/OL].[2016-06-19].http://www.naa.gov.au/records-management/digital-transition-and-digital-continuity/digital-continuity-2020/index.aspx.

程❶。澳大利亚政府重视科技信息的公开，发布了《开放政府声明》《公共服务大数据战略》。

3.3.2　基金资助机构的科技档案管理

澳大利亚科研理事会（Australian Research Council，ARC）主要职责是为政府提供研究资助和政策建议，促进澳大利亚最高水平的科学研究和研究培训❷。国家级科研机构根据其职能，分别挂靠在联邦政府的某一部内，但只对部长负责，通过部长向议会递交年度报告。如联邦科学与工业研究组织（CommonwealthscientificandIndustrialResearchOrganisation，CSIRO），它是澳洲最大的国家级科研机构，主要职能是通过科学研究和发展，为澳大利亚联邦政府提供新的科学途径，促进研究成果的转让和应用，以造福于澳大利亚社会，提高经济效益和社会效益❸。此类机构还有联邦血清实验室、澳大利亚核科学与技术组织、澳大利亚海洋科学研究所等。其他研究机构分布在大学、公司企业等机构中。

在澳大利亚，政府投资的科研项目被看成是公共文件（public records），并制定有专门的管理标准和规范❶。在综合性的科研机构如澳大利亚研究理事会（ARC），2007 年与国家健康和医学研究理事会（NH&MRC）联合发布《澳大利亚负责任的研究行为准则》（Australian Code for the Responsible Conduct of Research），对研究数据和重要资料的存储提出明确要求，如详细描述科研机构和研究者的责任，包括保存研究数据和重要资料、提供安全的研究数据存储和记录设备、确定研究数据和重要资料的所有权、确保研究数据和重要资料的

❶ 周海华.澳大利亚档案法规体系概述[J].兰台世界,2013(1):68-69
❷ 澳大利亚研究理事会(ARC)[EB/OL].[2016-06-19].http://www.hangye114.net/?action-model-name-yy-itemid-4649.
❸ 联邦科学与工业研究组织[EB/OL].http://baike.baidu.com/link?url=Ed84RAUM7hSFQ1b3jq-CAKs4jRQzf6y3kDcsTZwvmBIovQVd62VLRIrUG-MS3L2UNbUkTS2y0GzgEL4rZv0HpOGP3RgwofnA4fxZ6jd g7PFVlZjZGQ1E5vXnalrjJZua9aHfocSu5uv4Du3UaUDcq0JcdRKHksCX_H_cN5ePAVER-K6mXGYIEvwCQm mpyT5sARimamsg2UFHG1xMsEwFu-a.2016-06-19
❹ 安小米等.面向知识管理的国家科研项目集成化文件管理体系构建研究:北京、框架及模型[J].山西档案,2008(3):15-18.

安全性和保密性等，并且规定在一般情况下，所有研究数据必须至少保存5年以上。随后，澳大利亚国家数据服务中心（ANDS）提出了一个大学科研数据管理政策指导性文件。2008年年底，在上述政策的影响下，莫纳什大学、纽卡斯尔大学、昆士兰科技大学、墨尔本大学、南澳大利亚大学等高等院校陆续出台科研数据管理准则或政策❶。

国家卫生与医学研究理事会（National Health And Medical Research Council，NHMRC）要求科研资助项目的研究成果必须存储到作者所在机构的开放知识库中，并在发表后12个月内开放共享❷。澳大利亚政府在发展科研成果共享方面投资了一系列项目，如澳大利亚合作可持续数据库（Australian Partnership for Sustainable Repository，APSR）、澳大利亚研究机构库（Australian Research Repositories Online to the World，ARROW）等。澳大利亚的多数高校也建立有科研数据管理服务系统供内部或公众使用，如澳大利亚国立大学、莫纳什大学、悉尼大学等。

3.4 法国法规政策和基金资助机构的科技档案管理

法国是单一制的共和制国家，其档案管理采用集中式管理体制❸。科技档案管理具有严格的法律依据，科技档案涉及科学研究的整个过程。相关法律有：

（1）1979年1月出台的国家档案法（Loin°79-18du 3janvier1979surlesarchives）。

（2）1978年7月公布的行政管理资料入档法（Loin°78-753du 17juillet 1978）。

（3）1979年12月公布的公共档案处理条例（Décretn°79-1037du 3décembre 1979）。

---

❶ 丁培.国外大学科研数据管理政策研究[J].图书馆论坛,2014(5):99-106.

❷NHMRC[EB/OL].[2016-06-19]. https://www.nhmrc.gov.au/grants-funding/policy/nhmrc-open-access-policy.

❸ 黄霄羽.外国档案事业史[M].北京:中国人民大学出版社,2011.4:229.

（4）1979年12月公布的公共档案交流条例（Décretn°79-1038du 3décembre 1979）。

这些法律以及政府科研管理条例中明确规定，科研项目的执行必须提交科研报告，并接受相应的评估。

法国科技文献的档案管理由研技部、研究机构或组织以及国家科技档案馆共同负责。其中，研技部（有时会同文化部）负责制定管理政策；研究机构或组织主要是报告的提供和利用，以及对非本部门机构或人员报告的利用需求提出是否许可；国家科技档案馆研究与技术部负责科技报告的收集、编目和保存工作，并依法提供使用服务。科技报告编写一般包括：报告文本、专题技术资料、涉及科研项目执行过程的会议和论坛的材料等。

法国没有统一的国家科技档案收藏机构，除了专门的国家档案机构外，每个大的科研机构都设有专门的"科技档案部门"，科研机构的科技档案存入国家档案馆科技分部，或者在科研机构内部设专门的国家档案部，如国家档案馆国家科研中心部。

国家档案馆研究和技术部（LaDirectiondes Archivesnationales：SecteurRecherche Technologie）是政府研究管理部门和档案部门为执行1979年1月3日档案法律而共同成立的，作用是：①在与日常档案有关的方面发挥建议和促进作用；②帮助机构管理大量的、有用的档案，不仅从管理上，还从科技研究上提供帮助；③选择和保存那些有价值的文献；④使科研档案的遗产发挥应有的价值作用。国家档案馆研技部总部设在巴黎，并在枫丹白露设有现代档案中心。总部存放的来自政府科研管理部门和科研机构的档案材料，枫丹白露的现代档案中心保存的科技档案分为两个部分，一是源于政府管理部门的档案收藏：地方科研事务、研究机构和基地研究；二是来自科研部门的档案收藏。

国家档案馆国家科研中心部（La Missiondes Archives Nationales Auprèsdu CNRS）隶属于法国国家科研中心（CNRS）的科学技术部。法国国家科研中心类似于中国的科学院，是国家最重要的公共科研机构。国家档案馆国家科研中心部的宗旨是：使1979年1月3日关于公共档案的法律，尤其是那些设计文件交流的条款得到执行；在ARISC项目和"国家科研中心遗产、历史和记忆"委员会的支持下，促进来源于科学研究的档案的保存；从历史的角度进行行政管理文件和科技文献的选择。国家档案馆国家科研中心部主要保存三类科技档案：①监管机构的档案，反映了引导法国科研政策的机构的活动。通过这些档案，使人们可以了解各级政府部门在科技方面所采取的选择。②实验室的档案，反映研究机构日常运作的确切思想轨迹。③研究组和研究人员的档案，显示了个人或研究组的具体活动，从中可以找到他们的科学发现轨迹；同时还可能发现他们所受教育的轨迹，以及他们对科技政策所施加的影响。

研技部资料中心是研技部直属机构，成立于1969年，主要任务是收集和存贮综合类行政报告、科技报告、战略研究报告等，直接服务于研技部管理与决策。中心保存有超过4万份各类行政报告、小册子等。

国家科研中心所属科技信息中心（INIST）的性质类似于中科院文献研究中心。INIST是欧洲第一个综合的科技信息中心，也是国家科研中心内部资料库。INIST的主要任务是收集、整理以及传播科学技术研究成果，并为科研提供相关服务。它有一个涵盖世界科技研究绝大部分的文献资源库，两个跨语言和跨学科的书目数据库PASCAL和FRANCIS，发达的分析及信息处理工具，完整的专业化的信息产品和服务的渠道，336名信息专家。INIST保存有来自公共和私营科研机构科技报告75000份，大部分都是法国公共科研机构的报告，其中特别包括国家科研中心与法国研技部、环境部、能源研究与环境署、国立信息与自动化研究院、国家卫生与健康研究院等合作伙伴科研合作合同执行的最终科技报告，所有科技报告构成了中心收藏资料的关键性内容。INIST目前收藏有11.5万份法国及各国议会报告；另外，文献库收录了法国自1985年以来答辩的12.5万份科技论文。

根据档案法规定，科技档案在存档有效期内，只有本部门人员为了科研目的方可有权查阅相关科技报告。其他部门或人员只有在两种情况下可以进行查阅：一是获得形成科技报告的科研机构或组织的许可；二是授权。法国科技报告的存档时间一般为30年，部分需要严格保密类型的科技报告存档实践根据需要可延长至60~100年，而对少数专业类科技报告的存档时间甚至可以长达

120年。存档有效期过后，科技报告即可面向公众。INIST提供两类服务方式：一是完全免费的文献服务，面对对象首先是法国科研中心研究人员，其他还包括政府科技管理部门、建立有合作关系的公共及私立研究机构、高校教学研究人员、学生、科技信息专家等；二是收费式服务，这主要针对工业企业的服务需求。研技部资料中心对公众开放的领域有：政策、管理、科研管理、科技发展及社会经济环境等[1]。

欧洲"2014创新记分牌"的统计发现，法国处于"创新跟随者"行列，在27个欧盟国家中位列11位，落后于北欧国家、德国、荷兰、英国等。2012年，法国的国内研发投入在DECD国家中位列第五，公共研发投入接近美国与德国的水平，在人力资源、科技论文、公共资助与风险投资方面表现尚可，但在专利开发、试验发展投入等方面远落后于美国与日本，科研成果难以向经济界转移转化[2]。OECD《法国创新政策评估报告》指出，公共科研对社会与经济的开放程度不够。

2014年，法国教研部出台《法国—欧洲2020》战略议程，重点部署相应的主题行动计划，致力于应用的大数据研究。具体行动方案包括：支持非结构化大数据分析研究，以满足科学界、企业与公共组织的使用需求；创建大数据应用跨学科研究组织，以应对科学、经济、环境、社会挑战；建设不同科学领域大数据存储与处理基础建设；培养数据管理、数据分析、知识获取的专业人才，如"数据科学家""知识科学家"等。

创建于2005年的法国国家科研署（ANR）是法国主要的科研资助机构，旨在向在法国开展的公共研究及合作研究提供资助。它拥有约280名员工，每年获得的预算超过7亿欧元。科研署的任务是，通过竞争性项目征集，发展科学与技术，鼓励学科间的交叉研究，支持公共与私人研究单位。科研署在国际舞台上起着越来越重要的作用，特别是在欧洲，科研署已将欧洲"Horizon2020"计划的目标纳入了本机构工作任务中。如今，中国是科研署在欧洲

[1] 黄宁燕,孙玉明.法国科技文献的档案管理体系调查[J].科技管理研究,2009,09:88-89.
[2] 陈晓怡,裴瑞敏.《法国-欧洲2020》科研战略解析及其启示[J].全球科技经济瞭望,2015,30(06):34-41.

之外的第一大科技伙伴国：科研署与中国联合资助的项目量占其与非欧洲国家合作项目总量的22%，即50多项中法合作项目。主要合作伙伴是中国自然科学基金委员会和中国科技部❶❷。

国家科研署作为参与欧洲研究的一部分，致力于开放获取公共资金的研究结果。项目有关的科学出版物的传播、共享和可持续存档有助于提高法国研究的知名度和吸引力。作为"开放档案和互助平台伙伴关系公约"的签署国，ANR根据《数字共和国法》第30条的规定，建议在公开的档案中，直接或通过"地方机构档案"，将所有由其供资的项目提交全文。关于提交数据，ANR没有在2018年通用要求中强制实施数据管理计划（DMP）但是提请申请人注意在整个项目期间和整个项目中研究数据问题的重要性。2016年10月，由IN-IST发起的OPIDoR网站发布了如何优化数据共享和互操作性的详细信息。2013年，国家科研署与25个研究机构（CNRS、Inria、MINSERT等）签署了一项《开放记录伙伴关系公约》承诺❸。

3.5　跨地区科技档案联合开发

科技档案的开放获取日益成为科学交流的新趋势。美国、英国以及众多国际组织与研究机构都就科技档案开放获取问题，积极建立政策保障与管理机制，并在政策指导下广泛推行相关服务与实践。

3.5.1　欧洲灰色文献系统

欧盟对于科技档案的管理最为典型的是欧洲灰色文献系统（System for Information on Grey Literature in Europe，SIGLE）。SIGLE是欧洲灰色文献开发协会（European Association for Grey Literature Exploitation，EAGLE）的一个合作

---

❶ 法国国家科研署主席辞职[EB/OL].（2017-07-24)[2017-10-11].http://news.sciencenet.cn/htmlnews/2017/7/383211.shtm.

❷ 法国科研署2014年报告[EB/OL].（2015-08-28)[2017-10-11].https://cn.ambafrance.org/%e6%b3%95%e5%9b%bd%e7%a7%91%e7%a0%94%e7%bd%b22014%e5%b9%b4%e6%8a%a5%e5%91%8a.

❸ANR. L′ANR et l′Open access|ANR – Agence Nationale de la Recherche[EB/OL].[2017-08-06] http://www.agence-nationale-recherche.fr/missions-et-organisation/open-access/

项目，主要是建设一个在线数据库，用以收集、保护欧洲各国产生的灰色文献，并提供灰色文献的检所利用服务，英国、德国、法国、荷兰、意大利、西班牙、欧共体委员会等国家参与合作，各个成员国或机构建立灰色文献中心，负责收集和提交工作，其中英国的贡献率超过50%，位居第一。实现欧洲灰色文献开发协会各成员国灰色文献（Grey Literature）的开放、利用、共享。SIGLE系统中覆盖生物医学、物理学、电子学、地球科学、经济和社会等多个学科，包含预刊本（Preprints），各种博硕士论文，会议论文，各种研究报告、技术报告、调查报告，政府出版物等，其中科技报告占总量的62.7%。2005年以后，开始实施开放存取活动，启动Open SIGLE项目，2011年，Open SIGLE改变了平台设计，并改名为"开放灰色文献（Open Grey）"，目前Open Grey系统中已有近90万条记录，每月更新，实现公众检索和免费获取相关文献和索引❶。

3.5.2 经合组织

温伯格委员会（The Weinberg Committee）提出加强科技信息的流动被视为一个国家信息政策发展的转折点，并通过经合组织（OECD）来开展系列组织活动和制定策略❷。2003年10月，德国马普学会发起并召开柏林会议，会上通过的《柏林宣言》指出，开放获取的内容不仅包括原始的科学研究成果，还应包括原始科学数据。2004年1月，经合组织（OECD）的成员国签署了《开放获取公共资助研究数据的宣言》。并于2006年12月颁布了《开放获取公共资助研究数据的原则和指南》。报告中明确界定了开放数据的范围和定义，并提出了13条原则与指导方针，以促进公共资助科学数据的低成本、高效率获取。

3.5.3 世界数据中心

世界数据中心（World Data Center，WDC）成立于1957年，是国际科学联合会理事会所属的国际数据组织，在国际科学联合会世界数据中心专门委员会的指导下展开工作。WDC的主要业务活动是数据的收集、交换、和服务，并

---

❶ 加小双，张斌.欧美科技档案管理的经验借鉴[J].档案学研究，2016(1):25-31.

❷ Mairead Browne.The field of information policy:1.Fundamental concepts[J].Journal of information Science,1997,23(4):261-275.

应国际科联的要求承担一系列重要的国际科学计划，申明要保存的数据的管理。其数据活动的学科领域为地球科学、地球环境和空间科学领域。世界数据中心按照国际科联的各国际学科团体及其他的国际组织所推荐，并经国科联WDC专门委员会所认可的程序和标准，尽量收集和存储国内外的数据，并保证数据和有关文件质量可靠。世界数据中心对接收的数据承担同化、编辑、编目、存档、检索和散发的责任。世界数据中心负责探索数据存储，通讯及在用户存取数据方面的现代技术的应用，并在数据格式标准化方面开展国际合作。世界数据中心的数据来源于科研单位、科研人员、课题或项目、国家数据中心系统内的成员。目前，在全世界共有五个地区中心，他们是美国的WDC-A、俄罗斯的WDC-B、欧洲的WDC-C1、日本的WDC-C2、和我国的WDC-D。每个地区中心又有各自所属的若干学科中心，整个系统目前总共有四十多个学科中心。世界数据中心的基本原则规定，世界数据中心根据本中心现行系统指南的有关条款履行数据交换的任务。世界数据中心系统内每一个数据中心所拥有的数据应以各种形式供给各国科学家利用，各中心之间的数据交换建立在相互同意和互利的基础上。在一般情况下，世界数据中心系统内的数据交换建立在对等的基础上免费进行，世界数据中心向科学家或研究机构提供服务，通常只收取成本费❶。

3.6 典型案例：加拿大卫生研究院的档案管理

加拿大卫生研究院（Canadian Institute of Health Research，CIHR）是加拿大主要的联邦机构之一，在2000年6月7日由加拿大议会特许法案《加拿大健康研究法》（Canadian Institutes of Health Research Act）批准设立。负责和资助加拿大的医学研究和疾病防控。"作为加拿大健康研究的投资机构，与合作伙伴和人员支持发现和创新，改善加拿大人的健康和加强健康保健系统❷。"

加拿大是联邦制国家，联邦政府与各省实行分权管理，因此加拿大的档案事业管理体制属于分散式，CIHR是主要的联邦机构，其档案管理事业主要遵循

---

❶ 世界数据中心[EB/OL].[2016-06-19].http://www.data.ac.cn/wdc/wdc/shiyan/jieshao.htm.

❷ CIHR.Canadian Institute of Health Research[DB/OL].[2016-1-21].http://www.cihr-irsc.gc.ca/e/193.html.

有关联邦档案法规。联邦档案机构主要包括国家图书档案馆和联邦文件中心。

3.6.1　联邦立法中信息管理的主要法规❶

加拿大联邦立法中信息管理的主要法规见表3-2。

表3-2　联邦立法中信息管理的主要法规

名称	英文名称
信息获取法	*Access to Information Act*
加拿大证据法	*Canada Evidence Act*
版权法	*Copyright act*
犯罪记录条例	*Criminal record act*
应急准备法规	*Emergency Preparedness Act*
加拿大图书馆和档案馆法	*Library and Archives Act*
机关语言法	*Official Languages Act*
信息安全法	*Security of Information Act*
个人信息保护和电子化文献法案（第二部分）	*Personal Information Protection and Electronic Docu-Ments Act Part 2*
隐私权法	*Privacy Act*
统计法	*Statistics Act*

注:资料来源:http://laws_lois.justice.gc.ca/eng/

3.6.2　科技计划项目档案管理主要相关法规

本研究重点介绍与科技计划项目档案管理相关的联邦档案管理政策，即财政部秘书处政策和指南❷中列出的《信息、技术政策框架》（Policy Framework for Information and Technology）❸、《信息管理政策》（policy on information management）❹、《信息管理岗位职责》（Directive on Information Management Roles

---

❶ Justice Laws Website[DB/OL].[2016-07-15]http://laws-lois.justice.gc.ca.eng.

❷ Government of Canada.Treasury board secretariat policy and Treasury Board of Canada [DB/OL].[2016-7-15].https://www.canada.ca/en/treasury-board-secretariat/index.html.

❸ Government of Canada.Policy Framework for Information and Technology[DB/OL].[2016-7-22]. https://www.tbs-sct.gc.ca/pol/doc-eng.aspx?id=12452.

❹ Government of Canada. Policy on Information Management [DB/OL] .[2016-7-15].http://www.tbs-sct.gc.ca/pol/doc-eng.aspx?id=12742.

and Responsibilities）❶和《保存指南》（Recordkeeping Directive）❷。

加拿大财政部秘书处是信息管理政策制定的主要部门，以其为主要参与者制定信息管理和信息技术政策框架。此框架为信息管理和信息技术的管理政策制定提供了战略框架。它也考虑到隐私和数据保护政策，对政策信息的访问，与政府的安全政策。此外，它提供了指导原则，促进信息管理与信息技术在政府管理中的实践。这些原则也有助于支持个人和雇员行使权利、履行义务❸。

1.形成有机联系的法规簇

每个法规在政策背景（context）中指明政策之间的授权关系，关联阅读。比如在《信息管理政策》中表述为"基于在《财政管理法案》（Financial Administration Act （FAA））在第7条的授权。财政部委托财政部秘书处授权颁布、修改和撤销。《信息管理岗位职责》和《保存指南》支撑这个政策。

《信息管理岗位职责指南》的制定依据FAA第7条和《信息管理政策》第3章第4条。这个政策和《信息、技术政策框架》联系阅读。《保存指南》是在《财政管理法案》第7条的授权下发出的。财政部已授权财政部秘书处依据《信息管理政策》发出这项指令，本指令与《信息、技术政策框架》《信息管理政策》以及《信息管理的角色和责任指南》关联阅读，有利于更好地理解和解读政策。《信息、技术政策框架》为信息管理政策和信息技术管理政策提供了战略背景。它还考虑到《隐私和数据保护政策》（*Privacy and Data Protection Policy*）、《信息存取政策（*Access to Information Policy*）》以及《政府安全政策（*Policy on Government Security*）》。此外，它还为健全跨政府信息和技术管理实践提供了指导原则。这个框架是公共服务管理的一部分。因此，它显示了与核心政策框架和立法的一致性。加拿大联邦政府资助的信息管理相关政策框架，如图3-3所示。

---

❶ Government of Canada. Directive on Information Management Roles and Responsibilities[DB/OL] . [2016-7-10].http://www.tbs-sct.gc.ca/pol/doc-eng.aspx?id=12754.

❷ Government of Canada. Directive on Recordkeeping[DB/OL] .[2016-7-10]. https://www.tbs-sct.gc.ca/pol/doc-eng.aspx?id=16552.

❸ Government of Canada.Justice Laws Website[DB/OL].[2016-7-22].http://laws-lois.justice.gc.ca/eng/acts/f-11/page-1.html#h-2.

2.形式上的结构化

除了将《信息、技术政策框架》作为政策框架强调政策的原则，列出部门副主管、秘书处以及 CIO 的职责，其他三项具体的法规具有结构化的形式，主要包含生效日期、适用范围、政策背景、含义界定、政策描述、政策要求、监督、后果、相关法规等内容。

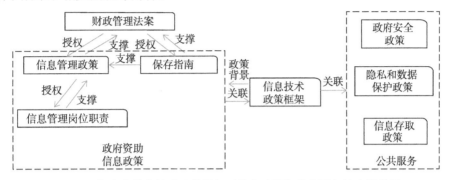

图3-3 加拿大信息技术政策框架对信息政策和公共服务的支撑关系

3.内容上相互关联的有机整体

（1）都强调信息是重要资产。如《信息、技术政策框架》第2节中指出"信息是民主、高效和负责任政府的基石。因此，信息必须在其整个生命周期中得到有效的管理，为政府决策和高效运行提供服务。""信息是一种宝贵的资产，所以它必须被视为宝贵资产来对待，这是每个工作人员的责任"；《信息管理政策》第3节中指出，"信息是各部门高效管理的必备组成部分，整合政府各个方面的信息管理使之可用并成为有效资产。"《信息管理岗位职责指南》中指出"管理信息是一个部门有效管理业务的重要组成部分。"《保存指南》中指出"有价值的信息资源被存储保存，为项目主管，行政主管，管理者和加拿大公民提供有效的决策支持或者为业务决策，活动和交易提供了可靠的证据。"

（2）强调技术对信息管理的重要作用。如《信息、技术政策框架》中指出"IT 是一个关键因素，在业务管理和项目管理中也要使用好。信息化管理意味着业务需求决定信息需求、信息管理流程、信息管理平台以及信息技术。""信息技术不仅是实现管理信息化的关键，也是确保隐私保护的一个重要组成部分。"《信息管理政策》中指出"加拿大政府改进信息技术来满足这些需求，把技术改进和信息管理需求相整合，通过技术改进保证数字信息的不受时间限制的存取、共享和可利用。"《信息管理岗位职责指南》中指出"信息技术（IT）是支持政策，开展实践和提供服务实现高效信息管理的关键。"《保存指南》中指出"建立和实施关键的方法、机制和工具来支持整个信息生命周期中的部门保存要求。"

（3）管理的细化与可操作性。见表3-3、表3-4所示。

表3-3　《信息、技术政策框架》中的核心原则

信息	信息技术		信息资源管理		
信息必须被视为宝贵资产来对待，这是每个工作人员的责任	高效、有效、创新的信息技术（IT）是卓越信息管理，实现政策实施，开展工作、提供服务的关键	信息在整个生命周期都必须严格管理，无论介质或格式。保证信息是当前的、完整的、准确	"政府一体化"意味着跨越工作部门和管辖边界的界限，及时获得无缝集成的信息	尊重个人隐私，《隐私法》适用于整个信息生命周期	识别、分类信息和相关的资源，评估风险，并实行适当的人员、设备和信息技术维护	透明。使被授权的每一个可以访问信息；支持问责

表3-4　加拿大项目档案管理相关政策核心内容

	背景	描述	要求	监管
信息管理政策	3.1信息是各部门高效管理的必备组成部分。通过法律允许的"政府一体化"模式来管理信息和档案，使管理者能够跨越部门、程序和服务领域等界限满足加拿大人民的拓展式需求。所有员工有责任运用信息管理的原则、标准和方法在财政部秘书处和部门的政策、指南、规范的框架要求下记录他们的行为和决定，这是履行他们的职责。	5.1目的：通过高效率和高质量的信息管理支持项目和为信息传递服务；强化信息决策支持；明晰责任，促进透明性、协作性以及保存和确定信息和记录的归档有利于当前以及长远的使用。 5.2期望的结果 5.2.1为政府项目和政府服务提供便利的入口，来获取准确的、可靠的、全面的、及时的信息。 5.2.2作为重要资产的信息和记录被管理是对政府项目和政府服务成果的支撑，也是工作实践的需要和职责所在。 5.2.3通过组织结构、机制和资源配备来确保持续有效的信息管理。	6.1机构副主管（Deputy head）负责使本部门高效和良性的协作。并用9款细化工作（详见附件）	4.1副主管负责，包括信息和技术在本部门的有效管理、投资决策的有效实施、持续的绩效测评。 4.2加拿大财政部秘书处负责制定政策、标准、指导方针和工具，以帮助部门在本框架下实施政策。 4.3加拿大政府的首席信息官有责任带领政府追求卓越的加拿大信息服务和信息、技术管理。

	背景	描述	要求	监管
信息管理岗位职责指南	3.1管理信息是一个部门有效管理业务的重要组成部分。信息的创建，收集，存储和为各种用途提供各种可用格式。 3.2明确信息管理职责是确保按照政府的工作要求，使信息在其整个生命周期中保存其价值。依据《信息管理政策》设置副主管。本指令定义了部门员工的角色和职责，以支持信息管理的副主管	5.1目的 明确部门所有员工的分工和职责，来支持副主管完成部门内的高效信息管理。 5.2预期的结果 5.2.1部门的组织结构确保信息管理权责明确。 5.2.2信息管理是部门计划和实施过程中明确、完整的构成元素 5.2.3部门信息管理为加拿大政府的信息管理提供支持	6.1副主管指定各部门信息管理高级执行官 部门信息管理高级执行官是信息管理的中心角色，负责协调、促进和指导部门信息管理（10条见附件） 6.2管理者在文件的形成阶段确保各类信息被完整准确记录和保存（6条见附件） 6.3加拿大政府的员工都是负责管理他们收集、创建和使用的信息，并把它作为有价值的资产支持业务活动和成果产出，同时支持部门实践需要和部门职责（4条见附件） 6.4 IM功能专家 负责支持部门内信息在整个生命周期内的高效管理（5条见附件）	7.1部门内部 7.1.1副主管负责结合财政部的评价政策和内部审计政策，在自己部门内部监督遵守本指令。副主管负责确保采取适当的补救行动，以解决其部门内的任何不足之处。 7.2部门外部 7.2.1副主管将适当的报告有关信息管理的角色和职责情况。 7.3政府层面 7.3.1财政部秘书处将监控各方面的这一指令，在各种不同的方式实现预期结果的合规性，包括但不限于评估管理责任框架下，财政局提交检查，部门绩效报告、审核结果、评估和研究。TBS也将与部门直接工作。 7.3.2国库委员会秘书处（首席信息官）将在五年审查该指令和其有效性从指令的生效日期（或更早如果必要的话）。当被证实需要风险分析时，首席信息官店将确保进行的有效的评估

93

	背景	描述	要求	监管
保存指南	3.1 记录保存是资源管理功能，是对有价值的信息资源经过产生，获取，分编管理，使之成为支持部门有效决策和促进部门高效运转，记录和传递信息的战略资产。 3.2 作为加拿大政府的一个核心资源管理功能，有效的记录保存可以使部门管理他们的日常运作，提供信息服务，从而确保部门关键职能的实现，如问责制、绩效管理、评估、审计、信息存取、隐私、安全和政策落实。 3.3 信息资源包括发表和未发表的材料，无论媒介或形式	目的 5.1.1 确保实施有效记录，使部门创造、获取、捕获、管理和保护的有价值的真实信息资源移交到加拿大政府政务和服务中。 5.2 预期的结果 5.2.1 有价值的信息资源作为战略资产来促进决策和有效的移交到政府政务和服务中。 5.2.2 实施有效记录，确保政务工作和服务的透明和问责	6.1 部门副主管指定的信息管理高级官员负责确保以下： 6.1.1 有一个经过法规授权的部门根据部门职能和活动的分析，鉴定信息资源的价值。 6.1.2 有价值的信息资源保护 6.1.3 建立和实施关键的方法、机制和工具来支持整个信息生命周期中的部门保存的要求。 6.1.4 部门内部的文件保存工作依据部门业务活动要求，同时体现问责、管理、绩效评价、报告和法律要求。 6.1.5 在部门管理者及员工间宣传教育不良的档案保管可能带来的风险，以及他们在部门和加拿大政府中负有的存档职责	7.1 信息高级官员负责通过监督本指令在部门实施及监察情况支持部门副主管，使副主管关注每一个重大困难，在性能上的差距，或合规问题，提出建议来解决这些问题，并对加拿大财政局信息处官分支机构报告显著绩效或合规性问题。 7.2 财政部秘书处将监督此法令执行情况及效果，包括但不限于《估管理责任框架》财政局检查，部门绩效报告，审计结果，评估和研究。 7.3 财政部秘书处将在本指令生效日期（或提前如果有必要）5 年审查本指令及其有效性

（4）分层面细化监管和政策5年动态评价。把监管细化为部门内部、部门外部和政府层面三个层次，使监管工作在各个层面得以实施，并且将监管内容明确，落实到部门或者岗位，具有较强的操作性，比如在《信息管理政策》中明确副主管在部门内部的政策落实责任和外部对财政部秘书处的职责，指出"副主管或者CIO相关官员，按年度向加拿大的财政委员会秘书处提供他们参与国家或者国际信息标准工作的官员名称和职责，从而确保他们全面了解加拿大政府的参与和贡献"从局部到全局给予明确规范。各项政策在政府层面都提出"加拿大的财政委员会秘书处（首席信息官）将在这一政策实施5年（或更早如有必要），审查政策有效性。当被证实存在风险，首席信息官机构将确保进行评估"体现政策的动态与紧跟事务发展的适应性。

（5）明确违规后果。包括非正式的跟进和财政部秘书处的督进，外部审计或纠正措施的正式指令，以及依法采取措施。

（6）列举相关法规及相关政府机构的职责，如《信息管理政策》参考《信息存取法案（Access to Information Act）》《加拿大证据法案（Canada Evidence Act）》《版权法案（Copyright Act）》等；列举加拿大财政部秘书处、加拿大图书馆和档案馆、加拿大统计局、加拿大公共服务学院等相关机构职责。

3.6.3 记录处置

1.《加拿大图书馆和档案馆法》对记录处置进行规范[1]

如果没有图书馆员或档案馆员的书面授权，或者此人的授权不符合法律规定，所有的政府部门以及机构的文件记录，即使是政府机构冗余的记录都不可以被处置，包括被销毁。

总之，加拿大图书馆和档案馆法仅允许加拿大的图书馆员和档案馆员通过颁布以下几种形式的档案处置授权（RDAs）来处置政府记录。

2.多机构档案处置授权（MIDA）

文件记录关系全部或多个政府机构及部门，允许这些机构在特定的条件下

---

[1] Multi-Institutional Disposition Authorities（MIDA）– Library and Archives Canada[DB\OL].[2017-01-06] http://www.bac-lac.gc.ca/eng/services/government-information-resources/disposition/multi-institutional-disposition-authorities/Pages/introduction.aspx.

处置这些记录，这一条件就是这些记录不再具有使用效用，则允许机构销毁，转移到加拿大图书档案馆（LAC）或者允许加拿大政府不再管理这些记录。

3.机构特殊档案处置授权（ISDAs）

只关系到单独政府机构的记录管理，允许这个机构在加拿大图书档案馆与该机构经过协商达成一致的这一特定条件下处置这些记录。

4.档案保留期

图书档案馆为政府机构给予记录处置授权，包括"多机构记录处置授权"不提供或者授权记录的保存时限。只要记录有档案或者历史价值，需要被移交到加拿大图书档案馆保存，图书档案馆可以和政府机构签订协商协议确定移交的时间（或者其他形式的约定）来保证这些记录作为档案文件得到安全的保存。

机构的特别档案处置授权高于一般的档案处置授权，由国家档案员（the National Archivist）授予。

5.移交记录到服务中心（the Regional Service Centers）

加拿大图书与档案馆服务中心是一个管理超过90个联邦政府部门及代理机构的多种载体形式记录的网络中心组。当记录在政府的一线领域不再具有较高的保存价值，服务中心使这些记录继续在政府机构中产生效用，中心经济存储、保护这些记录，在有参考和查找需要时提供检索，当不再需要时及时的销毁或以安全的方式处理这些记录。

3.6.4　基金项目档案管理实践[1]

1.根据《记录保存指南》CIHR需要做到的内容

（1）有一个部门（档案管理部门）根据法律授予的权利，基于对部门流程和活动的分析，辨识有价值的信息源，保护有价值的信息源建立和实施一些关键的方法、机制和工具来满足整个信息流转环节的部门归档需求。

（2）档案保存实践与业务活动相一致，描述责任，管理行为，绩效考核，报告和监督。

---

[1] 2012年基金委考察团在CIHR调研资料

（3）沟通，让员工进一步了解不良档案保存的风险以及他们在加拿大政府和本部门中的责任。

2.纸质文件的管理程序（图3-5）

（1）一年之中按照规范，记录转为文件、文件被归档。如下情况被认为应该归档：

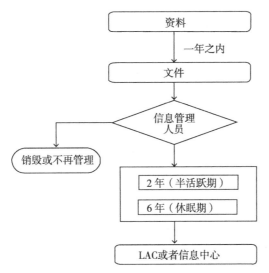

图3-5　加拿大CIHR科技档案管理实践

①未批准。

②不再更新。

③经费使用完毕。

④项目资助报告提交完毕。

（2）一旦文件被确定需要归档，我们将进行下面的步骤：

①鉴别适用的处置条例。

　a.MIDA还是ISDA。

　b.销毁还是移交到LAC。

②创建销毁列表或者是移交到LAC的列表。

③从管理机构或者是管理者处获取处置或者是移交批准。

3.适用于基金项目的保留期限

一旦文件被认为应该归档，则触发保存期限。总的期限是8年，一旦8年过去，这些文件或者被销毁（MIDA）或者移交到LAC（ISDA）。

8年保存期：

8年=2年的半活跃期+6年的休眠期

LAC要求所有的信息在休眠前至少活跃两年。

4. 所得税条例230（4）描述

所有的记录和账簿参考这个部分，每一个账目和凭证必须被保存，直到这些凭证和账簿相关的事件从最后一个税年至今六年期满。

5. 科学数据的管理

加拿大卫生研究（CIHR）、加拿大自然科学与工程研究委员会（NSERC）和加拿大社会科学和人文科学研究理事会（SSHRC）"数据管理原则三方声明（Tri-Agency Statement of Principles on Digital Data Management）"对科学数据的采集、保存、获取利用与各方职责做出了较为明确细致的规定❶。

（1）坚持标准。

数据应按照最适当的方式、相关的标准和最佳实践管理，同时认识到这些都处于快速发展的状态。

对于收集和存储的要求，贯穿整个研究项目的数据收集和存储。存储应使用一定的软件和格式，确保存储安全，并在研究项目结束后可长期访问。

（2）对于原数据的要求。

所有的研究数据都应伴随着符合国际和学科最佳实践的元数据，以便未来用户能够访问、理解和重用数据。

（3）获取。

由基金资助的研究数据通常应保存在可公开访问的、安全的和精心设计的知识库或其他平台供其他人使用。主要考虑此数据支持验证研究结果和成果，并支持复制和重用；共享数据为自己或其他研究领域，甚至整个社会带来潜在利益；还要考虑是否有任何道德、法律或商业义务禁止共享或保存数据，以及是否有任何数据需要被鉴别，并授权访问。

---

❶ Tri-Agency Statement of Principles on Digital Data Management-Science.gc.ca。[DB/OL].[2017-1-5] http://www.science.gc.ca/eic/site/063.nsf/eng/h_83F7624E.html?OpenDocument.

（4）效率和成本效益。

数据管理应高效和低成本。所有的数据需要管理，但不是所有的数据都需要共享或保存，数据管理的规划过程应考虑成本和收益。

（5）机构及人员职责。

为了实现科学数据保存与利用的期望目标，根据研究人员、研究学会、研究机构和研究资助者各自在研究体系中的传统角色，共同承担责任和费用，确保一个强大的、开放的加拿大科学数据环境。

①研究人员责任包括：

将数据管理最佳实践纳入研究；开发数据管理计划，以指导在项目研究的整个生命周期以及项目完成后的数据收集、格式化、保存和共享；遵循适用机构/资助机构政策、行业或政策标准的要求；承认和引用数据集有助于他们的研究；遵守学科学会的标准和期望。

②研究学会的责任包括：

开发数据管理标准，促进和交流现有标准来保证它们的使用，并协同工作，审查和改进这些标准；

认识到数据是一个重要的研究成果，并在他们的研究社区促进数据卓越管理；

识别、促进和鼓励使用符合或超过数据管理标准的库和平台。

③研究机构（依托单位）的责任包括：

为研究人员提供一个世界级的数据管理实践环境，传递、访问、存储或其他可安全保存、管理和提供持续访问研究数据的平台；

支持研究者努力建立和实施即符合道德、法律、商业义务和三方要求的数据管理实践，包括三方理事会政策声明：涉及人类伦理行为研究（第二版），机构框架：负责任的研究行为和其他相关政策；

给予机构研究人员指导，按照上述原则和研究实施最佳实践，包括数据管理计划的发展；来妥善管理他们的数据；

认识到重要的数据研究成果，培养卓越的数据管理能力；

提升数据管理对研究人员、工作人员和学生的重要性；

制定自己的数据管理政策，确保这些政策符合上述原则和省和国家法律，并能适应研究学会最佳实践的迅速发展。

④基金自助者的责任包括：

制定政策和要求，使相关人员和机构按照上述原则了解数据管理的责任。

为满足数据管理要求对申请人提供清晰的信息和指导；

认知数据为重要研究成果；

提升卓越数据管理的重要性；在适当的情况下，为同行评审人员提供指导和数据支撑材料，包括在考虑数据管理应用评估过程中。

⑤声明回顾

由于研究数据管理的背景演变，资助机构将与加拿大研究数据管理利益相关者协商，来审查和修订本声明是否适当。

3.7　小结

汇总分析以上国外科技档案管理，可以发现如下几个特点。

1.建立协同持续的科技档案管理框架

有较为完备的科技档案法规体系，从国家层面的《信息自由法》到各机构的数据管理规定，从作为公共资产的科研资助项目成果的开放共享政策，到在项目申请、中标环节的DMP，从法律到行政法规和合作协议，形成较为完整的政策链条。科研机构在国家政策层面和基金管理机构层面政策的共同推动下，建立本机构的基础设施、管理规定，从而保障科技信息的保存、利用和共享。

档案已被公认为是一种重要的信息资源，为此各国将档案立法纳入更广泛的文献遗产和信息的立法体系，在顶层设计中即体现对档案作为资源，或者是重要资产的管理理念。

信息资源管理体制呈现出分散中有集中的、协调发展的特点。以法律、行政法令、政策为依据，明确机构设置、岗位设置及岗位职责，形成权责明晰、分工细化、协调一致的组织保障；尤其是高层领导机构设置信息资源管理部门及管理人员，如CIO，CRO等，使信息管理需求能够及时有效的反馈到主要领导层面，并在业务活动设计之初得到考虑。

2.管理全生命周期的科技档案工作

采用大文件概念，科研文件的概念包括科研档案，科研档案仅是其中需要永久保存部分。档案法规中都涉及了文件管理的内容，规定国家档案部门有依法对文件管理行使指导和监督的权利。科研档案管理覆盖文件的全生命周期，将整个运动过程的科研文件纳入到管理范围，一切与科学技术有关的报告，包括学者记录、科学记录、实验数据、科学和技术报告、政府出版物、科研成果、技术报告和科技成果报告等都纳入到管理范围，对涉及科研的每个过程都十分重视，研究活动产生的各种文献产品，如实验记录，思考手稿，研究组会晤纪要等都要进行保存，保证科学研究的完整性。

同时，在基金管理机构内部也具有明确、可操作的数据、成果管理流程与规定，如提交方式、数据格式、提交时间、保存时间、保存地点等，并且把数据管理与绩效考评相联系。战略目标管理、资源管理、过程管理、系统设计与实施、绩效评估等，法规制度脉络较为清晰，形成有机联系的制度体系。

3.重视科学数据保存

对科学数据存储和保存较为重视，制定有专门的政策，或在政策中对科学数据提出相关要求。科学数据种类繁多、体量巨大，各项目管理部门在政策制定之初就对其保存范围给予规范，明确项目负责人、项目承担机构等各自的角色与责任。明确科学数据的保存最低期限，以防止数据因过早被销毁而失去被访问和利用的机会，并以备日后查证知识产权之用，其保存时间为3年、6年、7年甚至7年以上不等。科学数据的存储格式要求长期保持可理解性和可用性，超出保存期限的科学数据，有时仍具备较高的利用价值，不能一律加以销毁处理，宜慎重决策。

4.以共享和利用驱动科技档案管理工作

国外科技档案管理一个重要的目的在于利用和推广，为实现科技信息资源的传播和利用，一方面，通过建立明确的科技报告依法呈缴制度，规定科技报告的编写格式、要求和编号规则，明确包含科技档案在内的科技信息资源共享范围、密级划分、授权使用、服务对象。另一方面，通过多种途径提供科技信息的查询和获取服务。除各自检索平台外，多个部门还联合在一起提供科技信息的一站式服务，促进科技信息资源的快速传播和利用，通过分级管理、授权管理等方式处理保密与利用的关系。

单一机构科技档案的研究、利用和推广还只是科学研究的孤岛，将不同学科的科技档案信息加以整合、联合，促进科技档案的共享，实现跨地区、跨机构的更广泛的合作，是科技档案发展的趋势之一。

5.重视数字科技档案的转型和管理

随着E-science环境的不断深入，研究人员将科研数据作为科学研究的对象和工具，基于数字科技数据进行思考、设计和实施科学研究，科研范式的转变令数字科技档案的管理成为后续科研的基础，因此数字科技档案管理成为诸多国家政府管理发展的共识，美国、澳大利亚等国的联邦政府纷纷对其电子文件管理包括科技档案工作制定发展规划，提出以全面数字信息和文件管理为主导的环境，并设置了具体进程时间表，出台了系列的配套措施以实现其规划目标。

3.6.3　加拿大信息管理相关法规的译文

信息、技术政策框架

（Policy Framework for Information and Technology）❶

1　生效日期

1.1　本政策于2007年7月1日生效。

2　政策背景

2.1　信息是民主，高效和负责任的政府的基石。因此，信息必须在其整个生命周期中得到有效的管理，为政府决策和高效运行提供服务。

2.2　信息和技术的管理包括财政责任，以满足客户的需求和政府内外的

---

❶ Government of Canada. Policy Framework for Information and Technology [DB / OL]. [2016-07-22] https://www.tbs-sct.gc.ca/pol/doc-eng.aspx?id=12452.

期望。这包括确保技术解决方案和信息管理实践是尊重个人隐私和避免未经授权的信息访问。信息和技术必须用适当格式开发，部署和管理，便于所有人访问政府信息服务，包括残疾人。此外，它还确保在两种官方语言中提供服务和信息的支持，尊重个人和集体权利。

2.3　《信息、技术政策框架》为信息管理政策和信息技术管理政策提供了战略背景。它还考虑到《隐私和数据保护政策（Privacy and Data Protection policy）》《信息存取政策（Access to Information policy）》及《政府安全政策（Policy on Government Security）》。此外，它还为健全跨政府信息和技术管理实践提供了指导原则。这些原则也有助于支持个人和雇员行使权利和履行职责。

2.4　这个框架是公共服务管理的一部分。因此，它显示了与核心政策框架和立法的一致性。

3　原则

3.1　信息和相关技术的管理遵循以下原则：

信息

联邦政府控制下的信息既记录政府行为，也保存加拿大历史。信息为公共报告、当前和未来政府的统筹规划和决策提供支持。因为信息是一种宝贵的资产，所以它必须被视为宝贵资产来对待，这也是每个工作人员的责任。

信息技术

高效、有效、创新的信息技术（IT）是卓越信息管理，实现政策实施，开展工作、提供服务的关键。

信息资源管理

信息在整个生命周期中都必须严格管理，无论介质或格式，只要它是符合部门业务和经费管理责任，法律义务以及其他各种责任的。这意味着要制定一个策略来保证信息是当前的，完整的，准确的。IT是一个关键因素，在业务管理和学科项目管理中也要使用好。健全的信息管理意味着业务需求决定的信息需求、信息管理流程、信息管理平台以及信息技术。

"政府一体化"（Whole-of-government approach）意味着跨越工作部门和管辖边界的界限，通过参数，及时获得无缝集成的信息。这意味着建立泛政府的框架、政策、标准，指导方针、实践和工具，以保证信息和集成的质量。当业务，信息，技术是可靠的和可互操作的高效的集成才能实现。这意味着规范常见的数据信息源，利用信息和技术解决方案，以消除重复和冗余，最大化的投资，和成本最小化，同时在获取政府信息服务时尊重个人隐私权。总之，"政府一体化"的做法意味着，个体与许多不同的组织交流，他们感觉就是与加拿大政府交流。

获取和隐私保护

尊重个人隐私，《隐私法》适用于整个信息生命周期。尊重隐私意味着限制政府干预加拿大公民的私生活，以达到合法和必要的目的，并确保根据适用法律保护个人信息。信息技术不仅是实现管理信息化的关键，也是确保隐私保护的重要组成部分。

安全

确保信息的保密性、完整性和可用性对政府决策和提供服务至关重要。有效的信息安全需要一个系统的方法，识别、分类信息和相关的资源，评估风险，并实行适当的人员，设备和信息技术维护。

透明

员工文件处理决定和行为为政府提供支持

制定计划和开展工作，并保存相关信息，使被授权的每一个用户可以访问信息，包括那些按照《信息存取法》《隐私法》有权访问的个人。管理信息支持透明和问责制，也意味对加拿大人和议会履行报告职责。

官方语言

用官方语言向公众和雇员传递信息和技术服务，体现了平等和尊重的价值观。对公众和员工的服务质量由机构双语原则引导，机构双语原则也有助于按照《官方语言法案》及相关政策，在双语地区使用官方语言。

4 岗位职责

4.1 副主管负责；

4.1.1 信息和技术在本部门的有效管理；

4.1.2 信息和技术管理投资决策的有效实施；

4.1.3　持续的信息、技术管理绩效测评；

4.2　加拿大财政部秘书处负责制定政策、标准、指导方针和工具，以帮助部门在本框架下实施政策。

4.3　加拿大政府的首席信息官有责任带领政府追求卓越的加拿大信息服务、信息和技术管理。

5　相关的财政部框架

5.1　信息和技术政策框架及其配套政策工具、设计与其他政策框架协同作用，有助于政府的整体管理。

5.2　信息管理、技术、隐私和存取原则涉及所有财政部政策框架。该框架与财政部以下领域的政策在相关：

政府安全；

管理、资源和效果结构；

通信；

服务；

金融系统；

财务信息和报告；

项目管理；

投资计划；官方语言。

6　监测、报告和绩效评估

6.1　与此框架配套的具体的完成指标，监测和报告要求，在专门的政策和政策工具中描述。

6.2　加拿大财政部秘书处将利用政策监测、报告收集以及其他评估活动的信息，来评估各部门的表现和加拿大政府在信息和技术管理中的整体状态。

6.3　财政部政策的基础框架包括财政部政策报告和监督的附加信息。

7　后果

7.1　财政部政策基础框架解释了财政部政策的定位和依规执行作用。不遵守的具体后果概述在这个框架相关的专指政策和政策工具中。

8　咨询(略)

信息管理政策

(policy on information management)❶

1 生效日期

1.1 本政策于2007年7月1日生效。它取代了政府信息管理政策（2003）和人事信息管理政策（1994）。

1.2 本政策包括2012年4月1日修订的政策。

2 适用范围

此政策适用于《财政管理法案》(Financial Administration Act，FAA) 第2条所界定的部门。即（a）在FAA表1中列出的所有部门，

（a1）在FAA卷1计划表1中列出的任何联邦政府的公共管理部门或分支机构；

（b）符合《查询法》(Inquiries Act) 由总督会同行政局（the Governor in Council）认定，符合FAA的部门；

（c）参议院的工作人员，下议院，国会图书馆，参议院道德官员办公室，对利益和道德专员和议会的冲突和保护服务办公室；

（d）任何部门的公司；

该政策包括以下十个条目和二个附录：生效日期（Effective date）、应用（Application）、政策背景（Context）、定义（Definitions）、政策声明（Policy statement）、政策要求（Policy requirements）、后果（Consequences）、其他政府机构的职责（Responsibilities of other government organizations）、参考资料（References）、政策咨询（Enquiries），附录A：有关定义（Definitions）、附录B：其他相关法规（Additional Mandatory Requirements）。

（为确保信息安全和保密，在对《信息管理法》令中的第二部分"应用"中明确说明，本法令"涉及财政委员会秘书处的监察和处罚职责不适用于审计长办公室、隐私专员办公室、信息专员办公室、总选举事务主任办公室、专员

❶Government of Canada. Policy on Information Management[DB/OL].[2016-07-15].http://www.tbs-sct.gc.ca/pol/doc-eng.aspx?id=12742.

办事处、官方语言专员办事处办公室和公共部门完整专员办公室。这些组织的副团长全权负责监控并确保这一政策在他们的组织执行，以及按照有关财政部的法规对不遵守条例的情况进行处置"）

3 政策背景

3.1 信息是各部门高效管理的必要组成部分。高效的、专业的（权威的）的信息为信息传递和信息服务提供决定性的支持，也使得加拿大人民能够更好地监督部门的工作。

通过法律允许的"政府一体化"模式来管理信息和档案，使管理者能够跨越部门、程序和服务领域等界限满足加拿大人民的拓展式需求。信息管理主要包含档案（Record）、文献、数据、图书馆服务、信息构建等。档案和档案管理被认为是在政策当中实现目标的一个关键点。整合政府事务各个方面的信息管理使之可用并成为有效资产。所有这些活动表明了一个文化——信息价值。

信息管理要符合政府的整体要求，包括官方语言法律规定和政策，什么信息可以用，如何来组织和描述等。包括部门运作过程中的一些特殊的信息需求。正如加拿大政府改进信息技术来满足这些需求，把技术改进和信息管理需求相互整合，通过技术改进保证数字信息不受时间限制的存取、共享和可利用。

所有员工有责任运用信息管理的原则、标准和做法在财政委员会和部门的框架、政策、指南、规范的框架要求下记录他们的行为和决定，这是履行他们自己的职责。文件档案、图书馆和数据管理人员提供专业化信息管理服务为部门提供支持。

3.2 部门副主管负责使本部门高效和良性的协作。

3.3 这个政策的颁布是基于在FAA在section7的授权。

3.4 财政部选出财政部秘书处授权颁布、修改和撤销。关于信息管理岗位职责、档案保存指南和标准来支撑这个政策。

3.5 这个政策和《信息、技术框架政策》联系阅读。

3.6 额外的强制性要求中规定的指令和标准列附录B。

4 含义界定

界定见附录A。

5 政策描述

5.1 目的：

通过高效率和高质量的信息管理支持项目和为信息传递服务强化信息决策支持；明晰责任，促进透明性、协作性以及保存和确定信息和记录的归档有利于当前以及长远的使用。

5.2 期望的结果

5.2.1 为政府项目和政府服务提供便利的入口，以此获取准确的、可靠的、全面的、及时的信息。

5.2.2 作为重要资产的信息和记录被管理是对政府项目和政府服务成果的支撑，也是工作实践的需要和职责所在。

5.2.3 通过组织结构、机制和资源配备来确保持续有效的信息管理。

6 政策要求

6.1 副主管职责。

6.1.1 确保信息管理部门的运作和服务整合信息管理需求到发展、实施、评价和报告活动。

6.1.2 确保决策和决策过程被记录来支持部门运作的可持续发展，支持政策或者进程演化的重现，允许独立的评价、审计和回顾（Review）。

6.1.3 在保证安全和尊重隐私的前提下，使信息在部门内部、部门之间以及尽可能宽泛的范围内被分享。

6.1.4 确保所有的被管理的信息得到用户的同意，条件许可或者二者兼一，确保相关性、真实性和满足操作需要的成本——效益原则。

6.1.5 确保电子系统被用来创建、使用和管理信息。

6.1.6 确保部门参与制定政府层面的信息和档案保存指南。

6.1.7 出于对财政部秘书处主管领导政策目的的考虑，设立一个高级主管（Senior official）。

6.1.8 为改进信息管理工作对部门的工作和策略进行设置、计量和报告。

6.1.9　向财政部秘书处汇报与此政策相关的部门参与制定国内和国际信息管理标准的工作。

6.2　监督和报告。

6.2.1　部门内部。

副主管负责结合财政部《评价政策》和《内部审计政策》监督本单位遵守这一政策的情况。他们有责任确保适当的补救措施解决其部门内的任何不足之处。

6.2.2　部门报告。

副主管及时向加拿大的财政部秘书处报告涉及信息管理的情况。

部门副主管或者信息政策管理相关官员，按年度向加拿大的财政委员会秘书处提供他们参与国家或者国际信息标准工作的官员名称和职责，从而确保他们全面了解加拿大政府的参与和贡献。

6.2.3　政府层面。

加拿大财务部秘书处将以各种方式监测符合这一政策和预期结果的各个方面，包括但不限于基于《管理问责框架》的评估，如考评委员会的意见、部门绩效报告、审核结论、评价和研究和部门工作本身。

加拿大的财政委员会秘书处（首席信息官）将在本指令生效日期（或提前如果有必要）满5年审查本指令及其有效性。当被证实存在风险，首席信息官机构也将确保进行评估。

7　后果

7.1　不遵守的后果可以包括非正式的跟进和财政部秘书处的督进，外部审计，或纠正措施的正式指令。

7.2　不遵守这个政策，在财政部董事会审议确定情况下，依据《金融管理法》采取措施。

8　其他政府机构的职责（概述）法令还规定了其他政府部门的职责

8.1　加拿大财政委员会秘书处负责制修订与解释本法规。

8.2　加拿大图书馆和档案馆。

加拿大图书馆和档案馆（LAC）负责管理《加拿大图书档案法》。

8.3 加拿大统计局

加拿大统计局是负责管理《统计法》以及统计工作。

8.4 加拿大公共服务学院负责政策的培训和学习。

9 参考(略)

10 咨询(略)

附录（A）（略）

附录（B）（略）

信息管理岗位职责指南

(Directive on Information Management Roles and Responsibilities)❶

1 生效日期

1.1 本指令于2007年10月8日生效。

2 适用

本指南制定依据FAA第七条和《信息管理政策》第3章第4条。

该政策包括以下11个条目和1个附录：生效日期（Effective date）、应用（Application）、政策背景（Context）、定义（Definitions）、指南描述（Directive statement）、指南要求（Requirements）、指南监测（Monitoring）、后果（Consequences）、其他政府机构的分工和职责（Roles and responsibilities of other government organizations）、参考资料（References）、政策咨询（Enquiries），附录A：有关定义（Definitions）。

3 背景

3.1 管理信息是一个部门有效管理业务的重要组成部分。使用和管理信息是加拿大政府（GC）如何开展业务活动的一部分。信息的创建，收集，存储和为各种用途提供各种可用格式。信息技术（IT）是支持政策，开展实践和提供服务实现高效信息管理的关键。

3.2 明确信息管理职责是确保按照政府的工作要求，使信息在其整个生命周期中保存其价值。信息管理问责制（IM）在政府部门依据《信息管理政策》设置副主管。本指令定义了部门员工的角色和职责，以支持加拿大政府信息管理的副主管。

3.3 本指令是根据美国《联邦财政法案》7节和《信息管理政策》3.4节授权颁发。

3.4 本指令须与《信息、技术政策架构》《信息管理政策》及有关政策工具一并阅读。

---

❶ Government of Canada.Directive on Information Management Roles and Responsibilities[DB/OL].[2016-07-10].http://www.tbs-sct.gc.ca/pol/doc-eng.aspx?id=12754.

4 含义界定

界定见附录X。

5 指南描述

5.1 目的。

本指南的目标是明确部门所有员工的分工和职责，来支持副主管完成部门内的高效信息管理。

5.2 预期的结果。

5.2.1 部门的组织结构确保信息管理权责明确。

5.2.2 信息管理是部门计划和实施过程中明确、完整的构成元素。

5.2.3 部门信息管理为加拿大政府的信息管理提供支持。

6 指南要求

6.1 副主管指定的各部门信息管理高级执行官。

作为副主管指定的部门信息管理高级执行官按照《信息管理政策》6.1.7的要求，是信息管理的中心角色，负责协调、促进和指导部门信息管理。指定高级执行官通过采取适宜的管理方针、流程控制和管理工具，来实现部门内部有效控制的高效的信息管理，从而确保在整个信息生命周期中信息得到高质量的保存并为部门事务提供支持。

6.1.1 参加加拿大政府信息管理委员会，确保在发展过程中有来自他们部门人员的参与，推行国家有关法规政策。

6.1.2 确保信息管理要求落实到部门的战略规划中。

6.1.3 按照信息管理要求和目标建议指定一个负责信息技术的高级行政部门的负责人。

6.1.4 确保信息管理要求在部门程序和系统设计的规划阶段被考虑；

6.1.5 确保部门内的信息管理组织结构和权责架构是完备的，这种权责架构能够保障信息在联邦政府部门间、其他政府部门间以及非政府组织间的信息共享。

6.1.6 统筹资源和实践部门信息管理活动，包括：信息传递服务、制定部门政策、员工培训、和强化信息意识。

6.1.7 识别、落实和监测部门信息管理资源和实践需求。

6.1.8 确保IM政策及其执行情况按照部门的目标定期评估（如，每三年一次）。

6.1.9 在本部门采用适用于本部门的政府领域的解决方案。

6.1.10 为财政部秘书处（TBS）制修订的信息管理领域的法规政策提供建议。

6.2 管理者（Managers）（在文件的形成阶段确保各类信息被完整准确记录和保存）。

一个部门的各级管理者在完成工作任务的过程中都承担着管理资源、工具和过程的分工，作为工作进程的、服务传递、资源策略的一部分，各级管理者都要负责信息资源的管理。

具体包括：

6.2.1 分析业务过程和传递信息需求给信息管理功能专家，如：业务流程需要、产生、收集和存储什么信息；谁需要访问它；为了什么目的和用多久；并把解决方案融入业务过程；

6.2.2 应用信息管理政策、标准、程序、指令、指南、工具和最佳实践，总经理履行职责，确保信息的真实性和完整性；

6.2.3 识别信息问题和要求反馈给信息管理功能专家以确保流程和系统妥善解决这些问题和要求；

6.2.4 确保员工在日常经营中理解和应用有效的信息管理，这些职责包括绩效目标；

6.2.6 确保到位，其他联邦部门和机构从个人的联邦政府以外的实体收到信息管理是合适的安排（例如，私人公民、私营部门和其他司法管辖区）。

6.3 加拿大政府的员工。

所有的员工负责管理他们收集、创建和使用的信息，并把它作为有价值的资产支持业务活动和成果产出，同时支持部门实践需求和部门职责：

6.3.1 应用政府和部门的信息管理政策、标准、程序、方针、指南、工具和最佳实践的方式，服务部门事务、履行部门职责。

6.3.2 记录他们的活动和决策。

6.3.3 提供和引导他们的管理者关注信息管理需求和信息管理问题，并在合适的时机提供和引导信息管理功能专家关注以上需求和问题。

6.3.4 以便于在访问的同时以保证隐私和安全要求的方式处理部门信息。

6.4 IM功能专家。（IM functional specialists）

负责支持部门内信息在整个生命周期内的高效管理。

6.4.1 贯彻执行政府的政策、指南和标准，采集适宜的程序、指南、工具和最佳的实践，加强信息管理部门的主动性。

6.4.2 发展和宣传信息管理服务，建议、训练和开展交流研讨会来提高部门人员的整体水平。

6.4.3 提出基于部门事业、信息技术策略和计划的整体信息管理需求。

6.4.4 和项目负责人合作，明确发展过程中的信息生命周期需求，通过运作流程、系统、标准和工具来满足单位的信息需求。

6.4.5 分析与信息管理相关的新形势，法规、政策、标准。

7 监督

7.1 部门内部。

7.1.1 副主管负责结合财政部的评价政策和内部审计政策，在自己部门内部监督遵守本指令。副主管负责确保采取适当的补救行动，以解决部门内的不足之处。

7.2 部门外部。

7.2.1 副主管将适当地报告有关信息管理的角色和职责情况。

7.3 政府层面。

7.3.1 财政部秘书处将监控各方面的令，在各种不同的方式实现预期结果的合规性，包括但不限于评估管理责任框架下，财政局提交检查，部门绩效报告、审核结果、评估和研究。TBS也将与部门直接工作。

7.3.2 国库委员会秘书处（首席信息官）从指令的生效日期（或更早如果必要的话），将在满五年审查该指令和其有效性。当被证实需要风险分析时，首席信息官店将确保进行的有效的评估。

8　后果

8.1　不遵守的后果可以包括非正式的跟进和财政部秘书处的督进、外部审计、或纠正措施的正式指令。

8.2　不遵守本指令的后果可以包括财政部法案允许的任何措施，财政部董事会将酌情决定。

9　其他部门岗位和职责

注意：此条款界定在《信息管理岗位职责指南》中有对应岗位的部门。就其本身而言，本条并不授予权力。

9.1　财政部董事会秘书处。

9.1.1　提供本指令的解释建议和指导。

9.1.2　在咨询其他联邦政府部门，发展和提升。

信息管理的程序和框架。

企业信息架构包括原则、方法、流程和标准，实现跨领域的一致的信息架构，如金融，人力资源等。

达到本指令的目标和预期结果的标准、程序、指令、指南、工具和最佳实践。

9.1.3　按照支持IM专家的需要促进信息管理委员会。

9.1.4　按照需求为IM专家发展潜能和专业标准。

9.2　加拿大图书和档案馆。

加拿大图书和档案馆（LAC）负责管理加拿大的图书馆和档案法。值得注意的是LAC。

9.2.1　获取、保留、宣传和便于访问加拿大文献遗产。

9.2.2　保留加拿大政府和民族的出版传承。

9.2.3　为加拿大政府的记录保存提供指导方向和援助。

9.2.4　识别、选择、获取和保持政府的记录，依据《加拿大图书和档案馆法》的规定，所有媒介都被认为是加拿大具有永久价值的文献遗产；

9.2.5　颁布记录处置授权，根据《加拿大图书和档案馆法》第12部分，使各部门执行其记录保留和处置计划；

9.2.6 管理和保护的基本记录和联邦政府部门不经常引用的材料；

9.2.7 协助联邦政府部门确保他们发布的信息是容易被决策者和公众获取的。

9.3 加拿大统计局。

加拿大统计局负责管理《统计法》(Statistics Act)。值得注意的是加拿大统计局。

9.3.1 为联邦政府部门在收集、编纂、出版和信息统计分析等方面提供合作和帮助，包括来自联邦政府部门的活动和统计。

9.3.2 识别和创造机会，避免统计收集在加拿大政府重复。

9.4 公共事务和加拿大政府服务。

公共事务和加拿大政府服务负责一般政府信息、技术服务，包括：

9.4.1 为文档管理、Web 内容管理、门户、协作和企业搜索管理提供一般化的政府领域信息化解决方案。

9.5 加拿大公共服务学院。

加拿大公共服务学院负责发展和提供一个政府范围内的核心学习策略和计划，用于所有参与信息管理的公务员。这些工作与有关职能机构中心协商，并与《学习、培训和发展政策》相一致。

10 参考文献(略)

11 查询

请直接向总部咨询有关本指令的情况。

为解释本指令，部门总部应联系：

信息管理策略部

首席信息官分支机构

财政部秘书处

渥太华 K1A0R5

附录（略）

记录保存指南

(Directive on Recordkeeping)[1]

1　生效日期

本指令于 2009 年 6 月 1 日生效。

2　适用

适用部门同上。

本指南制定依据 FAA 第七条和《信息管理政策》第 3 章第 4 条。

该政策包括以下十一个条目和一个附录：生效日期（Effective date）、应用（Application）、政策背景（Context）、定义（Definitions）、指南描述（Directive statement）、指南要求（Requirements）、监测和报告要求（Monitoring and reporting requirements）、后果（Consequences）、其他政府机构的分工和职责（Roles and responsibilities of other government organizations）、参考资料（References）、政策咨询（Enquiries），附录 A：有关定义（Definitions）。

3　政策背景

3.1　记录保存是资源管理的功能，是对有价值的信息资源经过产生、获取、分编管理，使之成为支持部门有效决策、促进部门高效运转、记录和传递信息的战略资产。

3.2　作为加拿大政府的一个核心资源管理功能，有效地记录保存可以使部门管理自身的日常运作，提供信息服务，从而确保部门关键职能的实现，如问责制、绩效管理、评估、审计、信息存取、隐私、安全和政策落实。

3.3　信息资源包括发表和未发表的材料，无论媒介或形式。这些记录被产生或者获取是因为他们支持决策、记录信息、服务和描述运转过程，支持部门报告，绩效评估和问责。被确定为有价值的信息资源被存储保存，为项目主管，行政主管，管理者和加拿大公民提供有效的决策支持或者为业务决策，为活动和交易提供了可靠的证据。

---

[1] Government of Canada. Directive on Recordkeeping[DB/OL].[2016–07–10]. https://www.tbs-sct.gc.ca/pol/doc-eng.aspx?id=16552.

3.4 《记录保存法案》依托于了加拿大政府的三个重要法案：《财政管理法》《加拿大图书馆和档案馆法》《信息存取法》。

依据《财政管理法》，部门副主管负责信息管理工作。

依据《加拿大的图书馆和档案馆法》，加拿大图书馆和档案馆有权处置或者授权处置信息和信息资源。

依据《信息存取法》财政部部长负责该法案的一般管理。

3.5 本指南是在《财政管理法》财务管理法第7条的授权下发出的。

3.6 财政部已授权财政部秘书处依据《信息管理政策》发出这项指令。

3.7 本指令将与《信息和技术的政策框架》《信息管理政策》以及《信息管理的角色和责任指南》一起阅读。

4 含义界定

界定见附录A。

5 指南描述

目的

5.1.1 确保实施有效记录，使部门创造、获取、捕获、管理和保护的有价值的真实信息资源移交到加拿大政府政务和服务中。

5.2 预期的结果

5.2.1 有价值的信息资源作为战略资产来促进决策并被有效地移交到政府政务和服务中。

5.2.2 实施有效记录，确保政府政务工作和服务的透明和问责。

6 指南要求

6.1 部门副主管指定的信息管理高级官员负责确保以下条款：

6.1.1 有一个经过法规授权的部门根据部门职能和活动的分析、鉴定信息资源的价值。

6.1.2 有价值的信息资源保护。

识别和记录信息资源的风险，考虑到法律和监管风险、信息获取、信息安全和个人信息的保护；应对和缓解记录风险来保护信息资源。

6.1.3 建立和实施关键的方法、机制和工具来支持整个信息生命周期中的部门保存的要求。这些包括以下内容：

识别、建立、实施和保持知识库的有价值信息资源被存储和保存在一个物理或电子存储空间；

建立、使用和维护分类或分类结构，以便存储、查找和检索各种格式的有价值信息资源；

采取适宜的方式建立、实施和维护存档的有价值信息资源，包括适宜的格式；

对所有信息资源制定和实施文件处置管理；

定期对所有信息资源采取处置管理。

6.1.4　部门内部的文件保存工作依据部门业务活动要求，同时体现问责、管理、绩效评价、报告和法律要求。

6.1.5　在部门管理者及员工间宣传教育不良的档案保管可能带来的风险，以及他们在部门和加拿大政府中负有的存档职责。

7　监察和报告

7.1　信息高级官员负责通过监督本指令在部门的实施及监察情况，支持部门副主管，使副主管关注每一个重大困难、在性能上的差距或合规问题，并提出建议来解决这些问题，并对加拿大财政局信息处分支机构报告显著绩效或合规性问题。

7.2　财政部秘书处将监督此法令的执行情况及效果，包括但不限于《估管理责任框架》财政局检查，部门绩效报告、审计结果、评估和研究。

7.3　财政部秘书处将在本指令生效日期（或提前如果有必要）满5年审查本指令及其有效性。

8　后果

8.1　支持副主管的责任，执行信息管理政策和相关文件，部门信息管理高级官员要确保采取纠正措施，以解决不符合本指令的要求的情况。纠正措施包括额外的培训、程序和制度的改变、暂停或取消下放的权力、纪律处分和其他措施。

8.2　不遵守的后果包括非正式的跟进和财政部秘书处的要求，外部审计，或正式的纠正指令措施。

8.3　不遵守本指令的后果包括财政部法案允许的任何措施，财政部董事会将酌情决定。

8.4　不遵守本指令的后果包括财政部部长建议加拿大图书档案馆审查颁给部门的处置授权。

9　政府组织的角色和职责

注：此条款界定在本法规中有对应岗位的部门。就其本身而言，本条并不授予权力。

9.1　在《信息管理政策》8节描述其他政府机构的角色和职责。

9.2　公共事务和政府服务部负责提供一般政府领域的解决方案，如文件管理、WEB内容管理、门户、协作和企业搜索管理，满足部门和代理服务机构的信息管理需求。

10　参考文献(略)

11　查询(略)

附录（略）

第4章
国内基金项目档案管理的制度环境调研

　　基金项目档案管理是科技计划项目档案管理的组成部分，管理体制相同，遵循科技档案管理一般原则，从科技计划项目档案的档案管理视角和科技计划项目管理机构视角，对科技计划项目档案的法规体系、主要相关规章制度以及标准体系做系统调研和梳理，实现宏观上对基金项目档案管理的制度环境分析；通过对这种制度环境的深度挖掘，找出影响基金项目档案管理的基本内在的关键因素，从制度基本理念、基本框架层面提出建议和意见，下面就国内基金项目档案管理制度环境进行梳理。

4.1　档案法规体系及主要法规

4.1.1　档案法规体系

　　1987年，全国人大常委会制定《档案法》，对档案的管理体制、文件全过程管理以及违反制裁做出明确规定。《档案法》是档案事业的第一部法律，是协调国家机关、集体单位和公民三者在档案方面关系的法律准绳，它改变了过去仅靠政策、行政措施等手段推动档案事业的做法，标志着我国档案和档案工作进入了依法治档阶段。国家档案法规体系是指以《档案法》为核心，由符合《立法法》规定的若干法律、行政法规、地方性法规、规章构成的相互联系、相互协调的统一体。研究科技计划项目档案管理法规体系，就必须了解国家档案法规体系方案。2011年6月14日，国家档案局发布了《国家档案法规体系方案》，该方案分为四个层次：

第一层次：档案法律。由全国人民代表大会及其常务委员会制定，并由国家主席签署主席令予以公布。现有档案法律一部——《中华人民共和国档案法》

第二层次：《档案行政法规》《党内法规和军事法规》（以下简称《档案行政法规》）。《档案行政法规》由国务院根据《宪法》和法律制定，并由总理签署国务院令予以公布。《档案党内法规》由中国共产党中央机关发布。《档案军事法规》由中央军事委员会根据《宪法》和法律制定，并予以公布。《国家档案法规》体系第二层次中有7部法规。

第三层次：地方性档案法规。由省、自治区、直辖市以及较大的市的人民代表大会及其常务委员会根据本行政区域的具体情况和实际需要制定，并由大会主席团或者其常务委员会发布公告予以公布。

第四层次：档案规章，包括国务院部门档案规章和地方政府档案规章。前者由国家档案局依据法定权限制定或国家档案局与国务院其他专业主管机关或者部门联合制定，并由部门首长签署命令予以公布。后者由省、自治区、直辖市和较大的市的人民政府依据法定权限制定，并由省长或者自治区主席或者市长签署命令予以公布。国务院部门档案规章共52项。

国家档案法规体系依据《立法法》仅容纳了作为核心的法律、法规和规章，规范性文件虽然在实际工作中发挥重要作用，但考虑到其庞杂与难以科学预测等问题，未纳入体系当中❶。其体系构成如图4-1所示。

图4-1　我国档案法规体系

---

❶ 宋扬.《国家档案法规体系方案》的特征[J].中国档案,2011,(09):30-31.

在国家档案法规体系中档案法律、档案行政法规、国务院部门档案规章共计60项，在法规体系中起到主干核心作用，其中需修订的18项，需制定的32项❶，占比为83.3%，需调研论证的国务院部门档案规章4项，需上升为法规、规章的档案规范性文件16项，可见，我国档案法规制度仍处于一个调整、发展的时期。

4.1.2 科技计划项目档案法规体系及主要规章

1. 国家档案法规体系中科技计划项目档案相关法规

依据《国家档案法规体系方案》以及科技计划项目档案管理实践，梳理相关法规见表4-1。

表4-1 国家档案法规体系中科技计划项目档案主要相关法规

体系层级	主要法规	制（修）订时间
档案法律	《中华人民共和国档案法》	2017年修订
档案行政法规	《中华人民共和国档案法实施办法》	1990年
	《科学技术档案工作条例》	1980年
	《电子档案管理条例》	待制定
地方性档案法规	31个省、自治区、直辖市，27个省会城市，国务院批准的较大的市（18个）中的15个都制定了地方性档案法规。	
档案规章	《开发利用科学技术档案信息资源暂行办法》	1988年
	《高等学校档案管理办法》	2008年
	《档案违法违纪行为处分规定》	2013年
	《档案执法监督检查工作暂行规定》	1992年
	《档案鉴定办法》	待制定

国家档案法规体系中与项目档案管理相关主要法规制度9项，其中需制定的法规2项为《电子档案管理条例》《档案鉴定办法》；现行法规7项，需修订的法规4项为《档案法》《档案法实施办法》《科学技术档案工作条例》《档案执法监督检查工作暂行规定》；另需上升为法规、规章的档案规范性文件1项为《科学技术研究档案管理暂行规定》（以下简称暂行规定）。

---

❶ 中华人民共和国国家档案局[DB/OL].(2011-06-14)[2015-8-11] http://www.saac.gov.cn/xxgk/2011-06/14/content_13080.htm.

在现行相关法规中，明确约束科技计划项目档案管理的法规1项为《科学技术档案工作条例》（1980）（以下简称《条例》），约束科技计划项目档案利用的1项为《开发利用科学技术档案信息资源暂行办法》（1988）；上位法及实施办法2项为《档案法》（1996）和《档案实施办法》（1990）；档案管理行为监督与执法法规2项为《档案执法监督检查工作暂行规定》（1992）、《档案违法违纪行为处分规定》（2013）；内容相关法规1项为《高等学校档案管理办法》（2008）。可见，在国家档案法规体系中，科技管理、科技计划项目档案管理所占比重不大，但作为行政法规的《条例》，处于层级关系的第二级，科技档案在档案管理中得到了应有的重视；从制定时间来看，《条例》于1980年制定，截至目前已经37年，与科技档案管理实际存在一定差距，急需修订；规范性文件《暂行规定》被列为须上升为法规规章的文件，一定程度说明国家档案管理部门对科研档案管理的重要程度在提高。

2.科技计划项目档案法规体系及主要法规

考虑到规范性文件在科技计划项目档案管理实践中的重要作用，本研究对其一并进行梳理，形成科技计划项目档案法规五层体系机构如图4-2所示。

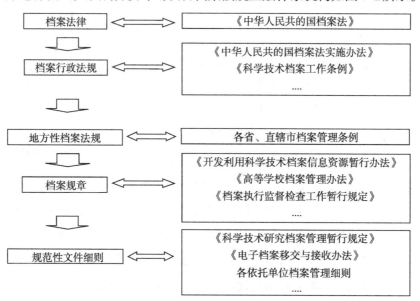

图4-2 科技计划项目档案管理的法规体系

（1）第一层次：档案法律《中华人民共和国档案法》（以下简称《档案法》）。

《档案法》是我国制定的关于档案工作的第一部法律，它为国家加强对档案的管理，有效地保护和开发利用档案为社会服务提供了最有力的法律依据。《档案法》对档案的范围、档案事业在国民经济和社会上的地位、档案工作的原则、档案机构和职责、档案的管理、档案的利用和公布、法律责任、公民在档案事务方面的权利和义务等重大问题，都做了明确的规定，这部《档案法》是我国档案事业实行法制管理的重要标志，2017 年《档案法》进行了修订。

（2）第二层次：档案行政法规《中华人民共和国档案法实施办法》《科学技术档案工作条例》。

《中华人民共和国档案法实施办法》（以下简称《实施办法》）经国务院于1990 年批准，国家档案局发布施行。它的发布施行是国家为深入实施《档案法》，加强档案法制建设，维护档案的完整与安全，有效地保护和利用档案，促进档案事业更好发展的一项重要措施。它是与《档案法》相配套的一个重要法规，是《档案法》的具体化，对《档案法》做出具体解释及合理延伸。它明确了对国家和社会有保存价值的档案的范围；它明确了机关、团体企业事业单位和其他组织、政党以及国家领导人和其他国家工作人员在公务活动中形成的材料，必须依照《机关档案工作条例》《科学技术档案工作条例》《档案馆工作通则》进行文件材料的立卷归档工作，并向有关档案馆移交档案；它明确了各级国家档案馆所保管的档案开放的起始时间及档案利用的含义和利用档案的手续。

《条例》经国务院于 1980 年批准，由当时的国家经委、国家建委、国家科委和国家档案局发布施行，它对科技档案工作中的基本原则、基本制度和基本方法做了科学的规定。《条例》体现了"事业建设"的思想，把科技档案工作作为一项国家的专门事业进行建设，突出了"纳入科技管理"的思想，以法规的形式明确了科技档案工作是科技管理工作的重要组成部分，强调了科技档案"完整、准确、系统、安全"的管理思想，注重科技档案的建档质量，强调了"集中统一管理"的思想，并实行专业管理为主同属地管理相结合的科技档案工作管理体制，体现了"尊重客观实际"的思想，紧紧把握科技档案的特点，真正做到切实可行，符合实际。

（3）第三层次：地方性档案法规。

1995年6月，《上海市档案条例》公布实施，此后各地地方性档案法规陆续颁布施行。据不完全统计，1995—2010年，我国各省、自治区和直辖市的地方档案法规相继问世。地方性档案法规应当具有自己的特色，相对于《档案法》，可行性、可操作性、现实性、针对性、前瞻性应当更强。地方性档案法规的精髓在于根据法律和行政法规的精神进行补充和细化。尽可能对规范的事项做出明确、具体的规定，确保地方性法规有较强操作性；在制定创制性条款时，要注意选择那些本地区确有必要、亟须规范的事项，考虑现实性和可行性；加大地方性档案法规的针对性，只有具有针对性的法律才能在现实中具有可行性；加大立法的前瞻性，为今后法规的发展留下足够时间和空间。各地地方性档案法规见表4-2。

表4-2　各地地方性档案法规

序号	地区	法规名称	立法机关	立法时间
1	上海市	档案条例	市人大常委会	1995.6
2	河北省	档案工作条例	省人大常委会	1995.11
3	天津市	档案管理条例	市人大常委会	1996.8
4	山东省	档案条例	省人大常委会	1996.12
5	四川省	《档案法》实施办法	省人大常委会	1996.12
6	陕西省	档案管理条例	省人大常委会	1997.1
7	云南省	档案条例	省人大常委会	1997.5
8	辽宁省	档案条例	省人大常委会	1997.7
9	甘肃省	档案管理条例	省人大常委会	1997.9
10	北京市	实施《档案法》办法	市人大常委会	1997.10
11	安徽省	档案条例	省人大常委会	1997.11
12	重庆市	实施《档案法》办法	市人大常委会	1998.3
13	广东省	档案管理规定	省人大常委会	1998.7
14	湖北省	档案管理条例	省人大常委会	1998.7

续表

序号	地区	法规名称	立法机关	立法时间
15	海南省	档案管理办法	省人大常委会	1998.8
16	江苏省	档案管理条例	省人大常委会	1998.8
17	浙江省	实施《档案法》办法	省人大常委会	1998.9
18	湖南省	档案管理条例	省人大常委会	1998.11
19	吉林省	档案条例	省人大常委会	1998.11
20	内蒙古自治区	档案条例	自治区人大常委会	1999.3
21	广西壮族自治区	档案管理条例	自治区人大常委会	1999.3
22	黑龙江省	档案管理条例	省人大常委会	1999.8
23	新疆维吾尔自治区	实施《档案法》办法	自治区人大常委会	1999.12
24	山西省	档案管理条例	省人大常委会	2000.9
25	宁夏回族自治区	档案条例	自治区人大常委会	2001.5
26	江西省	档案管理条例	省人大常委会	2001.6
27	贵州省	档案条例	省人大常委会	2001.9
28	河南省	档案管理条例	省人大常委会	2002.3
29	青海省	实施《档案法》办法	省人大常委会	2002.7
30	福建省	档案条例	省人大常委会	2002.12
31	西藏自治区	实施《档案法》办法	自治区人大常委会	2010.7

从现有地方性档案法规情况来看，没有单独发布的专门科技档案法规，但在现有的地方性档案法规中均有科技档案相关条款，主要表现为对项目验收中的档案验收提出明确要求。

比如《上海市档案条例》（2010年修正本）：

第二十条　法人和其他组织的建设工程、科学技术研究、技术改造、重要设备更新等项目的验收、鉴定，应当由该组织的档案机构以及按照规定有接收该档案任务的档案馆对项目档案进行验收。

市或者区、县人民政府确定的重点建设工程和重大科学技术研究项目进行验收、鉴定时，应当由市或者区、县档案行政管理部门组织该项目主管部门的档案机构以及按照规定有接收该档案任务的档案馆对项目档案进行验收，并出具共同签署的档案验收认可文件。

未经档案验收或者档案验收不合格的项目，不得进行项目竣工验收、鉴定。

《山东省档案条例》（2004年4月2日）：

第十六条　科学技术研究成果的鉴定或者推广、产品试制、设备开箱、基本建设工程和其他技术项目进行鉴定或者验收时，应当由本单位档案工作人员参加等。

（4）第四层次：档案规章。档案规章按其制定的主体不同，可分为中央档案行政规章和地方档案行政规章。中央档案行政规章的制定主体是国家档案行政管理部门、国务院各组成部门。按照《国家档案法规体系方案》，国务院部门档案规章52项中与科技计划项目档案管理现行相关规章主要有《开发利用科学技术档案信息资源暂行办法》《高等学校档案管理办法》《档案执法监督检查工作暂行规定》《档案违法违纪行为处分规定》。详见表4-3。

表4-3　项目档案规章相关内容

名称	发布	相关内容
开发利用科学技术档案信息资源暂行办法	1988年10月26国档发〔1988〕16号	第八条　开发利用科技档案信息资源要保证国家科学技术机密的安全。任何单位、个人都要严格遵守《科学技术保密条例》及国家其他有关保密的规定。既要坚持内外有别，又不妨碍科技档案信息交流。 第九条　随着科学技术的进步，各有关部门要及时做好科技档案的降密解密工作。档案降密解密经鉴定后，必须报上级主管部门批准，方能开发利用。 第十条　信息开发与专利保护都是为了加速科技成果及时、有效、合法地推广应用，促进科技成果向生产转化。任何单位、个人不得借口申请专利而不向档案部门移交应该归档（属于职务发明）的有关文件材料。
高等学校档案管理办法	2008年8月30日，中华人民共和国教育部、国家档案局令27号	第十五条　高等学校应当对纸质档案材料和电子档案材料同步归档。（五）科研类：按原国家科委、国家档案局发布的《科学技术研究档案管理暂行规定》（国档发〔1987〕6号）执行。 第十八条　高校档案材料归档时间为：（三）科研类档案应当在项目完成后两个月内归档 第二十三条　高等学校与其他单位分工协作完成的项目，高校档案机构应当至少保存一整套档案。协作单位除保存与自己承担任务有关的档案正本以外，应当将复制件送交高校档案机构保存。

续表

名称	发布	相关内容
档案执法监督检查工作暂行规定	1992年3月30日国家档案局令第4号发布	第十条　对下列行为，档案执法监督检查机构和执法监督检查员可以发出《档案执法监督检查通知书》：（一）未建立档案工作或档案管理制度的；（三）档案管理制度不健全或执行制度不严，可能造成档案损毁的；（五）拒不向本单位档案部门移交应当立卷归档的文件材料的；（七）科研成果、产品试制、基建工程或其他技术项目鉴定验收时，未按规定验收档案，致使档案残缺不全的；
档案违法违纪行为处分规定	2013年2月22日，中华人民共和国监察部、中华人民共和国人力资源和社会保障部、国家档案局令第30号	有档案管理违法违纪行为的单位，其负有责任的领导人员和直接责任人员，以及有档案管理违法违纪行为的个人，应当承担纪律责任。 第二十条　本规定所称的档案，是指属于国家所有的档案和不属于国家所有但保存在各级国家档案馆的档案。 将公务活动中形成的应当归档的文件材料、资料据为己有，拒绝交档案机构、档案工作人员归档的，对有关责任人员，给予警告处分；情节较重的，给予记过或者记大过处分；情节严重的，给予降级或者撤职处分。（另对档案损毁、丢失；擅自销毁档案；擅自从档案中抽取、撤换、添加档案材料；擅自提供、抄录、复制档案；擅自公布未开放档案；未配备安全保管档案的必要设施、设备的；未建立档案安全管理规章制度的；在档案利用工作中违反国家规定收取费用；违反国家规定扩大或者缩小档案接收范围；拒不按照国家规定开放档案等行为通过14项条款，根据情节轻重分别规定了处罚要求。）

《档案执法监督检查工作暂行规定》有利于国家档案行政管理部门履行监督职能，提高档案执法水平；《档案管理违法违纪行为处分规定》有利于约束档案管理人员的行为，取得科研人员的广泛信任，促进档案移交，提高档案管理的规范化和法制化。以上4条法规主要约束了科技计划项目档案开发、高校科研档案管理以及监督检查和违法违纪处理，但并没有在此层面形成完整的覆盖科技计划项目档案管理各方面的体系结构。

（5）第五层次：规范性文件。

规范性文件法律没有明确定义，在实际工作中来源广泛、数量巨大甚至超过了法律、法规和规章的总和，在实际调整某一方工作中往往发挥重要作用。报告梳理部分规范性文件，见表4-4、表4-5。

表4-4　国家科委、国家档案局项目档案相关规范性文件（部分）

名称	发布	主要内容
科学技术研究档案管理暂规定	1987年国家科委、国家档案局发布	确认了科研档案工作是科研管理的重要组成部分，是科研活动的重要环节，各级科技管理部门应把科研档案工作与计划管理、课题管理和成果管理紧密结合。提出了科研工作和建档工作实行"四同步"管理，即：下达计划任务与提出科研文件材料的归档要求同步；检查计划进度与检查科研材料形成情况同步；验收、鉴定科研成果与验收、鉴定科研档案材料同步；上报登记和评审奖励科技成果以及科技人员提职考核与档案部门出具专题归档情况证明材料同步。规定了科研文件材料的归档范围和归档要求。
档案信息系统安全等级保护定级工作指南	2013年7月10日国家档案局办公室印发	通过对档案信息系统认定安全等级，实施对应安全管理，从信息技术手段，保障档案的存储及利用安全。
电子档案移交与接收办法	2012年8月29日国家档案局档发[2012]7号印发	《办法》对电子档案移交与接收工作中涉及的单位职责、移交范围、移交时间、移交的基本要求、移交与接收的方式、移交与接收的流程、接收及其保存管理的基本要求等做出了明确规定。
国家科技计划（专项、基金等）严重失信行为记录暂行规定	2016年3月25日科技部会同发改委等14部委联合发布科发政〔2016〕97号	充分发挥科研诚信建设部际联席会议作用，加强与相关部门合作与信息共享，实施跨部门联合惩戒，形成工作合力。规定的记录对象为在参与科技计划、项目组织管理或实施中存在严重失信行为的相关责任主体，主要包括有关项目承担人员、咨询评审专家等自然人，以及项目管理专业机构、项目承担单位、中介服务机构等法人机构。

　　《科学技术研究档案管理暂行规定》明确规定："第三条 科研档案是一项重要的信息资源，必须实行集中统一管理，确保完整、准确、系统、安全，以利开发利用。""第四条　科研工作和建档工作实行'四同步'管理。"第七条规定了科研文件材料的归档范围。以上规定对科研档案工作的开展起到有益的规范与约束作用，在国家档案法规体系中将其列为须提升为法规规章的规范性文件。但《科学技术研究档案管理暂行规定》由于制定年代久远，不能完全指导目前工作实际，比如对电子文件的管理缺失，归档范围的约定有待进一步商榷，因此该规定急需修订。

　　《电子档案移交与接收办法》是2009年中国共产党中央委员会办公厅、中华人民共和国国务院办公厅发布《电子文件管理暂行办法》后，国家行政管理部门就电子文件、电子档案规范化管理制定发布的又一个重要规章，要求在信息化发展较快的地区，已经产生一定数量电子档案的部门和地区，各级国家综合档案馆应当立刻启动电子档案移交与接收工作程序。《电子档案移交与接收办法》规范电子档案移交与接收流程："第五条 属于国家综合档案馆接收范围的电子档案，应当向同级国家综合档案馆移交。第六条 档案移交单位一般自电子档案形成之日起5年内向同级国家综合档案馆移交。对于有特殊要求的电子档案，可以适当延长移交时间。涉密电子档案移交时间另行规定。第七条 电子档案移交的基本要求：（一）元数据应当与电子档案一起移交，一般采用基于XML的封装方式组织档案数据；（二）电子档案的文件格式按照国家有关规定执行；（三）电子档案有相应纸质、缩微制品等载体的，应当在元数据中著录相关信息；（四）采用技术手段加密的电子档案应当解密后移交，压缩的电子档案应当解压缩后移交；特殊格式的电子档案应当与其读取平台一起移交；（五）档案移交单位应当将已移交的电子档案在本单位至少保存5年。"对于推进电子档案及时完整移交进馆，实现电子档案来源可靠、管理可信、长期可用的工作目标，具有重要意义。

2016年科技部等15部委发布的《国家科技计划（专项、基金等）严重失信行为记录暂行规定》，是保证科技计划和项目目标实现及财政资金安全，推进依法行政，净化科研风气的一项重要规范性文件。文件共计17条，明确了严重失信行为的范畴及处理方式。第八条第三款明确，科技报告、项目成果等造假为严重失信行为。第九条第三款明确，项目管理专业机构违反委托合同约定，不按制度执行或违反制度规定；管理严重失职，所管理的科技计划和项目或相关工作人员存在重大问题为严重失信行为。为科研工作者和科研管理机构的诚信行为构筑堤坝。

另外，各组织机构根据自己的科研管理模式，制定有各自的档案管理规章制度。如各高校根据《中华人民共和国档案法》《高等学校档案管理办法》（教育部第27号令）和《科学技术研究档案管理暂行规定》（国档发〔1987〕6号）结合学校具体情况，制定有相应制度直接指导着各高校基金项目档案管理。本课题组调研了各高校档案馆网站，列举部分高校的（科研）档案管理规定，见表4-5。

表4-5　各高校(科研)档案管理规定(部分)

学校	科研档案管理规定名称	制定（修订）时间	条款数
北京大学	北京大学科学技术研究档案管理实施细则	2003	12条
河北大学	河北大学档案工作条例（试行）	2003	8章43条
西安交通大学	西安交通大学档案管理办法	2010	6章31条
河南大学	河南大学档案管理办法	2009	9章30条
东南大学	东南大学科研档案管理实施细则	2008	10条
中国人民解放军理工大学	中国人民解放军理工大学科研档案管理办法	2013	7章36条
吉林大学	吉林大学档案工作管理办法	2010	9章38条
大连理工大学	大连理工大学科学技术研究档案管理细则	2013	8章41条
湖南大学	湖南大学档案管理办法	2009	7章44条
武汉大学	武汉大学档案管理办法（试行）	2008	7章43条
厦门大学	厦门大学档案管理办法	2008	6章23条
浙江大学	浙江大学档案管理办法	2010	7章36条
中国科技大学	中国科学技术大学档案管理办法	2010	7章36条

　　就我国科技信息资源开发与利用的管理机制，从国家、部门和承担单位三个层面来看：

　　（1）国家层面。我国先后出台了《科学技术档案工作条例》（1980年）《科学技术研究档案管理暂行规定》（1987年）、《国家科技计划项目管理暂行办法》（2000年）、《关于深化中央财政科技计划（专项、基金等）管理改革方案》（2014年）、《关于加快建立国家科技报告制度的指导意见》（2014年）等，从制定时间推进来看，我国科技项目档案信息共享相关内容规定，是从简单地提出开发利用到着重提出加强科技信息共享的过程，从粗线条提出利用原则到逐步细化具体规定的过程，如《科学技术档案工作条例》（1980年）仅是提出利用的要求，《国家科技计划管理暂行规定》（2000年）❶就较为详细地规定了科技部应建立计划的数据库和档案系统，并按一定的标准制定关于数据和档案的保存、使用和共享的规定，包括数据和档案共享的条件、申请使用的要求等。

（2）部门层面。我国科技部、国家自然科学基金委、档案馆等部门依据国家规定和实际工作需要制定了相关制度和规定。《开发利用科学技术档案信息资源暂行办法》（1988年）时间较为久远，多次强调在保密、严格限制和控制的基础上共享，在当时的环境下起到了积极作用，但已很难适应当前发展需要，需要修订。《国家科技计划管理暂行规定》（2001年）、《国家科技计划科技报告管理办法》（2013年）、《国家科技重大专项（民口）档案管理规定》（2017年）等明确规定科技信息的共享，但未制定可实施具体的共享规范细则。《国家自然科学基金资助项目研究成果管理办法》❷（2015年）较为详细地规定了共享要求细则，指出在项目成果管理中履行促进项目成果的共享和传播，指导并监督依托单位项目成果管理以及使用和转化职责，提出基金委和依托单位建立成果共享服务平台、数据库、论文开放获取机构知识库等手段实现科技成果的传播和推广等。

（3）承担单位层面。各个科研院所、高校等承担单位大都制定有档案的管理办法，条款中有科研档案的管理，但对科技信息的共享利用提及较少。随着科技信息共享的不断推进，部分单位制定有信息公开指南，便于公众获取，如《中国科学院机关信息公开指南》详细规定了公开信息范围，和申请方法，并编制了《中国科学院机关信息公开目录》，目录显示可以共享科研专利、科技奖励、重大科学装置、大型仪器设备等相关简介。

4.1.3　科技计划项目管理机构项目档案管理规章

通过规范性文件研究我们发现，科技计划项目档案管理不仅受档案管理法规文件制约，也受科技管理法规文件制约，课题组以科技部和北京市科委为研

---

❶ 科技部.国家科技计划管理暂行规定[EB/OL].（2000-10-27）[2017-10-5].https://baike.baidu.com/item/国家科技计划管理暂行规定/7975706?fr=aladdin.

❷ 国家自然科学基金委.国家自然科学基金资助项目研究成果管理办法 [EB/OL].（2018-01-25）[2018-2-10].http://www.nsfc.gov.cn/publish/portal0/xxgk/04201/info72704.htm.

究对象，梳理科技计划项目档案管理相关法规，见表4-6、表4-7。

1.科技部项目档案管理法规研究（见表4-6）

表4-6　科技部项目档案管理相关法规

名称	发布	相关内容
国家科技计划管理暂行规定	2001年1月20日科学技术部令第4号	第二十一条（二）共享：科技部应建立计划的数据库和档案系统，并按一定的标准制定关于数据和档案的保存、使用和共享的规定，包括数据和档案的基本框架、内容、保存的方式和年限、共享的条件、申请使用的要求等
国家科技计划项目管理暂行办法	2000年10月27日中华人民共和国科学技术部令第5号	第三十五条　各类国家科技计划必须建立相互兼容的数据库，实现信息、数据资源共享。 第三十九条 项目验收程序，一般应符合下列要求：（二）项目的承担者，在完成技术、研发总结基础上，向项目组织实施管理机构提出验收申请并提交有关验收资料及数据； 第四十条　项目承担者申请验收时应提供以下验收文件、资料，供验收组织或评估机构审查：（一）项目合同书或项目计划任务书；（二）科技部专项计划部门对项目的批件或有关批复文件；（三）项目验收申请表；（四）科技成果鉴定报告；（五）项目研发工作总结报告；（六）项目研发技术报告；（七）项目所获成果、专利一览表（含成果登记号、专利申请号、专利号等）；（八）研制样机、样品的图片及数据；（九）有关产品测试报告或检测报告及用户使用报告；（十）建设的中试线、试验基地、示范点一览表、图片及数据… 第四十三条　被验收者应对验收报告、资料、数据及结论的真实性、可靠性负责。 第四十五条　未通过验收的项目，承担者接到通知半年之内，经整改完善有关项目计划及文件资料后，可再次提出验收申请。如再次未通过验收，项目承担者三年内不得再承担国家科技计划项目。 第四十六条　除科技部事先合同约定科技成果归国家所有外，项目所产生科技成果的知识产权归科技成果完成者所有，具体办法另行规定
关于加强国家科技计划成果管理的暂行规定	2003年6月18日科技部国科发计字[2003]196号	六、认真管理和应用国家科技计划形成的科学数据、档案和仪器设备。国家科技计划项目实施过程中，项目承担单位应按《科学技术研究课题档案管理规范》（标准文件）和有关国家科技计划项目科学数据管理规定要求将项目实施所取得的实验报告、数据手稿、图纸、声像及其他形式的科学数据进行收集整理，建立档案。 项目验收时，计划管理机构应检查项目实施产生的科学数据和档案是否系统、完整和准确，并以此作为项目通过验收的基本条件。 八、国家科技计划成果涉及国家秘密的，有关各方应遵照《中华人民共和国保守国家秘密法》和《科学技术保密规定》及相关规定实施管理

名称	发布	相关内容
国家科技重大专项档案管理规定	科技部重大专项办公室2011年6月9日发布	第三条 重大专项档案管理工作是重大专项管理的重要组成部分,应贯穿于重大专项方案制定、论证、实施、考核验收的全过程。 第四条 要把档案管理工作纳入重大专项整体工作,切实加强领导和管理。包括组织领导及职责、归档范围、过程管理、借阅和利用、条件保障、监督检查和考核。共计7章32条
科技部落实国家科技计划管理监督主体责任实施方案	2016年7月8日科技部办公厅印发(国科办政〔2016〕49号)	构建分层分级的科技计划管理和监督工作体系…加强对受其管理或委托的责任主体履职尽责情况的监督。 (二)强化对项目管理专业机构的监督。 (四)强化项目执行和经费使用监督。 五、强化监督结果运用和问责 (一)强化监督结果运用。 (二)完善科技计划管理问责与倒查制度。 (三)构建科研信用体系,实行严重失信记录制度

首先,科技部项目档案管理法规在"科技计划管理""科技计划项目管理""科技计划成果管理"三个层面给予细化,明确了建立共享数据库、档案,项目验收、档案验收,成果建档、成果利用等诸方面要求,明确违规责任。同时对具体履职人员、机构、处理方式给予规定,如《国家科技计划项目管理暂行办法》规定:"第三十二条项目承担者的基本职责是:……(三)接受科技部专项计划部门和项目组织实施管理机构对项目执行情况的监督检查;……(六)填报由科技部制发的科技计划统计调查表和科技成果登记表";"第三十九条……(四)科技部专项计划部门验收一般应委托有关社会中介服务机构对研究开发成果完成客观评价或鉴定后进行"。《关于加强国家科技计划成果管理的暂行规定》中规定:"九、加强国家科技计划成果管理是科技管理工作的重要组成部分,各地方、各部门科技行政管理部门应配合科技部督促、检查本规定的执行。计划管理机构应将项目承担单位和人员在项目实施过程中执行本规定的情况列入国家科技计划信用记录系统,并按有关要求进行信用管理。对于不按要求执行本规定的项目承担单位和有关人员,计划管理机构可提出警告,并视情况决定1~2年不受理其申报或参与国家科技计划项目。对于执行本规定信用记录好的单位和个人,计划立项时,在同等条件下,计划管理机构可予以优先考虑。"

其次,制定有《国家科技重大专项档案管理规定》,以7章32条明确重大专项档案管理的组织领导及职责、归档范围、过程管理、借阅和利用、条件保障、监督检查和考核各个环节；强调重大专项档案管理工作是重大专项管理的重要组成部分，应贯穿于重大专项方案制定、论证、实施、考核验收的全过程，突出了档案管理的重要性。《科技部落实国家科技计划管理监督主体责任实施方案》提出加强对受其管理或委托的责任主体履职尽责情况的监督，包括项目管理专业机构的监督、项目执行和经费使用监督，并以完善科技计划管理问责与倒查制度、构建科研信用体系，实行严重失信记录制度等方式强化监督结果运用和问责。通过落实主体责任，进一步为项目管理、项目档案管理保驾护航。

但从具体的档案法规来说，仅规定了重大专项档案管理规定，没有覆盖全部项目类型；从环节上来说，重点关注了成果管理，也没有覆盖全过程。因此，科技部项目档案管理也应加强系统性，规范内容粗线条等问题。

2.北京市科委项目档案管理法规

北京市科委根据北京市科技计划管理要求和北京市财政科技经费管理要求，参照国家科技计划项目管理有关规定，制定《北京市科技计划项目（课题）管理办法（试行）》。

根据《中华人民共和国档案法》和国家档案局颁布的《机关文件材料归档范围和文书档案保管期限规定》，结合《北京市科技计划项目管理办法》制定《北京市科技计划项目（课题）档案管理办法》，与本研究相关的主要内容见表4-7。

表4-7　北京市科委项目档案管理相关法规

名称	发布	主要内容
北京市科技计划项目（课题）管理办法（试行）	2010年02月05日北京市科学技术委员会	第八条　主持单位主要职责包括： 负责编制项目验收（结题）材料，审查下设课题验收（结题）材料，协助市科委完成项目（课题）验收（结题），按市财政局要求完成项目绩效考评，负责项目及下设课题相关文件的档案归档及技术保密工作； 第九章　档案与保密管理 第三十八条　市科委依据《中华人民共和国档案法》《中华人民共和国保守国家秘密法》和《科学技术保密规定》有关规定，与主持单位、承担单位就项目、课题的档案与保密工作在《项目任务通知》和《课题任务书》中进行书面约定并监督执行。 第三十九条　项目（课题）档案与保密工作纳入北京市科技计划项目（课题）管理全过程。档案管理按照《北京市科技计划项目（课题）档案管理办法》执行。涉密项目（课题）的保密工作按照《北京市科技计划国家科技秘密项目（课题）保密管理办法》执行

名称	发布	主要内容
北京市科技计划项目（课题）档案管理办法	北京市科委2008-6-12	第五条　市科委主管项目档案工作。档案行政管理部门是项目档案工作的监督部门。充分发挥中介机构和专家在项目档案工作中的作用。 第六条　项目主持单位和课题承担单位要为项目档案管理提供必要的服务与保障条件，其发生的费用依据《北京市科技计划项目（课题）经费管理办法》执行。 共计5章23条，包括项目档案管理职责、项目档案管理要求、项目档案验收三个核心章节

综上所述，北京市科委项目管理中重视档案的管理与保密多于开发利用，对档案的管理也是粗线条的，作为具体的项目档案管理办法，操作性不强，没有规定违规责任，也降低了办法的执行力。

4.1.4　广义科技计划项目档案法规体系

《档案法》基本原则集中体现了档案法律精神，是整个档案法规的理论基础，确保了法规制度的有机统一。档案法律原则主要有统一领导，分级管理的原则；维护档案的完整与安全原则；便于社会各方面的利用原则❶。以《档案法》为核心，始终贯穿《档案法》法律原则形成档案法规体系。但项目档案管理除受国家档案法规体系相关法规约束外，也受科技管理、知识产权管理、保密管理等法规制度的约束，如《中华人民共和国著作权法》《中华人民共和国专利法》《中华人民共和国科学技术进步法》《中华人民共和国促进科技成果转化法》《中华人民共和国反不正当竞争法》等一系列鼓励与保护科技创新的法律，《国家科学技术奖励条例》《关于加强国家科技计划成果管理的暂行规定》《国家重大科技专项管理规定》及《国家重大科技专项档案管理规定》等一系列直接规范科技活动及其科技成果的法律法规，形成广义法规体系结构关系。如图4-3所示。

档案法律是我国档案法规体系的最高等级层次，是我国档案事业建设最根本的法律依据，是各级各类档案部门制定有关档案法规制度的法源和根据，是其他等级层次法规的核心和基础；档案法规其效力介于档案法律和其他档案规章之间，效力范围一般统辖全国，具有普遍的约束力和指导意义，与档案法律

❶ 刘迎红.档案法规基础教程[M].知识产权出版社,2015:47.

相比，内容更具体和微观；地方性档案法规的制定要以档案法律和档案行政法规为依据，在不相抵触的前提下，解决地方档案及档案工作问题；档案规章是行政执法的最直接的依据，档案规章可以看作是法律法规在不同领域、不同地域的具体和明细，是法律、法规的延伸和补充，是法规体系的基础；在我国《国家档案法规体系》划分的档案法规体系之外，大量的规范性文件是法规体系的有效补充，是法规制度在实际工作中的具体化和操作化体现，项目档案因其科学技术研究特性，受科技法规、知识产权、保密等相关法规制约，以上共同构成广义的科技计划项目档案管理法规体系。

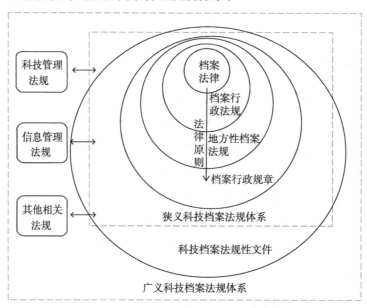

图4-3　广义科技档案法规体系结构

4.1.5　小结

综合以上法规研究，总结如下：

（1）从法规体系上来说，基金项目档案作为科技档案的一种，同样受档案法规、科技法规以及信息资源管理等相关法规（知识产权、保密）的制约，是广义科技档案法规体系的组成部分。因此，基金项目档案法规体现为交叉性和复杂性。

以国家档案法规体系为主线的狭义科技档案法规5个层级关系较为合理，从法律到法规文件，逐层细化，制定的机构不同、规定调整的内容与范围不同、法律地位与法律效力不同、法规的强制力不同，在基金项目档案管理及档案工作中，发挥不同的作用，形成对基金项目档案由宏观政策指导，到微观实践有法可依，有章可循的递进关系。

在实际基金项目档案管理实践中，在法律层面依据《档案法》，在行政法规层面依据《档案法实施办法》和《科学技术档案工作条例》，在规章层面缺少专有的指导法规，在文件层面《科学技术研究档案管理暂行规定》为1987年制定，年代久远，所以从法规体系架构来说布局不够完整。

（2）从法规内容来说，基金项目档案法规应为彼此联系，互为补充的有机整体，即不重复约定亦不留白。但综观整个科技档案法规、基金项目档案法规，还没有形成有机联系、互为补充、协调统一、适时动态更新的法规制度系统，还存在规定内容重复，法规相关条文不够协调自洽以及相关规定空白，制定修订不及时等问题。比如与项目档案管理关系紧密的《电子档案管理条例》《档案鉴定办法》等规章仍在制定过程当中；《科学技术档案工作条例》（1980）、《科学技术研究档案管理暂行规定》（1987）由于年代久远，对实际工作的指导存在较大空白，尤其是对电子文件、科研文件、科学数据的管理制度与实际需求差距较大。自1994年以后国家档案局再未出台任何专门针对科技档案（题名中包括"科技档案"或"科学技术档案"）的法规制度。李明华在全国档案局长（馆长）会议上的工作报告上指出："将制定《科研档案管理暂行办法》《科技计划项目档案管理办法》，加强档案法治建设，坚持依法治理档案，要建立健全规范性文件清理长效机制"[❶]。国家层面对科研档案的法规建设逐渐重视。

（3）从政策手段上来说，近年来，伴随国家科技创新体制改革，强调诚信科研、加强科研全过程管理、"痕迹管理"以及信用管理等政策的陆续出台与实施。有关于档案执法、档案管理监督等法规条款陆续出台，使得档案监督管理工作和档案执法工作有法可依，有章可循，强化了档案监管与执法的制度性

---

❶ 中华人民共和国国家档案局.李明华在全国档案局长馆长会议上的工作报告[DB/OL].(2016-12-13)[2017-1-12].http://www.saac.gov.cn/news/2017-01/03/content_170780.htm.

和规范性，进一步体现了档案工作的法制化，但是科技项目档案工作仍处于说起来重要，做起来不重要的尴尬地位，违法违规成本较低等原因导致法规总体执行状况差强人意。《档案行政处罚程序暂行规定》[2000]4 号规定："档案行政处罚的种类包括：（一）警告；（二）罚款；（三）没收违法所得"；"档案违法行为在二年内未被发现的，不再给予档案行政处罚"；"档案行政处罚由违法行为发生地的档案行政管理部门依照职权管辖。法律、行政法规另有规定的，从其规定"。显示了行政执法的力度不大以及多头执法问题。

（4）法规的结构化，一定程度上体现立法的规范性。综合以上调研，大多数法规在结构上可以分为三个部分，前言、正文和附则。在前言部分阐述法规的意义、依据、概念，部分法规文件含有适用范围，但蕴含在各条款中，需进一步分析理解，不够简洁清晰。在立法中仅以一条或者一款的方式，简单描述本法规依据《档案法》《档案实施办法》或者《档案法》相关法规、科技管理相关法规，模糊其词，不便于使用参照其上位法规，了解和掌握法律思想、法律原则，不利于法规阐述与使用中的系统性。2013 年国家档案局印发的《档案信息系统安全等级保护定级工作指南》在此方面做出很好的表率。首先，在结构上清晰划分成：工作背景、适用范围、编制依据、正文和附录。其次，编制主要依据的标准和规范如图 4-4 所示，体现出立法的严谨性。

3.编制依据

本《指南》的编制主要依据以下标准、规范：

《中华人民共和国计算系统安全保护条例》（国务院 147 号令）

《国家信息化领导小组关于加强信息安全保障工作的意见》（中办发［2003］27 号）

《关于信息安全等级保护工作的实施意见》（公通字［2007］861 号）

《信息安全等级保护管理办法》（公通字［2007］43 号）

《关于开展全国重要信息系统安全等级保护定级工作的通知》（公信安［2007］861 号）

《数字档案馆建设指南》（档办［2010］116 号）

《各级国家档案馆馆藏档案解密和划分控制使用范围的暂行规定》（国家档案局、国家保密局 1992 年）

《计算机信息系统安全保护等级划分准则》（GB17859—1999）

《信息安全技术 信息安全事件分类分级指南》（GB/Z 20986—2007）

《信息安全技术 信息系统安全等级保护定级指南》（GB/T 22240—2008）

《信息安全技术 信息系统安全等级保护基本要求》（GB/T 22239—2008）

图 4-4 《档案信息系统安全等级保护定级工作指南》编制依据

（5）没有形成档案法规及相关法规的全面揭示。国家档案局网站已经能够检索国家档案法规体系中四个层次的法律规章，大部分有全文，但是规范性文件不包含在内。规范性文件在编制档案法规体系时因其在实际工作中的重要作用曾被考虑纳入体系之中❶，但因其复杂性及法律中没有明确界定等原因最终未被纳入。但规范性文件在实际工作中仍然是重要的规范和指导依据，比如科技档案方面的规范性文件《科学技术研究档案管理暂规定》。课题组认为，不对规范性文件进行管理，不对交叉学科如科技法规、信息法规等重要法规进行参见管理，是不全面、不严谨的，不利于对档案法规体系进行全面揭示，从而不利于依法开展档案工作，不利于档案工作的法制化。

（6）尚未形成较为统一协调的科技档案管理共享政策法律法规体系。相比较而言，我国总体上科技项目档案管理共享相关政策法律法规系统性还有待加强，存在着宏观战略层面提出指导思想的多，可操作规范制定实施细则的少，共享规定内容粗线条，相关规定空白，以及相关法规修订不及时等问题，尚未形成目标明确，职责明晰，指标具体可操作的政策法律法规体系。就时间上来看，美国科技项目档案共享起步较早。出于科技信息资源得到有效的传播和利用的目的，美国的基础法在20世纪70年代建立，其他相关法律陆续制定，经过几十年在实际应用中的实践经验，对相关法律法规不断修订，如《自由信息法案》修订过4次。美国建立了较为完备的科技项目档案管理政策法律法规体系。我国是在20世纪90年代制定的科技项目档案管理政策法律法规，虽然提及推广利用但限制条件较多，更倾向于重视科技项目档案的保存。到20世纪初尤其是近十年，我国才真正开始正视科技信息资源的共享，开始制定相关政策法律法规。从国家基本法来看，美国的基本法宗旨是尽最大可能将政府信息共享。我国在2008年制定了《中华人民共和国政府信息公开条例》，对政府政务公开具体范围做了界定，但没有涉及有关科技信息共享的内容。《科学技术档案工作条例》（1980年）和《科学技术研究档案管理暂行规定》（1987年）距今时间较为久远，与整个社会的技术发展共享需求理念无法契合。近年来，陆续制定了《国家科技计划项目管理暂行办法》（2000年）和《关于深化中央

---

❶ 宋扬.《国家档案法规体系方案》的特征[J].中国档案,2011,(09):30-31.

财政科技计划（专项、基金等）管理改革方案》（2014年）等法律法规，才开始对科技信息资源明确提出共享传播，建立数据库和信息系统平台等要求。从部门相关规定来看，美国各部门都建立了自己的共享具体要求，操作性强。我国科技项目档案相关规定中有共享要求，但实际操作起来往往只是要求共享，缺乏具体如何做才能达到共享目的的规定。这一点，国家基金委制定的《国家自然科学基金资助项目研究成果管理办法》（2015年）规定有明确的科技项目信息共享要求，具有较强的操作性，但这样的法律法规当前数量偏少，无法全覆盖科技计划项目档案的管理。从各承担单位来看，美国承担单位或依照相关部门或指定自己的共享规定，能够顺利形成科技报告的共享。目前来看，我国各承担部门由于相关共享规定出台时间比较短，国家或部门相关法律法规可操作性差等诸多原因，大多数承担单位科技项目档案管理还处于"看堆"状态。

4.2　档案标准体系及主要标准

国家标准化体系建设发展规划（2016—2020年）指出："标准是经济活动和社会发展的技术支撑，是国家治理体系和治理能力现代化的基础性制度。"标准体系是指一定范围内的标准按其内在联系形成的科学有机整体，是一幅包括现有的、正在制定的和应制定的标准蓝图，是促进一定范围内标准组成趋向科学化和合理化的手段。

4.2.1　国内档案标准体系

档案业务标准是档案信息资源共享体系建设的重要保障。1983年，国家档案局正式组建全国档案工作标准化领导小组，负责组织和管理全国档案工作标准化工作。1989年，国家档案局在综合科教司（1994年政策法规研究司）下设立了法规标准化处，承担全国档案工作标准化的行政管理工作，并开始筹备成立档案工作标准化委员会。1991年，全国档案工作标准化技术委员会正式成立。

《中华人民共和国标准化法》将中国标准分为国家标准、行业标准、地方标准（DB）、企业标准（Q）四级。《标准化法》指出，对需要在全国范围内统一的技术要求，应当制定国家标准。国家标准由国务院标准化行政主管部门制定。对没有国家标准而又需要在全国某个行业范围内统一的技术要求，可以制定行业标准。行业标准由国务院有关行政主管部门制定，并报国务院标准化行政主管部门备案，在公布国家标准之后，该项行业标准即行废止。对没有国家标准和行业标准而又需要在省、自治区、直辖市范围内统一的工业产品的安全、卫生要求，可以制定地方标准。地方标准由省、自治区、直辖市标准化行政主管部门制定，并报国务院标准化行政主管部门和国务院有关行政主管部门备案，在公布国家标准或者行业标准之后，该项地方标准即行废止❶。

国家标准、行业标准分为强制性标准和推荐性标准。保障人体健康，人身、财产安全的标准和法律、行政法规规定强制执行的标准是强制性标准，其他标准是推荐性标准❷。

经国际标准化组织（ISO）颁布的国际标准是在世界范围内，由各国选择购买使用。国家标准具有较强的通用性，因此在标准体系的建设中有举足轻重的作用，行业标准涉及企业档案管理、科研档案管理、工程档案管理等各方面，结合本课题的研究，只分析探讨档案标准中的国家标准和行业标准。

4.2.2 国内档案标准分析

1.档案标准检索与统计

课题组分别以国家标准化管理委员会网站（以下简称标管委）和国家档案局（以下简称档案局）网站检索档案国家标准进行研究。

在档案局网站政策法规——国家标准板块（http://www.saac.gov.cn/xxgk/2012-01/11/content_13780.htm）查到现行国家标准13个，标注为"中国标准分类号A14，国际标准分类号（International Classification for Standards，ICS）号01.140.20"。按照中国标准分类号A14，ICS号01.140.20查到国家标准73个，

---

❶ 中华人民共和国全国人民代表大会.标准化法[DB/OL].(2017-11-04)[2017-12-21].http://www.npc.gov.cn/npc/xinwen/2017-11/04/content_2031446.htm.

❷ 中华人民共和国全国人民代表大会.标准化法[DB/OL].(2017-11-04)[2017-12-21].http://www.npc.gov.cn/npc/xinwen/2017-11/04/content_2031446.htm.

其中现行标准52个（截至2017年2月1日）。ICS号01.140.20类号名称是信息学，包括文献工作和档案学。A14类号名称是图书、档案、文献与情报工作。进一步细分，档案相关现行标准11个，见表4-8。

表4-8　A14,ICS01.140.20档案相关现行国家标准

序号	标准号	标准中文名称	发布日期	实施日期
1	GB/T18894-2016	电子文件归档与电子档案管理规范	2016-08-29	2017-03-01
2	GB/Z32002-2015	信息与文献文件管理工作过程分析	2015-09-11	2016-04-01
3	GB/T31599-2015	社会保险业务档案管理规范	2015-06-02	2016-01-01
4	GB/T31021.2-2014	电子文件系统测试规范第2部分：归档管理系统功能符合性测试细则	2014-09-03	2015-02-01
5	GB/T15418-2009	档案分类标引规则	2009-09-30	2010-02-01
6	GB/T11822-2008	科学技术档案案卷构成的一般要求	2008-11-13	2009-05-01
7	GB/T9705-2008	文书档案案卷格式	2008-11-13	2009-05-01
8	GB/T13967-2008	全宗单	2008-11-13	2009-05-01
9	GB/T20163-2006	中国档案机读目录格式	2006-03-15	2006-10-01
10	GB/T11821-2002	照片档案管理规范	2002-12-04	2003-05-01
11	GB/T25072-2010	缩微摄影技术在35mm缩微胶片上拍摄存档报纸	2010-09-02	2010-12-01

对照国家档案局网站，发现国家档案局网站对档案相关国家标准文献归纳整理的完整性和更新情况不够理想。

（1）部分废止标准未做标注。如《GB/T13968-1992档案交接文据格式》2004年废止；《GB/T15021—1994缩微摄影技术用35mm卷片拍摄技术图样和技术文件的规定》2009年废止被GB/T17739.1-2008代替。《GB/T18894-2002电子文件归档与管理规范》被GB/T18894-2016代替。

（2）更新不够及时，信息不够完整。共有3条与档案相关国家标准，未收录到网站国家标准目录中。

（3）档案局网站中列出的三个标准《GB/T17678.1—1999CAD电子文件光盘存储、归档与档案管理要求第一部分：电子文件归档与档案管理》《GB/T26162.1-2010信息与文献——文件管理第一部分：通则》《GB/T26163.1-2010信息与文献——文件管理——文件元数据第一部分：原则》用ICS和CCS对应

类号未检索到。用标准号检索发现 CCS 类号变更为 L67（计算机应用标准）ICS 变更为 35.240.10。

国家档案局网站标准信息更新的不及时，可能会对网站来访者形成误导。分析发现案标准分散在 A14，L67 等不同的类目下，标管委网站不提供主题检索入口，研究单个标准发现大部分档案标准的起草单位为国家档案局，因此课题组尝试用起草单位"国家档案局"或者"中央档案馆"检索，共检索到国家标准文献 26 个，现行标准 22 个（截至 2017 年 2 月 1 日）。

汇总检索结果，去除与本研究无关标准，不完全统计现行国家标准 24 个，见表 4-9。

表 4-9　国家标准

序号	标准号	标准名称	采标情况	废和代
1	GB/T18894-2016	电子文件归档与电子档案管理规范		代替 GB/T18894-2002
2	GB/Z32002-2015	信息与文献文件管理工作过程分析	ISO/TR26122：2008	
3	GB/T30108-2013	信息与文献图书馆和档案馆的图书、期刊、连续出版物及其他纸质文献的装订要求方法与材料	ISO14416：2003	
4	GB/T17739.6-2012	技术图样与技术文件的缩微摄影第6部分：35mm 缩微胶片放大系统的质量准则和控制	ISO3272-6：2000	
5	GB/T27703-2011	信息与文献图书馆和档案馆的文献保存要求	ISO11799：2003	
6	GB/T26162.1-2010	信息与文献文件管理第一部分：通则	ISO15489-1：2001	
7	GB/T26163.1-2010	信息与文献文件管理过程 文件元数据 第一部分：原则	ISO23081-1：2006	
8	GB/T15418-2009	档案分类标引规则		代替 GB/T15418-1994
9	GB/T24422-2009	信息与文献档案纸耐久性和耐用性要求	ISO11108：1996	
10	GB/T24423-2009	信息与文献用纸耐久性要求	ISO9706：1994	
11	GB/T11822-2008	科学技术档案案卷构成的一般要求		代替 GB/T11822-2000

序号	标准号	标准名称	采标情况	废和代
12	GB/T13967-2008	全宗单		代替 GB/T13967-1992
13	GB/T9705-2008	文书档案案卷格式		代替 GB/T9705-1988
14	GB/T17739.1-2008	技术图样与技术文件的缩微摄影第一部分：操作程序	ISO3272-1：2003	代替 GB/T15021-1994
15	GB/T17739.4-2008	技术图样与技术文件的缩微摄影第四部分：特殊和超大尺寸图样的拍摄	ISO3272-4：1994	代替 GB/T17739-1999
16	GB/T17739.2-2006	技术图样与技术文件的缩微摄影第二部分：35mm银-明胶型缩微品的质量准则与检验	ISO3272-2：1994	代替 GB/T8988-1988，GB/T8989-1988，GB/T8989-1998，GB/T8990-1988
17	GB/T20163-2006	中国档案机读目录格式		
18	GB/T20530-2006	文献档案资料数字化工作导则		
19	GB/T17739.5-2006	技术图样与技术文件的缩微摄影第五部分：开窗卡中缩微影像重氮复制的检验程序	ISO3272-5：1999	2012-10-09复审
20	GB/T11821-2002	照片档案管理规范		代替 GB/T11821-1989
21	GB/T17678.1-1999	CAD电子文件光盘存储、归档与档案管理要求第一部分：电子文件归档与档案管理		
22	GB/T31599-2015	社会保险业务档案管理规范	2015-06-02	2016-01-01
23	GB/T31021.2-2014	电子文件系统测试规范第二部分：归档管理系统功能符合性测试细则	2014-09-03	2015-02-01
24	GB/T25072-2010	缩微摄影技术在35mm缩微胶片上拍摄存档报纸	2010-09-02	2010-12-01

我国的行业标准是由政府主管部门批准发布，在该部门范围内统一使用的标准。档案行业标准经全国档案工作标准化技术委员会审查通过，并经国家档案局批准的行业标准，故参考国家档案局网站，行业标准66个，见表4-10。

表4-10　行业标准

序号	标准编号	标准名称	批准日期	实施日期	代替标准号	备注
1	DA/T1-1992×	档案工作基本术语	1992-07-20	1992-10-20	被DA/T1-2000代替	
2	DA/T2-1992	科学技术研究课题档案管理规范	1992-07-20	1992-10-20		
3	DA/T3-1992	档案馆指南编制规范	1992-07-20	1992-10-20		
4	DA/T4-1992	缩微摄影技术在16mm卷片上拍摄档案的规定	1992-07-20	1992-10-20		
5	DA/T5-1992	缩微摄影技术在A6平片上拍摄档案的规定	1992-07-20	1992-10-20		
6	DA/T6-1992	档案装具	1992-07-20	1992-10-20		
7	DA/T7-1992	直列式档案密集架	1992-07-20	1992-10-20		
8	DA/T8-1994	明清档案著录细则	1995-06-12	1995-10-01		
9	DA/T9-1994	明清档案档号编制规则	1995-06-12	1995-10-01		
10	DA/T10-1994	高等学校档案实体分类法	1995-06-12	1995-10-01		已废止
11	DA/T11-1994	文件用纸耐久性测试法	1995-06-12	1995-10-01		
12	DA/T12-2012	全宗卷规范	2012-11-15	2013-1-1	DA/T12-1994	
13	DA/T13-1994	档号编制规则	1995-06-12	1995-10-01		
14	DA/T14-2012	全宗指南编制规范	2012-11-15	2013-1-1	DA/T14-1994	
15	DA/T15-1995	磁性载体档案管理与保护规范	1996-03-01	1996-10-01		
16	DA/T16-1995	档案字迹材料耐久性测试法	1996-03-01	1996-10-01		
17	DA/T17.1-1995	全国革命历史档案数据采集标准革命历史档案著录细则	1996-03-01	1996-10-01		
18	DA/T17.2-1995	全国革命历史档案数据采集标准革命历史资料著录细则	1996-03-01	1996-10-01		

序号	标准编号	标准名称	批准日期	实施日期	代替标准号	备注
19	DA/T17.3-1995	全国革命历史档案数据采集标准革命历史档案资料主题标引规则	1996-03-01	1996-10-01		已废止
20	DA/T17.4-1995	全国革命历史档案数据采集标准革命历史档案资料分类标引规则	1996-03-01	1996-10-01		已废止
21	DA/T17.5-1995	全国革命历史档案数据采集标准革命历史档案机读目录软磁盘数据交换格式	1996-03-01	1996-10-01		已废止
22	DA/T18-1999	档案著录规则	1999-05-31	1999-12-01	GB／3792.5-1985	
23	DA/T19-1999	档案主题标引规则	1999-05-31	1999-12-01		已废止
24	DA/T20.1-1999	民国档案目录中心数据采集标准民国档案著录细则	1999-05-31	1999-12-01		
25	DA/T20.2-1999	民国档案目录中心数据采集标准民国档案主题标引细则	1999-05-31	1999-12-01		已废止
26	DA/T20.3-1999	民国档案目录中心数据采集标准民国档案分类标引细则	1999-05-31	1999-12-01		已废止
27	DA/T20.4-1999	民国档案目录中心数据采集标准民国档案机读目录软磁盘数据交换格式	1999-05-31	1999-12-01		已废止
28	DA/T21-1999	档案缩微品保管规范	1999-05-31	1999-12-01		
29	DA/T22-2015	归档文件整理规则	2015-10-25	2016-06-01	DA/T22-2000	
30	DA/T23-2000	地质资料档案著录细则	2000-12-06	2001-01-01		
31	DA/T24-2000	无酸档案卷皮卷盒用纸及纸板	2000-12-06	2001-01-01		
32	DA/T25-2000	档案修裱技术规范	2000-12-06	2001-01-01		
33	DA/T26-2000	挥发性档案防霉剂防霉效果测定法	2000-12-06	2001-01-01		
34	DA/T27-2000	档案防虫剂防虫效果测定法	2000-12-06	2001-01-01		

序号	标准编号	标准名称	批准日期	实施日期	代替标准号	备注
35	DA/T1-2000	档案工作基本术语	2000-12-06	2001-01-01	DA/T1-1992	
36	DA/T28-2002	国家重大建设项目文件归档要求与档案整理规范	2002-11-29	2003-04-01		
37	DA/T29-2002	档案缩微品制作记录格式和要求	2002-11-29	2003-04-01		
38	DA/T30-2002	满文档案著录名词与术语汉译规则	2002-11-29	2003-04-01		
39	DA/T31-2005	纸质档案数字化技术规范	2005-4-30	2005-9-1		
40	DA/T32-2005	公务电子邮件归档与管理规则	2005-4-30	2005-9-1		
41	DA/T33-2005	明清档案目录中心数据采集标准-明清档案机读目录数据交换格式	2005-4-30	2005-9-1		已废止
42	DA/T34-2005	国家档案馆爱国主义教育基地工作规范	2005-8-30	2005-10-1		
43	DA/T35-2007	档案虫霉防治一般规则	2007-6-6	2007-7-1		
44	DA/T36-2007	人身保险业务档案管理规范	2007-6-6	2007-7-1		
45	DA/T37-2008	历史图牒档案修裱技术规范	2008-4-23	2008-7-1		已废止
46	DA/T38-2008	电子文件归档光盘技术要求和应用规范	2008-4-23	2008-7-1		
47	DA/T39-2008	会计档案案卷格式	2008-6-20	2008-9-1		
48	DA/T40-2008	印章档案整理规则	2008-6-20	2008-9-1		
49	DA/T41-2008	原始地质资料立卷归档规则	2008-6-20	2008-9-1		
50	DA/T42-2009	企业档案工作规范	2009-11-02	2010-01-01		
51	DA/T43-2009	缩微胶片数字化技术规范	2009-11-02	2010-01-01		
52	DA/T44-2009	数字档案信息输出到缩微胶片上的技术规范	2009-11-02	2010-01-01		
53	DA/T45-2009	档案馆高压细水雾灭火系统技术规范	2009-11-02	2010-01-01		
54	DA/T46-2009	文书类电子文件元数据方案	2009-12-16	2010-06-01		

序号	标准编号	标准名称	批准日期	实施日期	代替标准号	备注
55	DA/T47-2009	版式电子文件长期保存格式需求	2009-12-16	2010-06-01		
56	DA/T48-2009	基于XML的电子文件封装规范	2009-12-16	2010-06-01		
57	DA/T49-2012	特殊和超大尺寸纸质档案数字图像输出到缩微胶片上的技术规范	2012-11-15	2013-01-01		
58	DA/T50-2014	数码照片归档与管理规范	2014-12-31	2015-08-01		
59	DA/T51-2014	电影艺术档案著录规则	2014-12-31	2015-08-01		
60	DA/T52-2014	档案数字化光盘标识规范	2014-12-31	2015-08-01		
61	DA/T53-2014	数字档案 COM 和 COLD 技术规范	2014-12-31	2015-08-01		
62	DA/T54-2014	照片类电子档案元数据方案	2014-12-31	2015-08-01		
63	DA/T55-2014	特藏档案库基本要求	2014-12-31	2015-08-01		
64	DA/T56-2014	档案信息系统运行维护规范	2014-12-31	2015-08-01		
65	DA/T57-2014	档案关系型数据库转换为XML文件的技术规范	2014-12-31	2015-08-01		
66	DA/T58-2014	电子档案管理基本术语	2014-12-31	2015-08-01		

2.档案标准标龄与采标分析

依据国标委和档案局网站，对现行24项档案国家标准，进行发布时间分析，统计结果见表4-11；依据国家档案局网站，现行行业标准66项，进行发布时间分析，统计结果见表4-12。

表 4-11　档案国家标准发布时间统计表

1999	2000	2001	2002	2003	2004	2005	2006	2007	2008
1	0	0	1	0	0	0	4	0	5
2009	2010	2011	2012	2013	2014	2015	2016	合计	
3	3	1	1	1	1	2	1	24	

表 4-12　档案行业标准发布时间统计表

1992	1993	1994	1995	1996	1997	1998	1999	2000	2001	2002	2003	2004
7	0	0	7	7	0	0	7	6	0	3	0	0
2005	2006	2007	2008	2009	2010	2011	2012	2013	2014	2015	合计	
4	0	2	5	7	0	0	1	0	9	1	66	

可见，截至 2016 年年底，国家标准平均标龄 6.92 年，行业标准平均标龄 13.42 年，国家标准标龄 5 年以上 17 个，占比为 70.8%，行业标准标龄 5 年以上 55 个，占比为 83.3%，为使标准能跟上世界同类标准的变化和适应人们生产生活的需求，有学者认为国家标准修订周期以 5 年[1]为宜。标准制修订周期长，使得标准内容滞后于事业发展和社会的发展，不能满足实际需要，如国家标准《照片档案管理规范》（GB/T11821 - 2002）是适用于银盐感光材料照片档案，在目前广泛使用数码照片的客观条件下不符合实际工作需求。

采用 ISO 国际标准的国家标准 12 个，均为 2006 年以后发布标准。2006 年后共发布国家档案标准 22 个，采标国际 ISO 标准 12 个，采标率 54.5%，与国际接轨较为密切，但其中两个国际标准已废止，ISO15489-1：20012016 年 4 月 7 日废止；ISO11799：2003，2015 年 12 月 14 日废止[2]。

4.2.3　科技计划项目档案主要标准

1.国家标准

（1）《科学技术档案案卷构成的一般要求》（GB/T11822—2008）。

本标准规定了科学技术档案案卷的组卷原则和方法、案卷和案卷内文件材

---

❶ 安小米.基于 ISO15489 的文件档案管理核心标准及相关规范[M].北京：国家质检出版社，国家标准出版社，2013.

❷ Search-ISO[DB/OL].[2017-1-12] http://www.iso.org/iso/home/search.htm?qt=ISO+15489-1%3A2001 &active_tab=site&published=on.

料的排列、案卷的编目、案卷的装订、卷盒、表格规格及其制成材料的质量要求。适用于一般科学技术档案的案卷整理。标准指出，在案卷组织时，针对具体项目的管理性科技文件应放入所针对的项目文件中，按阶段或分年度组卷；科研课题、产品、建设项目、设备仪器方面的科技文件，应按其项目、结构、阶段或台（套）等分别组卷；成册、成套的科技文件宜保持其原有形态。对于案卷和案卷内科技文件排列，科研类案卷宜按课题可行性研究立项、方案论证、研究实验、总结鉴定、成果和知识产权申报、推广应用等阶段排列。同时，对案卷编目、装订、卷盒表格规格及其制成材料也做了详细规定。

（2）《电子文件归档与管理规范》（GB/T18894—2002）。

本标准规定了在公务活动中产生的，具有保存价值的电子文件的形成、积累、归档、保管、利用、统计的一般方法。本标准适用于党政机关产生的电子文件的归档与管理，国家自然科学基金委所产生的基金项目电子文件管理也可参照本标准。注：《电子文件归档与电子档案管理规范GB/T18894-2016》已于2016年8月29日发布，2017年3月1日起执行。

（3）《信息与文献-文件管理第一部分：通则》（GB/T26162.1-2010/ISO15489-1：2001）。

ISO成员国一致同意以澳大利亚国家标准《AS4390文件管理标准》为基础，将国际上文件管理的最佳实践发展为标准，制定了ISO15489。为了规范我国的文件管理，使我国文件管理工作与国际接轨，就将ISO15489-1：2001转化为GB/T26162.1-2010。本标准适用于任何公共机构或私人机构在进行活动过程中所形成或收到的所有格式或载体的文件的管理；可以为机构确实执行文件的管理职责、管理方针、管理程序、管理系统和管理过程提供指导；支持质量管理框架，提供符合GB/T19001和GB/T24001的文件管理指导；可以为文件系统的设计和实施提供指导。本标准也适用于机构的管理人员；文件、信息和技术的专业管理人员；机构内所有其他志愿；其他负责文件形成和保存的个人。本标准包含了术语和定义、文件管理的效用、监管环境、方针与职责、文件管理要求、文件系统的设计与实施、文件管理的过程及控制、监控与审核、培训等几方面。

（4）《信息与文献—文件管理过程—文件元数据第一部分：原则》（GB/T26163.1-2010/ISO23081-1：2006）。

本标准在GB/T26162.1-2010框架内为创建、管理和应用文件管理元数据建立了一个框架，并提出了管理原则。本标准适用于文件及其元数据；影响文件及其元数据的全部过程；文件及其元数据所处的各类系统；负责管理文件及其元数据的各类组织机构。本标准包含了术语和定义、文件管理元数据、文件管理元数据的意义与作用、职责、与其他元数据领域相关的文件管理元数据、元数据的管理、支持GB/T26162.1所需的元数据类型等几方面。

2.行业标准

（1）《科学技术研究课题档案管理规范》（DA/T2-1992）。

本标准规定了科学技术研究课题（简称科研课题）文件的形式、积累、整理、归档、档案管理、鉴定与销毁的要求。其中，标准对科研课题文件的归档范围从研究准备阶段、研究试验阶段、总结鉴定验收阶段、成果奖励申报阶段、推广应用阶段、与各阶段有关的文件等几个方面做出了详细要求。

（2）《档案信息系统运行维护规范》（DA/T56-2014）。

本标准规定了档案信息系统在运行维护工作筹备、策划、实施、检查和改进等方面的要求。本标准适用于各级、各类档案部门的档案信息系统运行维护工作，为开展相关工作提供指导。标准指出，应针对档案信息系统进行运行维护工作，确保档案信息系统安全、持续、可靠的运行，以提高工作效率和质量，使其更好地服务于档案信息管理工作；应针对档案信息系统运行维护工作进行整体规划并提供必要的资源支持，建立和完善运行维护保障体系，按照规划实施运行维护工作，并对运行维护的结果、过程以及相关管理体系进行监督、检查、分析和评估，并实施改进；对档案信息系统的运行维护操作，都应留有记录、可追溯，以便于事后回顾各种操作的时间、流程及内容。

4.2.4 小结

档案标准体系具有一定的系统性、时效性和通用性。它是由一整套相互联系和制约的标准及标准相关文件组合而成的系统，其整体功能的实现是由体系内部各标准子系统及标准相关文件子系统共同形成的，并非各子系统功能的简单叠加，因此标准制定应体现系统性。标准应适时更新，体现与事业发展和社会需求相一致，对客观实际有重要的规范与指导作用。标准应具有普适性，尤其是以信息资源为本质属性之一的科研档案领域，信息交流与共享是对科研档案的根本需求，档案标准的普适性，有利于跨行业、跨地域、跨时期的科研信息保存、传递与交流。

目前我国专门针对科技档案管理的国家标准、行业标准较少，远远没有涵盖科技档案管理的各个环节（尤其是长期保存、开发利用环节），没有涵盖各行各类的科技档案管理（目前仅建筑、核电两个行业的标准较多）。在基金项目档案管理方面，仅有的一个较为相关的国家标准《科学技术研究课题档案管理规范》（DA/T2-92）还是1992年制定的。中国科学院2006年制定了《中国科学院科研课题档案建档规范》，其他一些单位也制定了自己的类似的单位或行业标准，而这些标准之间又互不统一。标准缺失使得科技档案管理无规可循；而标准不统一又给科技档案的接收、整理（尤其是电子档案的接收）带来极大的麻烦。标准的不健全和不协调，也给科技档案资源的整合共享造成巨大障碍。

同时，国家对电子文件管理越来越重视，国家成立了电子文件管理部际联席会议，从国家层面协调电子文件管理工作；电子档案相关规范体系不断建立。《电子文件归档与电子档案管理规范》《电子文件归档与管理规范》《电子文件管理通用需求》《档案信息系统运行维护规范》等国标和行标陆续制定，标准的制修订工作得到重视，但进程缓慢。

附： **科学技术研究课题档案管理规范(DA/T2-1992)**

(1992年7月20日批准,1992年10月20日实施)

1　主题内容与适用范围

本标准规定了科学技术研究课题（以下简称科研课题）文件的形式、积累、整理、归档和档案管理的要求。

本标准适用于自然科学研究课题档案管理，社会科学研究课题档案管理可参照执行。

2　引用标准

GB3792·5档案著录规则

GB/T11822科学技术档案案卷构成的一般要求。

3　术语

3.1　科研课题：是具有相对独立目标和内容的具体研究对象，是组织科学技术研究的单元。

3.2　科研课题文件是在科研课题研究活动中形成的文字、图样、声像等不同形式和载体的记录。

3.3　科研课题档案：是指具有保存价值的归档的科研课题文件。

4　科研课题文件的管理

4.1　科研课题文件的形成、积累。

4.1.1　科技管理部门在下达科研计划（含横向委托合同课题）时，同时向课题组下达建档任务。档案部门负责对建档工作进行监督、指导。

4.1.2　课题组成员要按照科研课题文件归档范围形成课题文件。文件制作材料必须益于长期保存。

4.1.3　课题负责人或文件管理人员按归档要求负责本课题文件的积累和归档。

4.1.4　课题负责人和课题文件管理人员调动工作时，应做好科研课题文件的清理移交工作。

4.2　科研课题文件的整理。

4.2.1　科研课题文件的整理要遵循科研课题文件的形成规律，保持案卷内科研课题文件的系统联系，便于科研课题档案的保管和利用。一般按科研课题的准备、研究试验、总结鉴定验收、成果奖励申报和推广应用5个工作阶段整理、组卷。

4.2.2　卷内文件排列顺序按文件重要程度或时间顺序排列。

4.3　科研课题文件或案卷的鉴定。

4.3.1　科研课题文件的鉴定主要是在归档前对科研课题整体价值的鉴定及文件完整性、准确性的审查和划定密级、保管期限。保管期限分为永久；长期、短期。

4.3.2　科研课题整体价值的鉴定是以整套科研课题文件为单元，按照课题来源、学术意义、技术水平、获奖及效益情况分为重大、重要和一般科研课题。重大科研课题为永久；重要科研课题为永久或长期；一般科研课题为长期或短期。

4.3.3　档案部门配合课题组对科研课题文件归档的完整性、准确性进行审查。

4.3.4　文件或案卷的密级和保管期限是以整个课题为主，结合文件或案卷在课题中的重要程度划定其密级和保管期限。

4.4　科研课题文件的归档。

4.4.1　科研课题文件归档范围见附录A。

4.4.2　科研课题文件的归档时间。

研究周期长的课题按阶段归档；研究周期短的课题在任务结束时一次归档。

4.4.3　科研课题文件的归档要求。

4.4.3.1　科研课题文件的归档要保证其完整、准确、系统。

4.4.3.2　几个单位协作的科研课题，其文件的归档要保证课题主持单位保存该课题的整套档案协作单位除保存与自己承担任务有关的原件外，须将复制件送交主持单位保存，并在协议中明确科研课题文件的归档和归属。

4.4.3.3　获得负成果或因故中断的科研课题的文件亦应归档。

4.4.3.4　科研课题文件一般归档原件，重要的和日后使用频繁的应酌情增加份数。

4.4.4　科研课题文件的归档手续。

4.4.4.1　课题负责人填写"科研课题文件归档说明书"，经主管领导审查后，向档案部门办理归档手续。

4.4.4.2　档案部门验收合格后，课题负责人和档案管理人员在"科研课题文件归档移交单"上签字，并各执一份。

4.4.4.3　课题负责人向科技管理部门报告课题文件归档情况，科技管理部门收到"科研课题文件归档说明书"后，决定课题结束。

5　科研课题档案的管理

5.1　科研课题档案的整理、编目。

5.1.1　按学科、专业进行分类，排列。

5.1.2　编制档号。

5.1.3　编制案卷总目录。

5.1.4　根据实际需要著录、标引，编制各种检索目录。

5.2　科研课题档案的保管。

5.2.1　技术秘密的科研课题档案要特殊保管。

5.2.2　及时修复破损、变质的科研课题档案。

5.3　科研课题档案的补充、修改。

5.3.1　科研课题负责人或文件管理人员完成木课题档案的补充工作。补充内容包括奖励申报、推广应用阶段产生的文件。

5.3.2　凡必须修改的科研课题档案，由原课题负责人填写修改申报单，经主管部门批准后，方可进行修改。

5.3.3　档案部门对补充归档的文件进行整理编目。

6　科研课题档案的鉴定与销毁

6.1　科研课题档案鉴定工作的组织。

鉴定工作要在单位主管科研工作的负责人或总工程师的领导下，由科技管理人员、科技人员、档案人员和保密人员组成的鉴定小组进行。

6.2　科研课题档案鉴定内容。

对已到保管期限的科研课题档案决定存毁；对需要调整密级的科研课题档案重新确定密级。

6.3　科研课题档案鉴定时间。

对馆（室）藏的科研课题档案每3~5年集中鉴定一次，必要时可以提前或推后。

6.4　科研课题档案鉴定、销毁手续。

鉴定小组按填写"科研课题档案鉴定表"，写出鉴定工作报告，编制档案销毁清册一式两份，报送单位主管领导审查批准，销毁时指派两人监销。

7　科研课题档案的统计与开发利用

科研课题档案的统计和开发利用按国家有关规定执行。

第5章

国内科学基金项目档案管理调研

5.1 文献分析

5.1.1 文献计量分析

为了解科学基金项目档案的研究群体与研究成果的整体情况，笔者尝试用文献计量的方法，分析科学基金项目档案研究的现状。以"基金项目档案"为检索词，在CNKI中（截止2016-1-6）仅检索相关文献6条，因科学基金项目是科技计划项目的一种，档案管理具有较强相似性，故拓展检索科技计划项目档案。现阶段科技计划项目档案还不是一个为学界和业界普遍使用的概念，科技计划项目档案内涵和外延、管理对象等在理论和实践中都存在争议，本研究在进行文献检索时，按照如下思路与方法构建检索策略：

CNKI全库中，时间：全部（CNKI更新时间为2016年1月6日）；检索途径：主题（CNKI中主题的检索范围是篇名+关键词+摘要等）；匹配方式：精确匹配，检索式与检索结果见表5-1。

表5-1　检索策略与检索结果

序号	检索式	检索结果（篇）	结果比较（重复/新增）	合计
A	基金项目档案	6	0/6	6
B	科技计划and项目档案	42	1/41	47

续表

序号	检索式	检索结果（篇）	结果比较（重复/新增）	合计
C	科技计划项目档案	37	37/0	47
D	科技档案and科技计划项目	15	14/1	48
E	科研档案and项目档案	141	7/134	182
F	科研项目档案	95	45/49	231
G	科技计划and项目文件	3	0/3	234
H	科技计划项目文件	2	2/0	234

　　检索式B和检索式C，检索结果分别为42条和37条，对比两次的检索结果，C检索结果完全包含在B检索结果中，文献重复37篇，没有新增文献。进一步检索D，查到文献15篇，重复文献14篇，新增1篇，重复率93.3%（见表5-1），可见"科技计划项目档案""科技计划项目"是一个相对固定，专指性较强的检索词。

　　有学者认为科技计划项目一直作为科研项目当中的一部分，其档案管理一直作为科研项目档案管理进行研究[1]，故尝试拓展检索"科研档案and项目档案""科研项目档案"。检索式E检索到文献141篇，与上述检索结果的合集仅重复7篇，可见在主题标引方面"科研档案""项目档案"与"科技计划项目档案"较少重复标引，"科技计划项目档案"有相对独立的主题特征，科技计划项目档案是否包含在科研档案中，有待进一步研究。检索式F检索结果95篇文献，与上一合集重复45篇，约占检索结果的一半。进一步返回上一步验证，重复结果集中在检索式E的检索结果，分析认为"科研档案&项目档案"与"科研项目档案"概念具有较高的相似性；但有50%左右的研究没有把科研项目档案作为"科研档案"与"项目档案"的概念简单交叉，分析认为与关键词等要素标引的不完备有关系。鉴于文档一体化管理以及国外对Science Archive的研究少于science date、science file、science record的情况[2]，拓展检索式

---

[1] 潘世萍等.科技档案资源保护迫在眉睫—北京市科技计划项目档案管理现状研究[J].北京档案.2005(10)

[2] 董宇.信息化视角下国外科技档案管理研究进展与特点[J].档案建设,2014(7):15-19

G和H。分析发现检索结果与本研究完全不相关。总体来看有关科技计划项目档案研究成果数量不多，针对此对象的研究没有形成研究方向。

5.1.2　基于内容分析的项目档案管理问题研究

在核心期刊中检索"科技档案"，人工筛选与本课题相关研究，采用内容分析方法，对项目档案管理中存在的主要问题总结如下。

1.科技档案、项目档案管理重视不足

近年来，越来越多的单位领导和科技工作者认识到，科技档案是科技工作的依据、工具和成果，是重要的信息资源和知识资产，是国家和社会的宝贵财富。但是，仍有一些单位的领导和工作人员的科技档案意识薄弱，管理科技档案纯属应付国家档案法规和上级要求。存在"说起来重要，做起来次要，忙起来不要"的现象。清华大学档案馆薛四新博士认为[1]，由于档案宣传教育不够，尤其是档案法规制度培训仅局限于档案系统内部人员，使得科研项目成员档案意识薄弱。据中航工业档案馆工作人员反映[2]，现在基层的研究机构和科技工作者都比较重视科技档案，因为他们切实感觉到工作中离不开档案，反倒是国家层面和单位高层领导对科技档案没有那么重视。薛四新博士也认为："关键是顶层（国家有关部门）要重视。"

科研管理部门以及项目负责人重视项目管理，但不重视档案管理。科技档案项目主持人负责制未贯彻。项目组以项目经理或项目主持人为核心，其成员往往来自不同部门甚至外单位，而且时有变动。为保证科技文件材料归档的完整性和准确性，《科学技术档案工作条例》《科学技术研究档案管理暂行办法》《高等学校档案管理办法》等，都不同程度地要求实行项目主持人负责制。但是，在实际工作中，由于科研管理部门不够重视而档案部门话语权小、制度监督执行力差，使得这一制度没有得到很好的贯彻落实。所以，许多科技档案散存于项目成员手中。在项目推进过程中并没有注重档案的保存，导致重要档案文件的遗失。在管理方面有学者总结为科研管理部门强势不重视，档案管理部

---

[1] 徐拥军,张斌.我国科技档案管理体制机制的现存问题[J].档案学研究,2016(02):14-21.

[2] 徐拥军,张斌.我国科技档案管理体制机制的现存问题[J].档案学研究,2016(02):14-21.

门重视不强势❶。

2.档案观念未与时俱进

一是重收集保管轻开发利用。科技档案只有通过开发利用才能实现其重要价值。管理科技档案的最终目的也是为了服务于科技生产管理活动，服务于科技生产者、科技管理者。但是，现实工作中仍有许多档案部门和档案人员仍囿于传统的"重藏轻用"观念，将主要工作精力置于科技档案的收集保管而非科技档案的开发利用上。关桥院士说❷："科技档案和科研人员是隔离开的"，档案人员主要是保存档案，而缺乏利用服务的意识。二是重纸质档案轻电子档案。随着信息化进程不断加强，现在科技生产活动中大量产生的是电子档案。但是，仍有相当一部分人死守"纸质档案观"，认为电子档案真实性无法保障，不承认电子档案。不少档案部门和档案人员一味地要求科技工作者将电子档案打印成纸质档案归档，增加了科技工作者的工作量，引起他们的反感。事实上，现代科技生产过程中形成的大量电子档案（如视频、多媒体文件、三维设计图、数据库等）是根本无法打印的。即使是将能打印的电子档案打印出来，其纸张数量和体积惊人，也缺乏人力和库房管理。三是重结果档案轻过程档案。受"档案凭证观"影响，在科技档案工作中，各单位往往十分重视对科技生产、管理中依据性文件（如科研项目的申报书、任务书、合同书等）和结果性文件（如科研项目的结项申请书、结项批准书、最终工作报告、最终研究报告等）的收集归档；而忽视对过程性文件（如科研工作日志、阶段报告、进展报告、实验数据、数据计算中间性材料等）的收集归档。其实，档案不仅是凭证，也是信息、知识。过程性档案记录了科学研究的思路、步骤、方法，包含了科技创新的经验和教训，是极其重要的信息和知识资源。四是档案法制观念淡薄。大部分科技工作者或担心自己的知识产权被他人侵害，或企图将职务发明技术成果据为己有。为此，他们在科研项目完成之后，将科研项目的核心内容，如实验方法、实验数据、工艺参数、关键设计图纸、技术诀窍等留在手

❶ 毕建新,褚怡春,高翔,杨永华.有关科学基金项目档案管理的思考与建议[J].中国科学基金,2015,29(03):207-212.

❷ 徐拥军,张斌.我国科技档案管理体制机制的现存问题[J].档案学研究,2016(02):14-21.

中，不愿意提供出来或者有意提供虚假数据。而档案工作人员又缺乏相关领域的知识，无法有效确定归档文件材料的完整性和真实性。所以，过程性材料和核心技术材料都难以归档。

3.科技档案、项目档案管理法规标准缺失

综观我国科技档案管理规范，出台的关于科技档案管理的标准规范比较少，而科技计划项目档案管理方面的规范更是近乎空白。某些规范只是单列某一条，强调做好相关档案管理工作，或单纯从项目管理的角度出发，并没有具体的关于项目档案管理的规范和相关的要求及操作方法。这不仅拉低了科技档案工作水平，而且还在一定程度上影响了科技计划项目的开展与管理。

（1）专门的科技档案法规制度建设滞后。我国科技档案工作领域最重要的法律依据是《科学技术档案工作条例》。《科学技术档案工作条例》于1980年12月9日经国务院批准，由国家经委、国家建委、国家科委和国家档案局发布，属于行政法规。现在过去三十多年，科技档案工作的内外环境发生了巨大变化，内容存在许多不合适、不合理之处，需要进行修订。但是，据国家档案局法规政策司有关负责同志介绍，《科学技术档案工作条例》近期内没有修订计划，因为修订后，很难提到经国务院批准达到行政法规的层次。国家自然科学基金委员会办公厅同志介绍，国家自然科学基金委员会有意制定《国家自然科学基金档案管理办法》，但由于国家层面的《科学技术档案工作条例》没有修订，所以此办法一直无法出台。除《科学技术档案工作条例》之外，其他与科技档案管理紧密的部门规章、规范性文件，如《科学技术研究档案管理暂行规定》（国档发〔1987〕6号）、《开发利用科学技术档案信息资源暂行办法》（1988年财政部、国家档案局发布）、《开发利用科技档案所创经济效益计算方法的规定（试行）》（1994年国家档案局发布），也大都颁布时间久远，亟待修订。值得注意的是，由于"科技档案"概念的淡化，自1994年以后国家档案局再未出台任何专门针对科技档案（题名中包括"科技档案"或"科学技术档案"）的法规制度。尽管近年来国家档案局和相关部门陆续出台一系列有关企业档案（其主要组成部分是科技档案）、工程建设档案（科技档案中一大类）

的法规制度，但专门针对党政机关和事业单位的科技档案或科研项目档案的法规制度少之又少。科技部有10个国家级科技计划，每年国家投入巨资资助成千上万的各类科研项目，但至今没有一部《国家科技计划项目档案管理办法》。国家自然科学基金每年投入200多亿元、资助3万多项科研课题，但至今没有出台一部《国家自然科学基金项目档案管理办法》。此外，作为科技档案法规制度上位层次的档案法规制度也未健全。近年来，许多基层档案部门工作人员呼吁，尽快再次修订1996年修订的《中华人民共和国档案法》（以下简称《档案法》），一方面提高档案违法行为的处罚效力，另一方面适应电子档案兴起的要求。但是，由于各种原因，《档案法》修订一直未能取得实质性进展。

（2）没有纳入现有的科技管理法规体系之中。首先是针对科技计划项目管理方面的规范，这类规范从科技项目管理角度出发，重点在管理科技项目。如2001年国家科技部出台实施了《国家科技计划管理暂行规定》和《国家科技计划项目管理暂行办法》，2003年国家科技部发布了《关于加强国家科技计划成果管理暂行规定》，2004年国家科技部发布了《关于在国家科技计划管理中建立信用管理制度的决定》等，这一类项目管理规章和规范的专门和针对性相对弱化，在科技计划管理领域内具有普遍指导意义。同样分析可以发现，这类规范中存在单列的某一条强调做好相关档案管理工作，但不涉及具体档案管理方法和要求。其次是针对某一具体的科技计划项目管理的规范，这类规范主要是各种具体科技项目的管理规范，但也是从项目管理的角度出发，并没有完整的项目产生档案如何管理的规范。如潘世萍所言："在《国家科技计划项目管理暂行办法》和各计划项目的管理办法中，大多没有出现与项目档案管理相配套的条款，其结果是致使相应的档案法规形同虚设，各项项目档案管理的要求无法得到真正的落实。"

（3）科技档案管理标准不健全不协调。目前我国专门针对科技档案管理的国家标准、行业标准较少，远远没有涵盖科技档案管理的各个环节（尤其是长期保存、开发利用环节），没有涵盖各行各类的科技档案管理（目前仅建筑、核电两个行业的标准较多）。在科研项目档案管理方面，仅有的一个国家标准

《科学技术研究课题档案管理规范》（DA/T2-92）还是1992年制定的。中国科学院2006年制定了《中国科学院科研课题档案建档规范》，其他一些单位也制定了自己的类似的单位或行业标准，而这些标准之间又互不统一。国家自然科学基金委员会工作人员认为，标准缺失使得科技档案管理无规可循；而标准不统一又给科技档案的接收、整理（尤其是电子档案的接收）带来极大的麻烦。标准的不健全和不协调，也给科技档案资源的整合共享造成巨大障碍。

4. 现有体制中的领导关系弱化

管理体制的核心就是确定领导关系及组织体系，但从项目档案工作的现状看，恰恰是这个最重要的因素出现了"虚位"。从"条块"体制看，项目档案管理的领导主体是专业主管机关，其完全建立在行政隶属关系的基础上，经济体制改革后，"条块"体制赖以生存的行政领导关系逐步被削弱甚至消除，专业"领导"的作用范围已十分有限了。从科研档案管理体制看，其中仅规定了各级档案管理部门和科技行政管理部门对科研档案工作负有检查职责，其管理力度同"条块"体制的规定相比被弱化了许多，特别是1998年机构改革中，原管理科技档案工作的国家科技信息司被撤销，造成档案管理部门"孤掌难鸣"，"科研档案管理"体制也已名存实亡。薛四新博士[1]也反映，除了国防科工委对军工科研项目档案管理进行检查验收外，无论是国家档案局或北京市档案局，还是教育部，都从未对清华大学的档案工作进行过指导、监督和检查。国家自然科学基金委员会到依托单位（项目承担单位）调研时发现，一些小单位基本没有档案工作，但国家自然科学基金委员会对此并没有（无权）采取一定的约束措施。

5. 运行机制没有充分发挥作用

运行机制是指管理体制的实现方式。如果说体制决定"谁""做什么"的话，那么机制则是进一步决定"如何做"。就项目档案的管理而言，没有建立起有效的运行机制，"三纳入""四参加""四同步"未有效落实。早在20世纪60年，我国科技档案工作者就在实践中总结出了"三纳入""四参加""四同

[1] 徐拥军,张斌.我国科技档案管理体制机制的现存问题[J].档案学研究,2016(02):14-21.

步"制度。这一制度是被实践检验行之有效的，而且被《科学技术档案工作条例》《科学技术研究档案管理暂行规定》《国有企业文件材料归档办法》等法规规章确定的制度。但是，在课题组的调研中发现，一些基层单位反映由于档案部门在本单位中话语权弱，现在"三纳入""四参加""四同步"制度并没有很好地贯彻执行。根据薛四新博士❶2010年的调查，84.62%的高校科研项目结题、鉴定、验收、评审阶段没有档案馆（室）人员参加；86.82%的高校档案馆对科研项目进展中的文件管理并没有进行跟踪、指导、积累（院系兼职档案员只是事后催要）。许多高校的科研项目档案管理制度很健全，"三纳入""四参加""四同步"也是很好的制度，但这些制度都没有落实执行。在科学研究领域，科研项目档案验收制度未得到有效执行。科技部主管的10个国家科技计划，以及国家自然科学基金等重要科研项目在进行验收时，只注重最终研究成果的验收、财务审计验收，没有将档案验收纳入项目验收范畴，从而无法对项目承担单位的科研项目档案管理进行真正有效的监管。某知名高校档案馆工作人员介绍，除了国防科工局严格执行科研项目档案验收之外，仅教育部曾于2013年、2014年到该校进行过两次科研项目档案验收，且都没有通过；而该校每年承担数量众多的重大科研项目，都没有开展科研项目档案验收。正如张爱霞、沈玉兰所言，《国家科技计划管理暂行规定》《国家科技计划项目管理暂行办法》"没有对科技计划项目档案提出明确、具体的要求，在项目合同文本中没有相应的归档条款；没有将档案验收纳入项目验收环节；在计划项目各阶段的鉴定评估中，缺少对项目档案的同步检查和监督，在项目验收中，几乎没有档案专业人员进行档案专项验收或参与验收。"地方的科研项目档案管理制度亦是如此。例如，《北京市科技计划项目管理办法》虽然对项目管理性档案提出了要求，但对于项目研发过程中形成的技术性档案并没有提出明确的管理要求，也没有作为项目验收的一个必要条件。

6.科技档案管理人才队伍建设落后

（1）科技档案管理人员不足。根据《高等学校档案管理办法》规定："国

---

❶ 徐拥军,张斌.我国科技档案管理体制机制的现存问题[J].档案学研究,2016(02):14-21.

务院教育行政部门主管全国高校档案工作。省、自治区、直辖市人民政府教育
行政部门主管本行政区域内高校档案工作。"但在实际工作中，各级教育行政
部门仅在办公厅（室）设1~2人专职或兼职负责档案工作，根本无力开展对
下属高校科技档案工作的监督管理。某基金委员会目前保存了10万多卷科研
项目档案，而且每年要新增3万个项目的档案，但只有1个人的档案管理编制。
由于科研任务来源多元化（科研项目种类繁多）、跨组织协作性研究增加、科
研工作信息化、科研周期加长，科技档案管理复杂度增加，任务量增多，但科
技档案管理人员却在减少。

（2）科技档案人才队伍无保障。长期以来，由于我国没有建立档案职业资
格制度，没有设立档案职业准入门槛，档案岗位往往是各单位安排"老"
"弱""病""残"职工和关系户的首要选择。近年来，这一现象虽有改观，
但由于岗位薪酬低、缺乏职业上升通道，科技档案管理队伍仍是整体素质偏
低。例如，某中央科研单位给档案馆专门配备了23个事业编制。但问题是人
才进来后却留不住，档案人员几年内纷纷"跳槽"。其主要原因是档案人员
难以走职称道路，只能走职员道路，职业通道很窄。同样的毕业生，三五年
后，档案学专业的毕业生可能还停留在原来的位置，但别的专业学生却已经
升了很多级了，这样就会出现问题，档案职业道路走不通，从而影响了科技档
案人才队伍的稳定。

（3）科技档案人员知识结构的欠缺。档案管理在高校培养序列中，长期以
来归属文科专业，在学科构成和知识体系中缺少信息管理、信息技术相关专业
知识学习，导致档案专业人员，在资源整合、资源利用中缺少必要的知识储
配，服务能力有限，不能满足档案作为信息资源的管理需求。

5.2　依托单位问卷调研

为了解各科学基金依托单位项目档案的实际管理情况，本研究对参加
2015年科学基金管理年会的各依托单位（主要为各片区片长单位）发放调查
问卷190份，回收178份，有效问卷159份，统计见表5-2。

表5-2　问卷统计

分类	问题	填答表述	辅助说明
档案管理重视情况	科研处长是否第一责任人	是，74.8%	
	是否制定科研档案管理细则	是，68.6%	
	管理细则的制定部门	档案管理部门，42.8% 科研管理部门，28.3%	
	结题需出具档案完备证明	是，46.5%	
档案管理情况	档案完整归档	是，93.1%	
	纸质电子双套管理	是，52.8%	
	档案移交档案馆	是，79.2%， 1年50.9% 不定期的24.5%	
	电子与纸质是否同步移交	纸质与电子同步，28.9% 仅纸质，52.2%	
	档案归档有专门原始记录条文	是，44.7%	
	负责归档部门	科研部门，83.6% 课题组14.5% 院系4.4%	
	各类项目归档	全部归档，79.2%	部分归档20.8%（按资助金额）
	归档材料齐全	是，86.8%	
	归档材料真实性	是，98.1%	
	确有原始记录归档	确有原始记录归档，65.4%	
	原始记录归档部门	课题组归档，33.3% 科研部门归档，32.1% 院系归档，3.8%	在65.4%的归档对象中
	科学基金项目电子材料归档	低于79.2%	计划书、结题报告各79.2% 申请书73.0% 进展报告66.7% 项目变更审批手续57.9% 执行往来文件50.9% 原始记录25.8%

续表

分类	问题	填答表述	辅助说明
技术支持	学校有专门科研档案管理系统	是，35.2%	
	系统对原始记录的归档支持	能对原始记录归档，19.5% 不能对原始记录归档，15.2% 64.8%跳过此问题	

由于调研对象为参加管理年会的片长单位，所以就高校来说大部分为"211"、"985"院校等高水准院校或者就有较大规模的科研院所，本研究因其规模、科研能力，认为其代表具有较高科研管理及档案管理能力。

1.从统计结果来看

（1）依托单位对基金项目档案管理较为重视，但与项目验收衔接不够紧密。依托单位基金项目档案归档的主要负责部门是科研处，第一责任人是科研处长（科研院长）占比为74.8%。大部分依托单位制定有科研档案管理细则（占比68.6%），在制定有细则的单位中有72.4%的细则是档案管理部门制定，这表明依托单位在实践具体的项目档案工作中有2/3的单位具有较为明确的规章标准，且档案部门在其中发挥了较好的专业指导作用。仅有46.5%的单位在项目结题时需出具档案完备证明，表明项目档案的验收工作执行不好，与项目验收衔接不够紧密。

（2）档案管理基本完整、真实，但电子档案归档率较低。基金项目档案完整归档率为93.1%，归档材料齐全占86.8%，归档材料真实占98.1%，且52.8%是纸质和电子双套管理，可见完整、真实、准确在项目档案管理中比较好。

（3）从保存来看，79.2%的单位移交单位档案馆，50.9%的单位每年移交一次，24.5%的单位移交时间不固定；纸质和电子版档案同步移交的占28.9%。表明大部分单位移交档案部门统一保管，但对电子档案移交管理较少。44.7%有针对原始记录的条文，有原始记录归档的占65.4%，原始记录由课题组归档的占33.3%，科研处归档的占32.1%，由院系级或其他归档的合计5.1%，可见原始记录归档情况不够理想。

（4）项目档案83.6%由科研管理部门归档，各类项目全部归档的占

79.2%，有些院校对资助经费在一定金额之上的项目档案给予归档。

（5）从电子材料归档情况来看，占比最高的是计划书、结题报告各占79.2%，其后依次为申请书73.0%、进展报告66.7%、项目变更文件57.9%、执行往来文件50.9%、原始记录25.8%，可见电子文件归档以管理文件为主。

（6）技术支持情况。据了解大部分学校有档案管理系统，35.2%的学校有科研档案管理系统。系统支持原始记录归档的占19.5%，不支持的占15.2%，64.8%跳过此问题，说明问题本身比较含糊，不足以支持调研。

2.对调研结果做相关性分析并建立几组假设。

假设一：以科研管理机构负责人——科研处长、科研院长等（责任人）为科学基金项目档案管理的第一责任人，会对科学基金项目档案管理起到推动作用。比如与完整归档、材料齐全、真实性以及重要性（评奖、评级等需开具项目档案完整证明）呈现较高的正相关。

假设二：有相关的科研项目档案管理细则，会对科学基金项目档案完整归档、材料齐全、真实性以及重要性（评奖、评级等需开具项目档案完整证明）起到促进作用，即呈现较高的正相关。

假设三：既是科研管理机构负责人——科研处长、科研院长等为项目档案管理第一责任人又制定有管理细则，二者都完备的情况下对完整归档有促进作用。

假设四：细则中有原始记录归档的有关规定，能对原始记录归档实践起到促动作用。

假设五：移交档案馆有利于项目档案完整归档。

假设六：信息化水平（有档案管理平台系统）对各类型文件的归档有促进作用。

利用SPSS软件做相关性分析，结果见表5-3~5-8。

表5-3 档案管理第一责任人与档案质量关系分析

	皮尔逊相关	完整归档	材料齐全	材料真实性	证明材料
责任人	P	0.378	0.492	0.744	0.040*
	R	0.07	−0.055	0.026	0.163

*P<0.0

表5-4　管理细则与档案质量关系分析

	皮尔逊相关	完整归档	材料齐全	材料真实性	证明材料
管理细则	P	0.088	0.484	0.239	0.000
	R	0.136	0.056	−0.094	0.279**

**P<0.01

表5-5　第一责任人与细则制定和完整归档关系相关分析

	皮尔逊相关	制定细则	完整归档
处长责任人	P	0.000	0.384
	R	1.000**	0.089
制定细则	P	—	0.384
	R	—	0.089

**P<0.01

表5-6　原始记录规定与原始记录保存情况关系相关分析

皮尔逊相关	分析值
P	0.000
R	0.317**

**P<0.01

表5-7　移交档案馆与完整归档的关系相关分析

皮尔逊相关	分析值
P	0.829
R	−0.017

表5-8　专门的管理系统及归档内容情况关系相关分析

	皮尔逊相关	专门管理系统	申请书	计划书	进展报告	结题报告	变更手续	重要文件	原始记录
申请书	P	0.671							
	R	0.034							
计划书	P	0.286	0.000						
	R	0.085	0.806**						

续表

皮尔逊相关		专门管理系统	申请书	计划书	进展报告	结题报告	变更手续	重要文件	原始记录
进展报告	P	0.560	0.000	0.000					
	R	0.047	0.651**	0.691**					
结题报告	P	0.510	0.000	0.000	0.000				
	R	0.053	0.806**	0.885**	0.724**				
变更手续	P	0.010	0.000	0.000	0.000	0.000			
	R	0.203*	0.541**	0.537**	0.450**	0.505**			
重要文件	P	0.005	0.000	0.000	0.000	0.000	0.000		
	R	0.223**	0.451**	0.490**	0.400**	0.428**	0.640**		
原始记录	P	0.004	0.004	0.001	0.000	0.000	0.000	0.000	
	R	0.228**	0.229**	0.266**	0.295**	0.302**	0.299**	0.377**	
其他	P	0.331	0.067	0.014	0.018	0.064	0.002	0.001	0.001
	R	0.078	0.146	0.194*	0.188*	0.147	0.247**	0.258**	.253**

*P<0.05；**为P<0.01

假设一基本不成立。从表5-3中可以看出，仅"成果证明"与"责任人"的"Pearson Correlation"（皮尔森相关性）为0.163，具有较弱正相关性，并且"显著性（双侧）"结果为0.04，小于0.05。而其他各项的相关性显著检验均无统计学意义，因此不具有相关性。故假设一基本不成立。科研部门负责人作为科研项目档案的第一责任人，对档案的完整性、齐备性、真实性，相关度不大。分析原因可能因为项目档案管理并没有因为权力领导的介入，实现管理质量的明显提升，所以具有一定相关性的"成果证明"，不足以支持机构负责人作为第一责任人对科研项目档案管理的实际推动作用。

假设二基本不成立。从表5-4中可以看出，仅"成果证明"与"管理细则"的"Pearson Correlation"为0.279，具有较弱正相关性，"显著性（双侧）"结果为0.000，小于0.01。而其他各项的相关性显著检验均无统计学意义，因此不具有相关性。可见是否具有项目档案管理细则与档案的完整性、齐备性、真实性，相关性不大，是否制定有相关规定对项目档案管理质量不紧密相关。但"管理细则"和"成果证明"的密切相关，值得进一步调研分析。

假设三基本不成立。由表5-5可以看出，无论是负责人还是管理细则与完整归档的相关性显著检验均大于0.05，无统计学意义，也就是没有相关性。但是负责人与管理细则密切相关，相关系数为1，且假设检验也具有统计学意义。分析发现有明确的档案管理第一责任人和有档案管理细则具有同向相关性，即一方面有明确的责任人，有利于关注档案管理工作，制定档案管理细则，规范相应管理；另一方面有管理细则，通过制定细则，捋顺权责关系，明确档案管理第一责任人。

假设四成立：从表5-6中可以看出，"原始条文"与"原始记录"的皮尔森相关性为0.317，具有正相关性，"显著性（双侧）"结果为0.000，小于0.01具有显著相关。管理细则中有原始记录归档的有关规定，能对原始记录归档实践起到促动作用，即对档案管理具有一定意义。

假设五不成立：不相关。由表5-8可以看出，项目档案完整性与移交档案馆的相关性分析的假设检验大于0.05，无统计学意义，不具有相关性。因此是否移交档案馆对项目档案完整性影响不大。

假设六部分成立。由表5-8可以看到，管理系统与"变更手续""重要文件""原始记录"有正相关性"Pearson Correlation"（皮尔森相关性）分别为0.203、0.223和0.228，"显著性（双侧）"结果为.010 0.005、0.004和0.000，一个相关，两个显著相关。对申请书、计划书、进展报告、结题报告相关度不大，也许与调研结果中，这四类档案长期以来以纸质形式保存归档，对信息系统依赖不大有关。同时申请书、计划书、进展报告、结题报告、变更手续、重要文件、原始记录都具有正向紧密相关性，一定程度上能够反映，项目档案管理的文件类型基本完备。

以上分析表明，是否第一责任人，是否有制度只是前提，真正的履行职责、依规管理、完善监督更是项目档案管理完整与规范的重点。

5.3　依托单位实地调研及专家访谈

课题组针对部分依托单位的科研管理机构、档案管理机构开展调研，重点调研了北京大学、清华大学、中国人民大学、中南大学、湖南大学、东南大学、南京大学、黑龙江大学、牡丹江医学院、中科院高能所等依托单位；同时，调研了上游主管机构如中科院档案馆、中央档案馆等。对依托单位的基金项目档案管理实际开展实地调研及座谈和专家访谈。通过重点了解基金项目档案管理实际过程，对照上游机构的要求，分析其中运行体制、机制、效果及有待解决和完善的问题，并对部分代表性机构开展案例研究。

5.3.1 立卷

《高等学校档案管理办法》第十六条规定："高等学校实行档案材料形成单位、课题组立卷的归档制度"；"立卷人应当按照纸质文件材料和电子文件材料的自然形成规律，对文件材料系统整理组卷……交本部门负责档案工作的人员检查合格后向高校档案机构移交"。《中科院科研课题档案建档规范》中规定："课题组长负责项目档案的建档工作。"根据调研，目前依托单位立卷大体可分为四种情况。

（1）依托单位科研管理部门立卷，这也是大部分依托单位的做法，依托单位科研管理部门按照科技档案成套性的要求，为每个立项项目建立一个案卷，将每个项目的全过程管理中产生的相关文件，如申请书、计划书、相关变更文件、结题报告等插入其中。

（2）课题组立卷制度，依托单位将立卷的职责交给课题组，由项目负责人负责立卷。如解放军理工大学、中科院系统依托单位等，都采用这种做法。以中科院南京土壤所为例，实行文件材料形成部门和课题组立卷的制度。"由课题组长布置科研课题建档工作，制定兼职档案员。在课题结束后组织立卷归档工作，做到归档质量符合《中科院科研课题档案建档规范》的要求，并提出科研课题档案整体鉴定级别以及案卷保管期限和密级，填写科研课题档案归档说明书。"

（3）二级单位立卷制度，比较典型的是上海交通大学，《上海交通大学档案年度归档工作指南》对院系档案工作岗位职责做出了规定，要"宣传教育科研教师做好科研项目文件材料的积累工作并及时向本院（系）科研办移交，不断增强科研教师的档案意识";"督促本院（系）科研办及其兼职档案人员在项目课题组鉴定（验收）或结题后二个月内完成科研项目文件材料向学校档案部门移交归档";"定期检查本院（系）重大科研项目和国防军工项目课题组文件材料的安全保密和项目文件材料立卷保管情况，并针对问题及时提出整改措施，确保项目研究的保密安全和归档文件材料的完整性、准确性和系统性"❶。

（4）也有一部分依托单位对于项目档案不够重视，虽然有相关的档案管理制度，但是没有真正规范的立卷建档。如某大学科研管理部门不仅是科学基金，其他各类科技项目都没有开展规范的立卷建档工作。原因是《某大学档案管理条例》中规定："学校实行档案材料形成单位、课题组立卷的归档制度";"立卷整理人应当按照纸质文件材料和电子文件材料的自然形成规律，对文件材料系统整理组卷，编制页号或者件号，制作卷内文件目录或归档文件目录，交本部门、本单位分管档案工作领导检查合格并签字后向学校档案馆移交";"科研课题和基建项目在鉴定、结题（项）和竣工验收前，必须对文件材料进行系统整理，通过档案验收。项目验收后必须完成归档移交工作"。但是，科研管理部门认为，学校实行的是课题组立卷的归档制度，相关管理条例中未规定科研管理部门的责任，因此，就将基金委返回的计划书等文件发放给项目负责人。而学校档案馆由于历史和客观原因，无法做到对每位项目负责人进行项目档案的立卷指导，因此，多年来，该校所有科技项目档案都未能得到妥善的归档保存。此外，据了解其他个别依托单位的项目档案也存在类似情况。

5.3.2　归档组卷情况

组卷主要分三种情况：第一种是按年度，按文件类型组卷。各年度的申请书、中期审核、结题报告等分别归档如湖南大学、中国人民大学。即一个项目有多个档号，按照《科学技术研究档案管理暂行规定》，周期较长的可以分段归档，文件较多，科研处没有空间及人力进行管理，所以逐年文件形成哪一类文件即移交档案馆归档哪些文件。第二种是按项目一项一卷组卷归档，如牡丹

---

❶上海交通大学档案年度归档工作指南[EB/OL].[2016-02-13].http://archives.sjtu.edu.cn/platformData/infoplat/pub/shjadag_12/docs/201003/d_78003.html

江医学院。第三种是以中南大学为代表的年度立卷，申请书按项目组卷，批文（批准通知书）集中组卷、结题报告单独一项一卷、结题通知书集中组卷。批文集中，报告就每个单独项目单独成卷。中期检查没归。专利和获奖证书没归。可见，各依托单位是根据各自的项目多少，存放能力，管理能力等特点，形成各自的组卷特点，总之，借助档案管理系统的目录管理，能够较为便捷的完成档案查找等工作。

5.3.3 成套性和完整性

调研发现，多家单位都是科研处按照档案部门的立卷范围和保管时间整理，立卷。档案馆负责分编、审校、保管、借阅等工作。档案部门从人员配备（如清华档案馆科研档案管理人员为1人）及精力上不具备对提交的各类科研项目档案完成细致审核验收工作的条件，仅仅是科技处交什么就收什么，在利用过程中如发现问题，再采取补救措施，故一定程度上存在档案缺件不完整的情况。

尤其是原始记录的归档。部分科研工作者出于对知识产权、成果早期外漏等的担忧以及档案意识的薄弱，不愿意对原始记录归档，据调研大部分依托单位很难对科研原始记录归档，有些年代较远的原始记录，作为历史资料被归档，如北京大学2000年前手写的实验记录本作为历史数据有归档，人工合成牛胰岛素的实验记录本在档案馆作为历史记录归档，著名专家湘雅的科研原始记录，被作为人物档案收上来。中国人民大学、湖南大学实验过程记录基本不移交。南京大学在科研档案管理细则中规定，项目申请书、计划书、进展报告与结题报告必须归档并保存于档案部门，而原始记录则在"逻辑"上进行归档，保存地址则在"课题组"❶。而实际上，对于不熟悉档案管理规范的课题组而言，根本无法做到原始记录的长久规范保存。客观上由于项目组与档案管理人员之间的信息不对称，档案人员对项目不了解，不能对项目的原始记录做出要求，项目组对档案管理的具体规定也不是特别清晰，不会主动完

---

❶南京大学科学研究档案管理办法[EB/OL].[2014-10-16],http://dawww.nju.edu.cn/pub/?fpub=1&fid=27&id=20.

成记录归档。

　　项目档案的完整性是指围绕一个基金项目执行全过程中形成的有保存价值的全套科技文件材料，并真实记载反映了基金科研活动的全过程和成果。原始记录是项目档案材料整体中不可分割的一部分，首先，它是研究试验阶段活动的伴生物，与基金项目各阶段产生的科技文件材料之间存在着固有的承上启下的联系，这种自然的有机联系，客观的决定了原始记录必须纳入项目档案的收集归档范围；其次，原始记录往往是科技成果的直接反映，即它包含了科技成果的关键技术和技术配方、数据。从维护依托单位科技成果和知识产权的角度出发，原始记录应及时归档；再次，如前所述，国家及部门科研管理以及档案管理多项法规也已明确提出课题组、科研项目负责人，参与人原始记录归档的明确要求，甚至对依托单位、基金管理部门查看原始记录等也做出明确规定。有案例表明，当研究成果受到质疑时，原始记录将被用于证明研究方法与研究过程的科学，以及研究成果的真实❶。

5.3.4　数字档案管理工作

　　2002年以来，国家档案局在先后发布的《全国档案信息化建设实施纲要》和《档案事业发展"十一五"规划》中提出，建立一批电子文件中心和数字档案馆，实现档案信息资源社会共享。随后，下发了一批指导性文件，并在"十二五"规划中，进一步提出要"加快数字档案馆建设步伐"。与我国档案工作发展的客观实际相一致，依托单位的项目档案数字化工作还处于起步阶段，同时各类依托单位发展也不够不平衡。如东南大学能够实现文档一体化，即依托文件管理系统与档案管理系统的接口，实现文书文件的实时归档，但是科研文件的底层系统与档案系统没有接口，所以科研电子档案未归档；湖大的科研档案从2013年开始数字化工作，2013—2015年投入50万元经费，借助部分业务外包，与专业公司合作，目前部分项目档案完成数字化，可以实现全文检索；

---

❶ How bad science misled chronic fatigue syndrome patients[EB/OL].（2016-09-21)[2017-1-16] https://www. statnews. com / 2016 / 09 / 21 / chronic-fatigue-syndrome-pace-trial/? s_campaign=tw&utm_content=buffer6599c&utm_medium=social&utm_source=twitter.com&utm_campaign=buffer

中南大学2006年开始档案的数字化，由图书馆的副馆长出任档案馆的馆长。目前档案馆进入第二代数字档案馆建设阶段，经费较为充足，得到学校的重视，档案馆馆员兼任档案专业在信息学院（档案信息化方向）硕士生导师（2人），服务平台使用情况1万余/年人次。中国人民大学是2014年4月1日办公系统开始使用，但是和档案系统无接口；数字档案保存在科技处，档案馆只保留纸质档案，有专门的档案管理系统，可以实现目录检索，但是没有全文。成果如果有电子版会移交，管理性文件的电子版等在科研处；即使是电子的也要转化为纸质的归档，电子如果归档，须在目录处做链接。北京大学的照片电子版在档案馆归档。

5.3.5 利用

各依托单位的科研档案仅限于本单位内部利用，一般自己的研究团队利用多，主要为管理文件和研究成果。除了论文公开外，研究报告等不公开，不供学生利用，仅供教工利用。如中国人民大学、湖南大学。中南大学可以实现网上申请、远程传递，但目前主要应用于学籍档案，科研档案未使用。中南大学的利用管理是立卷部门可以无条件地使用自己的档案，其他部门需要进行审批。挂了名字的是可以用的，如果没有名字，要项目负责人授权，学院盖公章才可以使用。在科研档案领域，关于利用的管理意识中，归档的目的主要还是备考与备查，尤其认为原始记录具有保密性，更不能随意利用。

5.3.6 档案意识

多家高校反馈，在档案管理工作中，成绩档案管理是需求较高的档案工作，其中包括给学生做出国翻译，科研项目档案管理仅是重点工作之一，科研项目档案的利用主要用于评奖和晋职等的证明作用。

目前，在档案行业行政监管不足与行政执法力度不大的客观环境下，依托单位领导的重视程度一定程度上直接影响项目档案的管理质量与管理效果。据某大学档案馆负责科研档案的老师介绍，该大学社科项目和自然科学项目分属不同的科研部管理，有两个处长分别管理。社科处处长对科研档案较为重视，兼职档案员在管理中也比较敬业，对相关法规执行到位，各类档案基本保障完整、准确、真实、系统并按时移交档案馆。相比较科技类档案，由于分管处长不重视，对兼职档案员也没有监督，虽经档案馆人员多次在不同层面（领导会议层面及私下交流）督促移交，但目前移交的科技档案项目仍旧较少，缺失现象比较普遍。

另外，各档案馆不同程度存在人员有限，档案多样，工作内容繁杂的问题。比如北大档案馆面向全院88个单位开展文书、学籍、基建等各类档案的收集与管理工作，但仅有工作人员11人，设收集、管理利用、技术编研三个岗位；人大档案馆也仅有工作人员12人，中科院高能所档案室有工作人员3.5人（一人兼职）。

5.4　典型案例

5.4.1　中南大学科研项目档案管理

中南大学为直属教育部的全国重点大学，中南大学档案工作由学校档案工作委员会统一领导，各院、系、部、处建立档案工作小组，形成全校档案工作网络。中南大学2015年1月成立中南大学档案技术研究所，挂靠档案馆❶，有档案学硕士点，其中档案馆有2个硕士研究生导师，有高级职称18人。

1.科研档案管理

据档案质量部主任介绍，科研档案划分为5类，分别为：KY11科研部的管理文献、KY12专利（现有月300多项专利）、KY13证书、奖励（主要是国家及省部级奖励）、KY14项目（审批、结题等文件。纵向100万，横向10万以上资助经费的存档）、KY15成果的推广应用。科研档案目前已纸质档案为主。审批材料、结题材料等管理材料由科研部按年度立卷。申请书按项目组卷，批文（批准通知书）集中组卷、结题报告单独一项一卷、结题通知书集中组卷。

❶ 中南大学档案技术研究所.中南大学档案技术研究所2015年1月19日正式成立-中南大学档案馆[DB/OL].(2015-04-24)[2016-08-19].http://dag.csu.edu.cn/info/1014/1097.htm.

批文集中，报告如果比较厚就单独每项目成卷，1月30日之间定期归档。档案系统和个别学院实现对接（如网络学院），可以实现电子文件的自动归档（但目前主要是学生成绩的对接管理）

2.依托档案信息化和数字档案馆建设，管理与服务能力较强

据中南大学档案馆技术部向主任介绍，中南大学重视情况档案信息化建设，近三年来档案数字化建设经费年超过100万元。2006年开始档案数字化工作，大致经历了两个阶段的数字档案馆时期。第一代数字档案馆特点是集成化的环境，集成业务系统，档案工作是管理工作的末端环节，履行行政管理职能。系统设有门户网站，提供在线服务平台，支持档案全文检索，提供用户利用。第二代数字档案馆在大数据的理念下，突出主动服务，对全体文件的形成人员、立卷人员的文件组织、归档等工作进行督促与监督。向主任认为数字档案馆的第三代应能实现实时抓取，是全社会信息化的产物。目前中南大学数字档案馆建设处于第二代。

通过中南大学网站"校直属单位"可进入"档案馆"主页。主页上显著设有服务大厅、数字档案馆业务管理平台等模块，设有"档案服务""业务指导""法规标准"等专栏，能够提供较为便利的业务指导和业务服务。中南大学档案信息网目前的月访问量在1万人次左右，在高校档案系统乃至整个档案行业属中上水平。网页中无效链接和死链接情况较少[1]，如图5-1，图5-2所示。

图5-1　档案信息网

图5-2　业务管理平台

中南大学网站上可以通过"档案馆"按钮进入"数字档案馆业务管理平台"。平台提供在线远程访问、业务集成管理等功能。

---

[1]刘华英.高校档案网站建设浅析——以中南大学档案信息网站为例[J].办公室业务,2014,(17):39-40.

3.科研部基金项目档案管理

据科研部基金项目管理人员欧阳俊介绍，科研部将档案分为专利、奖励、科研三类，基金管理档案可以从ISIS系统下载存档，不需个人提交。由于科研部工作人员有限，为管理好基金项目档案，特设置专门的学生归档管理基金档案，并设置一个专门的库房存放，每年定期归档到档案馆。借助"数字档案馆业务管理平台"可以远程检索、访问档案。学校为便于科研等信息利用，建立了项目库、人才库、成果库。

2012年之后重视原始记录归档。有原始记录归档的模板，比如：项目执行过程中测试、计算或检测结果的复印件；项目执行过程中或实验执行过程中的照片记录、软件（截屏）、数学的草稿纸等，在项目结题的时候检查原始记录，并将核心内容交科研部留底备查。成册的一册一档，单页的编号入档。2012年以后的结题项目大都有原始记录（个别院系如数学、商学院，国际合作等没有原始记录），如果没有要有证明材料，同时院系盖章确认。

4.科研档案利用

原则上，科研档案不是保密都对外开放，但是在实际管理中很大程度上取决于档案馆领导的态度。目前，中南大学是立卷部门可以无条件地使用自己的档案，其他部门需要审批。科研团队成员可以使用自己团队的档案，如果不是团队成员需要项目负责人授权，学院盖公章才可以使用。总体来看，项目档案利用率不高，主要用于晋职、评奖等用途。

5.依托信息网开展业务指导与规范

在档案信息网"业务指导"专栏下，有明确的分部门指导文件，包括"归档范围""归档细则""操作培训""技术指导"。在归档细则中，把科研项目（课题）各个阶段形成的不同载体的文件材料，特别是研究实验阶段形成的作为研究结果依据的原始材料，取得负结果或因故中断的重要课题的科研文件材料作为归档的主要内容和重点，同时明确列出不归档的文件材料。

科研文件材料的部门立卷与归档流程中明确了立卷与归档的主要责任人与责任机构，并明确："鉴定验收后两月之内归档"；"课题组长在制订和讨论工作计划安排时，向课题组成员布置平时积累科研文件材料的任务和方法，并指定专人作兼职档案员"；"坚持实行科研文件材料形成部门和课题组立卷制度。课题结束后，由本课题组负责人主持立卷。兼职档案员将形成与积累的全部文件材料按要求与课题组的业务性文件汇总整理成卷"；"科研管理部门负责管理性文件归档，各课题组直接向档案部门归档"；"重大科研项目的鉴定、评审工作必须有学校档案部门参加"❶。

6.存在的主要问题

据档案质量部主任介绍，虽然有明确的规章制度要求，但也存在执行不到位的问题。其一、档案部门的管理重点仍然是学生档案，对科研档案没有能力对接到每个课题组；其二、科研档案仍然以行政管理类档案为主，中期检查文件未归档；其三、课题组和科研人员的档案意识不强，档案管理部门与科研管理部门的监管能力有限。档案和课题组、科研人员的切身利益关系不大。

5.4.2 中科院高能物理所

据中科院高能物理所（以下简称高能所）档案室王勇涛介绍中科院项目管理重点是大科学工程项目。

1.主动服务，强化档案意识

研究所档案管理人员尽可能深入了解项目研究内容，经费预算等情况，在项目实施初期对项目档案归档范围、形式、重要性、课题组的职责提出要求，并且以讲座、研讨等形式充分与课题组达成共识。让科研人员明白，档案工作能够帮助科研人员实现过程管理。在提高科研人员档案意识的同时，规范档案工作，提高信任度。

2.制度管理

2010—2015年5年时间，共修订完成《高能所科研档案管理实施细则》《高能所重点实验室档案管理办法》等档案管理制度12个，使档案管理工作有章可循，逐渐实现规范化。

---

❶ 中南大学档案技术研究所.中南大学科研类档案归档细则-中南大学档案馆[DB/OL].(2015-05-08)[2017-01-11] http://dag.csu.edu.cn/info/1038/1491.htm.

3.档案工作管理流程●

档案人员既是服务者也是管理者，与科管人员、科研人员积极配合认真执行规章制度要求，形成自上而下，协同合作的良性档案管理机制（见图5-3）。

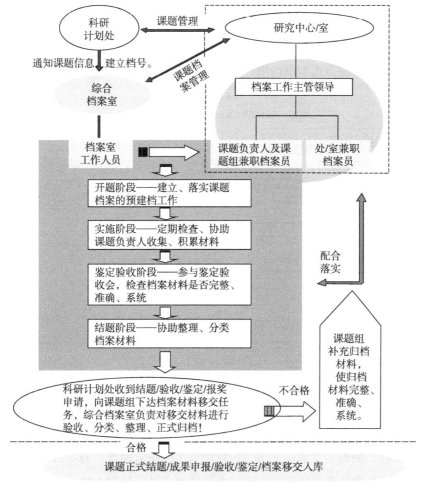

图5-3　科研项目（课题）档案工作管理流程

针对大科学工程项目周期长，文件类型复杂多样的特点建立预立卷，针对设计报告，提出对应的档案要求，制定细则和开展研究人员和兼职档案员培训，体现了基于文件连续体原则的对文件"前端控制"。在整个项目周期内对大项目保持持续关注，变坐等档案为主动服务。培训细化为专项培训、项目组

● 王勇涛.高能所综合档案室:重大项目档案工作的探索与实践[PPT].工作报告.

培训、兼职档案员培训等，每年对各项目组开展培训不少于12小时。

重视文件前端控制重，在立项后即下达建档任务，明确建档责任；全过程跟踪管理，帮助科研人员做好档案工作；严把质量监控对档案不合格项目不能结题、报奖等。

以合同条款明确约定外协单位的建档任务，加强外协单位建档工作管理，同时采用尾款控制方式加以约束，如图5-4所示。

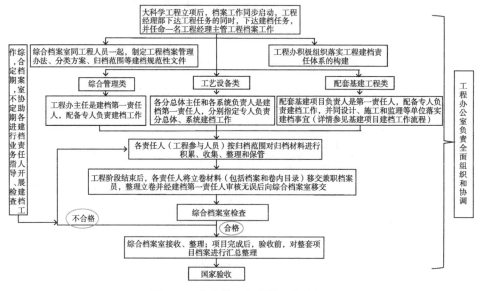

图5-4 大科学工程建档工作流程

4.组织机制

项目办负责档案工作的规划、组织、协调、控制；档案室负责档案工作的培训、管理、协助、立卷。在项目组设档案工作主管经理，各项目分组设兼职档案员保障档案任务落实到人。项目办、科研人员及档案人员协同合作闭环管理。在档案室内部实施分工合作的矩阵式人员管理，为解决人员少、任务重的矛盾，要求档案室每个人都是多面手、能适应多个岗位要求，按照宏观布局、逻辑分类，全程跟踪管理，分工协调、集中优势力量解决关键问题。档案室内部积极开展坚持例会制度，保持情况交流，使协调与合作切实可行；在外部谋求科技处、装置办、国资处、人力处的多方力量的合作，力求较好的完成档案工作。见图5-5。

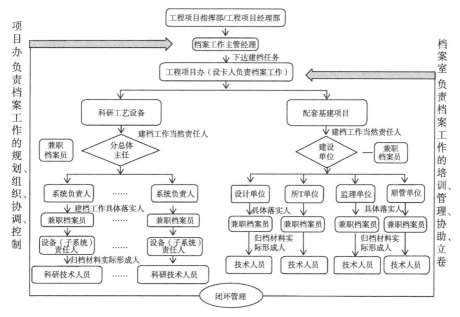

图5-5　档案管理责任体系

　　总之，在项目档案管理过程中，近年来科研人员的档案意识有所增强，档案管理工作得到了更多的理解和重视，档案人员也不断地提高自身素质，提高沟通协调及专业管理能力，扮演好档案工作的服务者和管理者的双重角色。科学的法规制度、有效的管理机制是框架、是监管也是激励。目前，高能所的档案管理囿于信息化条件等限制，主要还是纸质管理，10年移交科学院一次。刘勇涛主任曾经有8年大项目管理经验，她认为有责任心，善于坚持，善于提要求是科研档案管理的重要素质。高能所大科学项目管理对基金重大项目等项目类型有重点借鉴意义。

5.5　共享利用

　　为更好地推进科技信息资源的共享和转化，国家科学基金委做了很多工作：

　　（1）科技计划项目相关信息的共享。国自然科学基金委逐年将我国科技计划执行情况形成年度报告并共享在其网站上；对科技经费、研究机构活动等方面进行统计公布；形成多种科研通讯、成果介绍等。

（2）电子政务平台应用。国家自然科学基金2000年左右建立系统，2015年以后开放科技成果信息资源，提供科技项目计划、项目申报、受理、公示和成果等信息，但我国并没有统一的国家科技计划项目管理平台。

（3）科技项目档案信息共享。目前开展比较好的是科技报告的共享，2014年国家科技报告服务系统开通，将我国科技报告分级别提供获取服务，国家自然科学基金委提供80余万科技报告，但存在着各个不同项目发布单位形成的科技报告格式不统一，有的按国家科技报告编写规则撰写，有的按国家自然科学基金规格撰写，还有按其他规格撰写的情况。另外，国家自然科学基金在网站上将科研课题结题报告、成果共享，制作年度报告、科研通讯和简报，对国家杰出青年进行采访、报到、成果介绍和制作专题片，对优秀研究成果进行汇编，并对研究热点进行汇编工作。

（4）各依托单位共享情况参差不齐。笔者在针对依托单位科研项目管理会上，向985和211院校发放依托单位科研项目管理调查问卷196份，有效问卷159份。在科技计划项目档案信息共享问题上，众多高校基本都有相关共享规定，但除论文公开外，研究报告等科研项目档案信息仅限于本单位内部利用，并主要用于备查和评奖、晋职称等出具凭证。

5.6　小结

综合分析以上调研结果，总结如下。

首先，科学基金项目档案管理、科技计划项目档案管理并没有因为项目本身在科技引领与科技发展的重要作用而得到广泛的关注，项目档案在研究领域没有形成研究方向，研究成果不多，但近年来已有学者对其开展（如潘世萍、王新才、张爱霞等），同时有张斌等学者呼吁关注科技档案的管理及体制机制建设。

其次，科技档案、项目档案、基金项目档案都存在着各个层面的重视不足、档案观念落后、法规标准缺失、体制机制还存在制约发展的各种问题、人才队伍有待进一步提高等客观问题，但各界也逐渐对以上问题形成共识，正在谋求解决问题的路径与策略。

最后，各依托单位在科学基金项目档案管理中存在较大差异，这与档案的多样性，档案管理木身的复杂性，各单位因为基础的差异，行业的差异等等在档案管理实践中摸索规律并形成各自的经验习惯有一定关系，也与档案标准为推荐标准或参考标准，未强制各单位整齐划一的执行某些管理也有关系。表现为：

（1）项目档案管理实践据有各自的鲜明特色。无论是立卷主体、组卷方式、移交方式、保存方式、信息化系统等。

（2）大部分依托单位有相关档案管理法规政策，但执行情况有较大差异，与领导的重视程度，研究人员的档案意识直接相关。

共性的问题表现为：

（1）项目档案原始记录未能得到妥善保管。根据调研，依托单位无论是科研管理部门还是档案部门，都无法做到对原始记录有效管理与控制。原始记录基本上都保存于课题组内部，其保管水平完全依赖于科研人员的文件保管意识，原始记录无法做到长期有效的保存。

（2）纸质档案与电子档案未双套归档。因基金项目资助金额不算巨大，体量较小、监管力度不强，管理的要求不够明确，部分依托单位对基金档案不够重视，仅能完成管理性档案的归档（部分高校仅对高资助经费项目归档），且归档的科技文件材料载体单一，大多为纸质，许多重大课题的声像资料、电子文件、CAD出图归档率低，与委内的档案管理机制一定程度上存在脱节。

（3）科研项目档案未得到有效利用。科研档案一般仅限于校内利用，甚至仅供自己的研究团队利用，其他研究人员要利用档案需要较为烦琐的审批手续。利用的目的较多为晋职或评奖等凭证价值，情报价值使用较少，归档的文件也大多是管理文件，研究成果除了论文公开，研究报告等不公开，不供学生利用，仅供教工利用。科技档案现行价值衰减规律从理论上说明科技档案形成后25年间，现行价值从100%衰减至1.3%[1]，由高情报价值转化为高历史价

---

[1] 霍振礼,张瑞梅,袁向阳,李艳,乔永芝.开展量化研究获得档案学规律性认识[J].档案,2013,10:15–17.

值，如果项目档案不能及时有效地被开展与利用，将是科研资产投入与产出的巨大浪费。

（4）科研档案管理作为涉及科研管理部门、科研人员和档案人员甚至是基金资助机构多方的业务行为，在统筹协调、组织机构、运行机制及管理机制中还存在科学化、规范化与精细化的问题。管理效果还有待进一步提高。法规整体执行不好，四同步执行效果不理想；结项时查验档案归档情况的要求执行效果不理想。

（5）现代信息技术手段较弱，专业人员匮乏。信息技术在档案领域中的应用有限，难以依靠技术手段实现管理的规范、标准与提档升级。当前，绝大多数科研、生产活动都是基于计算机系统，产生的科技档案也大都是电子形式的，而且许多电子档案（例如三维设计图、PDM数据、模拟实验数据等）对其生成系统依赖性很强。一方面，档案部门缺乏合格的数字档案馆（室）系统及相应人才、技术来接收这些电子档案；另一方面，许多电子档案脱离原有的生成系统归入数字档案馆（室）系统后，无法识读与利用。所以，许多单位档案部门对这些重要的电子档案只能任由科研、生产部门和人员自行保管。档案专业人员对比工作量明显不足，专业人员知识结构不够合理，还需进一步调整充实。依托单位不同程度上存在认为档案人员能"看堆"就成，把档案人员看作档案保管员。

（6）尚未形成较为成熟的科技资源共享利用一体化模式。虽然近年来我国越来越重视科技项目档案的共享，取得了一定的成效，但依然存在一些问题，表现在：①科技项目档案碎片化，不利于原生数据积累，难以再现完整的全过程科技信息。②缺乏顶层设计，没有统一的国家项目管理平台，形成的科技项目档案各有春秋，不便于统一管理和共享。③各部门之间沟通联动较少，如国家档案馆也提供了部分科技项目档案的共享，但国家自然科学基金委和国家档案馆两个部门之间没有链接、没有说明，缺乏科技项目档案信息共享的互动和协调。④国家自然科学基金委在科技信息共享方面做的遥遥领先，各依托单位还没有积极响应起来。

第6章
基金委科学基金项目档案管理调研

1986年，我国成立国家自然科学基金委员会（简称NSFC），负责管理国家自然科学基金（简称NNSF），其战略定位是"支持基础研究，坚持自由探索，发挥导向作用"，形成由研究项目、人才项目和环境条件项目三大系列组成的资助格局，档案工作相伴而生。国家自然科学基金委十分重视档案工作，在2002年7月，基金会就正式实施了项目档案数字化工程，在2003年完成了1982—2002年的基金项目档案的数字化，并于当年基本实现了从申报到结题的全程电子化管理。在2004年，将1982—1998年项目档案全部移交到中央档案馆，实现了基金委档案管理工作与国家档案管理工作全面接轨。

另外，基金委积极参加国际合作与科研成果开放获取。由中国科学院、中国国家自然科学基金委员会和加拿大自然科学与工程研究理事会共同主办的全球研究理事会（Global Research Council，GRC）2013年年会通过了《科技论文开放获取行动计划》。其2014年年会在北京召开，对相关国家实施GRC开放获取行动计划的情况进行了评估，并提出了后续行动建议。大会前，中国科学院和中国国家自然科学基金委员会分别发布了《中国科学院关于公共资助科研项目发表的论文实行开放获取的政策声明》[1]和《国家自然科学基金委员会关于受资助项目科研论文实行开放获取的政策声明》[2]。基金委还正式启动了科学基金资助项目结题报告全文公开工作[3]。

---

[1]中国科学院.中国科学院关于公共资助科研项目发表的论文实行开放获取的政策声明[EB/OL].[2015-04-10].http://www.cas.cn/xw/yxdt/201405/P020140516559414259606.pdf

[2]国家自然科学基金委员会.国家自然科学基金委员会关于受资助项目科研论文实行开放获取的政策声明[EB/OL].(2014-05-19)[2015-04-10].http://www.nsfc.gov.cn/publish/portal0/tab38/info44471.htm

[3]国家自然科学基金委员会.关于公开国家自然科学基金资助项目结题报告及结题项目成果信息的通告[EB/OL].(2014-07-14)[2015-04-10].http://www.nsfc.gov.cn/publish/portal0/tab87/info44735.htm

6.1 科学基金项目档案管理综合分析

基金项目档案管理是国家宏观科技政策在科学基金项目管理中的切实落实，也是国家档案发展政策在基金项目档案管理中的切实落实。因此基金项目档案管理同时位于科技管理和档案管理两个宏大系统之中，受两大系统运行体制与机制的制约，其运行与发展既要服从于档案学科、档案专业以及档案工作自身的运行规律、发展现状与趋势，同时应符合科技发展对档案作为信息资源赋予的使命与要求。从我国科研档案管理现状来说，与国外先进的管理理念、管理方法、技术平台等还有一定的差距，但是科研发展、基金发展又是如此的迅猛，对科研档案、科研成果、科研过程管理的需求日益迫切，因此研究基金项目档案管理即要贴近项目管理、档案管理的客观实际，同时应具备前瞻性。

6.1.1 基金项目档案管理宏观背景分析

从国家科技政策层面来说，2015 年 9 月 24 日，中国政府网公布中共中央办公厅、国务院办公厅联合印发了《深化科技体制改革实施方案》，方案以问题为导向，针对科技创新和驱动发展存在的体制机制和政策制度障碍，提出了 10 个方面 32 项改革举措 143 项政策点和具体成果，该方案定位于整体性、系统性，贯彻落实党中央、国务院已出台的各项改革举措，画出了一张措施有力、脉络清晰、操作有序的"施工图"，形成系统、全面的改革部署和工作格局。方案中与本研究相关条款见表6-1。

表6-1 《方案》中与科技档案相关条款

条款	举措、政策点	方面
三	深化科研院所分类改革和高等学校科研体制机制改革…完善科研组织方式和运行管理机制，加强分类管理和绩效考核，增强知识创造和供给，筑牢国家创新体系基础	构建更加高效的科研体系
三（四）22	研究制定科研机构创新绩效评价办法，对基础和前沿技术研究实行同行评价，突出中长期目标导向，评价重点从研究成果数量转向研究质量、原创价值和实际贡献	

条款	举措、政策点	方面
五（十一）44	结合事业单位分类改革要求，尽快将财政资金支持形成的，不涉及国防、国家安全、国家利益、重大社会公共利益的科技成果的使用权、处置权和收益权，全部下放给符合条件的项目承担单位	科技成果转化的激励
五（十二）50	建立完善高等学校和科研院所科技成果转化年度统计和报告制度，财政资金支持形成的科技成果，除涉及国防、国家安全、国家利益、重大社会公共利益外，在合理期限内未能转化的，可由国家依法强制许可实施	
八（十九）90	建立统一的国家科技计划监督评估机制，制定监督评估通则和标准规范，强化科技计划实施和经费监督检查，开展第三方评估	构建统筹协调的创新治理机制
八（二十）91	建立五类科技计划（专项、基金等）管理和资金管理制度，制定和修订相关计划管理办法和经费管理办法，改进和规范项目管理流程，提高资金使用效率	
八（二十）95	完善科研信用管理制度，建立覆盖项目决策、管理、实施主体的逐级考核问责机制和责任倒查制度	
八（二十一）96	建立统一的国家科技计划管理信息系统和中央财政科研项目数据库，对科技计划实行全流程痕迹管理	

研究分析《深化科技体制改革实施方案》，我们可以发现，从国家科技体制改革的需求出发，项目档案的管理应该有利于对"绩效考核、全过程管理以及成果转化利用"提供支持和支撑；同时项目档案的管理也是治理机制改革创新的一部分。该方案八（二十一）97提出："全面实行国家科技报告制度，建立科技报告共享服务机制，将科技报告呈交和共享情况作为对项目承担单位后续支持的依据。"在国家科技计划改革的相关文件中没有明确地提出关于项目档案管理要求，我们只能够从成果管理，全过程管理等等要求中推出需要项目档案管理的支撑。作为科技档案之一的科技报告和科技成果管理受到日益广泛的关注，大有异军突起、自成体系的趋势，这带给项目档案的既是契机也是挑战，当科研项目档案在世界范围内被视为重要的信息资源时，项目档案管理与发展该引发深度思考。

从文件档案管理趋势上来说，显著的特征是国家对电子文件管理越来越重视，成立了电子文件管理部际联席会议，从国家层面协调电子文件管理工作；制定了《国家电子文件管理工作规划2011—2015》，做好顶层设计；印发了

《电子档案移交与接收办法》，提供电子文件的后端规范管理，《电子档案管理条例》在法规制订计划之列；陆续出台《电子文件归档与电子档案管理规范》等多部电子文件标准；2016年11月22日，电子文件管理推进联盟成立大会在北京召开，联盟将提供一个开放协作的平台，充分凝聚我国相关产学研用各界力量，通过电子文件标准化工作支撑和服务我国电子文件管理和应用，联盟的成立标志着我国电子文件工作迈上一个新台阶[1]。档案数字化进程不断加快，电子档案管理工作稳步推进，档案部门的互联互通取得突破，初步实现全国副省级城市以上档案局馆的业务网上协同功能[2]。国内外对电子文件管理的关注与重视是信息化社会发展的必然，也是基金项目档案工作需要积极思考与面对的重要问题。

国外信息管理体制中的首席信息官（CIO）制度在国内初现端倪。2013年12月15日，中国首席信息官联盟在北京成立，该组织以推动大中型企业全面普及首席信息官制度为目的。工信部2013年发布的未来五年工业化和信息化深度融合专项行动计划提出，要在大中型企业全面普及首席信息官制度[3]。

6.1.2　基金委目标与战略定位

基金委的目标是运用先进的科研经费资助模式和管理理念，确立"依靠专家、发扬民主、择优支持、公正合理"的评审原则，建立"科学民主、平等竞争、鼓励创新"的运行机制，建立健全决策、执行、监督、咨询相互协调的科学基金管理体系，发挥科学基金对我国基础研究的"导向、稳定、激励"的功能，发展完善以学科体系为框架，价值评议和绩效评估为依据的管理体系。逐步完善由研究项目、人才项目和环境条件项目三大系列组成的资助格局。建立面上、重点、重大项目、重大研究计划、实质性国际合作研究等多层次相互配合衔接的资助项目系列；架构以青年科学基金、地区科学基金、优秀青年科学

---

[1] 中国电子技术标准化研究院.我院联合发起成立"电子文件管理推进联盟"[DB/OL].[2017-2-1] http://www.cesi.cn/cesi/xinwen/2016/1123/12949.html

[2] 中华人民共和国国家档案局.陈世炬在全国档案局长馆长会议上的讲话[EB/OL].(2016-12-23) [2017-01-03] http://www.saac.gov.cn/news/2017-01/03/content_170760.htm

[3] 首席信息官(CIO)资讯[J].墙材革新与建筑节能,2014,01:11.

基金、国家杰出青年科学基金、创新研究群体科学基金等较为完整的人才培养资助体系;完善以重大科研仪器研制项目、联合基金项目、国际合作交流等项目构成的环境条件项目体系。基金委将自然科学基金在国家创新体系中的战略定位确定为"支持基础研究,坚持自由探索,发挥导向作用"。

项目档案的有效管理可以促进基金委加强项目管理各环节与各种活动的制度建设,明确基金管理的制度化、规范化与精细化;可以为基金管理提供监督与制约机制;可以全面展示科学基金事业所取得的成就,使其他科研项目主管机构能够共享基金项目管理的经验❶。

6.1.3 基金委法规制度体系

2007年2月24日,时任国务院总理温家宝签署第487号国务院令,公布《国家自然科学基金条例》》(以下简称《条例》)。《条例》规范了科学基金的管理,明确了科学基金管理工作中相关主体的责任,推动了科学基金管理的法制化进程,营造了和谐的创新环境,调动了科技人员的积极性,提高了国家基础研究的整体水平,以法律手段规范了国家科技资源配置的实践。以《条例》为上位法,基金委构建了一套成体系的规章制度,分别为组织管理规章、程序管理规章、经费管理规章和监督保障规章。其中,针对科学基金项目管理的是程序管理规章,按照科学基金资助体系又分为研究项目系列规章、人才项目系列规章和环境条件项目系列规章。这一系列规章制度成为基金委业务流程和文件管理的制度框架和工作守则。基金委规章制度环境如图6-1所示。

《条例》对项目建档和原始记录做了规定"依托单位应当对结题报告进行审核,建立基金资助项目档案","项目负责人应当按照项目计划书组织开展研究工作,作好基金资助项目实施情况的原始记录","项目负责人提交弄虚作假的报告,原始记录或者相关材料的"给予处罚。《国家自然科学基金项目科研不端行为处理办法(草案)》对项目负责人及参与人原始记录等违规行为做出明确规定。项目负责人与参与者若对原始记录弄虚作假,将给予警告、暂缓经

---

❶ 张民社,吴宁,龙军,杨奕娟,张志旻.加强项目档案管理推进国家自然科学基金管理信息化建设.中国科学基金,2005(1):49-50

费、追回经费等处罚，情节严重的"5至7年不得申请或者参与申请国家自然科学基金资助，5至7年不得晋升专业技术职务（职称）"。2006年，基金委颁布了《国家自然科学基金委员会档案管理办法》，但是该管理办法只是针对基金委内的文书档案，并未对项目档案的管理作出详细规定。基金委的八类项目管理办法中都提及"做好资助项目实施情况的原始记录"，但未明确提及项目档案管理，如图6-1所示。

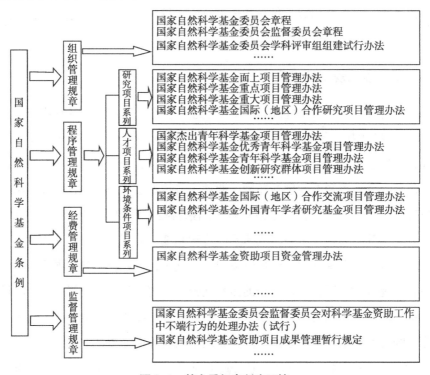

图6-1　基金委规章制度环境

近年来，基金委陆续出台多部办法，对依托单位、项目负责人及参与人员原始记录和档案管理做出规定，体现了对项目过程管理与精细化、规范化管理的关注。如2014年10月14日国家自然科学基金委员会委务会议通过《国家自然科学基金依托单位管理办法》，对依托单位项目档案和原始记录在制定制度、记录保存以及监督抽查等方面做出明确规定："依托单位应当建立科学基金资助项目原始记录制度。依托单位应当责令项目负责人或者参与者做好原始记录，定期对本单位的科学基金资助项目的原始记录进行查看"；"依托单位对科学基金资助项目结题及项目研究形成的成果应当建立相应的管理制度：（一）建立科学基金资助项目档案，项目结题后及时归档"；"依托单位应当建立科学基金管理相关的项目、财务、人事、审计、资产、档案等制度，确保相关机构协调一致，共同保障本单位科学研究工作的有效开展"。2015年9月8日，国家自然科学基金委员会委务会议审议通过《国家自然科学基金资助项目研究成果管理办法》，规定："项目负责人应当做好项目成果原始记录的采集和保存工作，并按照要求提交依托单位，确保项目成果报告中科学数据的系统性、完整性和准确性；依托单位应当审核项目负责人所提交项目成果报告的真实性，并建立项目成果档案。"

2014年10月，基金委颁布了最新的《国家自然科学基金委员会档案管理办法》，但该办法主要以文书档案为规定对象，对项目档案制定了管理范围和管理期限表，项目档案管理纳入基金委的档案管理法规制度之中，但规范内容不够具体，没有对依托单位项目档案管理给予指导、约束和监督。

6.1.4　基金委业务流程体系

基金委业务流程横跨基金委与依托单位，以科学基金规划与业务流程为基础，研究科学基金项目档案管理，使档案管理即是业务流程的一个组成部分，同时服务于科学基金卓越管理的目标。

根据国办发〔2000〕82号《国务院办公厅关于印发国家自然科学基金委员会职能配置内设机构和人员编制规定的通知》文件规定，基金委的主要职能包括三方面：①按照自然科学基金制运作方式，运用国家财政投入的自然科学基金，资助自然科学基础研究和部分应用研究，发现和培养科技人才，发挥自然科学基金的导向和协调作用，促进科学技术进步和经济、社会发展；②负责国家自然科学基金管理；③协同科学技术部拟定国家基础研究的方针、政策和发展规划，接受委托，对国家高科技、应用研究方面的重大问题提供咨询并承担相关任务。基金委战略–职能–过程如图6-2所示。

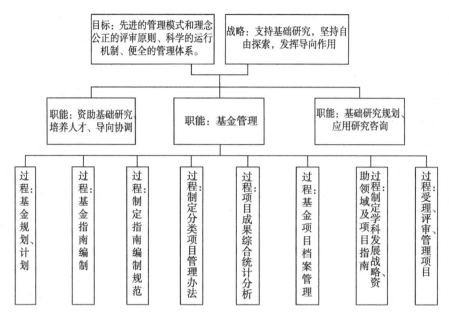

图6-2 基金委战略-职能-过程

就基金委内部来说，基金委内设机构包括7个职能局（室）、8个科学部、1个监督委员会与3个直属单位。其中，与项目档案管理密切关联的机构为计划局、8个科学部以及文档处。

同时，基金委的业务流程体系也是包含基金委及近3000家依托单位的跨机构、跨区域的过程。《条例》规定依托单位是科学基金管理体系的重要组成部分，是组织实施科学基金的重要基础和保障，是联系基金委员会和基金申请者、基金资助者等科技工作者之间的桥梁和纽带。依托单位在组织科学基金项目申请、保障项目实施条件、跟踪项目实施、监督项目经费使用等过程中承担着重要责任。基金委的业务流程横跨基金委本身和近3000家依托单位，数量庞大的依托单位分布于全国各省市。整个业务流程涉及的人员包括基金委管理人员、依托单位管理人员、基金申请者与项目评审专家等。因此，基金委业务流程体系呈现出跨机构、跨辖区的特点。基金委跨机构、跨辖区业务流程及相互关系如图6-3所示。

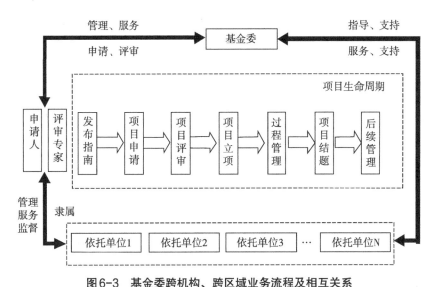

图6-3 基金委跨机构、跨区域业务流程及相互关系

6.1.5 基金项目档案管理系统组织架构

按照统一领导分级管理的原则，基金委是其档案工作的领导机构，基金委文档处负责对基金委内部各部门的项目档案工作提供专业指导、监督和检查，同时负责基金委项目档案的管理，接受上级（国家档案局、中央档案馆）业务指导、监督与检查。

调研分析了解，基金项目档案管理系统直接构成机构或组织包括①基金委内部项目管理机构，包括各学科处、部分职能局室（合作局、计划局项目处、计划局人才处等等）；②委内档案管理机构，主要是委办文档处；③依托单位科研管理机构主要为科研院（处、部）、档案管理机构主要为档案馆、项目组；④中央档案馆项目档案接收、管理部门。上述部门在项目档案管理业务活动中形成涉及科研管理、档案管理、科学研究三类机构或组织的业务流程：即依托单位内部，项目组—科研处—档案馆之间的项目文件档案管理流程；基金委和依托单位之间，依托单位项目组—依托单位科研处—基金委项目管理部门—基金委文档处之间的项目文件档案管理流程；基金委内部，项目管理部门—文档处之间的项目文件档案管理流程；基金委和中央档案馆之间的基金委文档处—中央档案馆档案接收处之间的项目文件档案移交流程。此外，还有与项目档案管理间接相关的部门，比如委内和委外政策制定以及监督和激励部门，如委务会、委办、计划局、依托单位行政领导部门、第三方审计监察部门等。本报告重点研究基金委、依托单位构成的项目档案管理系统直接关系，涉及的人员主要包括：

（1）依托单位：项目负责人、档案员（项目组）—档案员、主管副处长（科研处）—档案专家（档案馆）

（2）基金委：材料接收人员—项目管理部门档案员—项目管理部门综合处档案员—文档处专家

目前，基金委计划局依据"三定方案"负责项目档案的管理工作，主要应承担组织制定管理政策，监督政策执行责任。各承担项目管理工作的职能局室、学部各学科处，根据我国《档案法》《科学技术档案工作条例》以及档案"集中领导、分级管理"原则，是项目文件的收集和立卷机构，项目结题后由项目管理部门汇总（如学科处汇总到学部综合处），文档处集中上门收取。文档处作为专业业务机构既承担文件归档、整理、分编、保管和利用等具体的业务工作，也对文件收集、立卷机构提供业务指导和监督。文档处归口委办，计划局的项目档案管理直接对口部门为综合处。委办、计划局、学部历年来由不同的委主任主管，其组织机构关系如图6-4所示。

依托单位的立卷单位情况比较多样，有项目组、二级学院和科技处多个部门单独或者协同承担，结项后有移交档案馆、有保留在科技处、有保留在二级学院（详见5.3调研情况），科技处负责项目管理与监督、档案馆负责档案业务工作指导、档案管理和监督，其现有组织架构关系如图6-5所示。

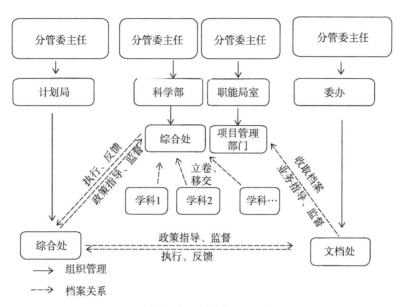

图6-4 基金委项目档案组织架构关系

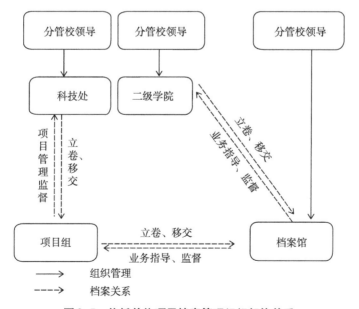

图6-5 依托单位项目档案管理组织架构关系

6.2 基金委内部项目档案管理分析

近年来，相当多的文件管理国际标准被采纳为我国的国家标准，如GB/T26162.1-2010/ISO15489-1：2001、GB/T26163.1-2010/ISO23081-1等，ISO/TR26122：2008的采标工作正在进行，基金委的项目申请与管理流程大多依托ISIS系统，采用电子化流程管理，因此本报告采用国际标准《ISO/TR26122：2008信息与文献－文件过程分析》作为研究工具。该标准是针对建立可信电子文件分类方案而制定的前端控制标准，从文件创建、捕获和控制的角度提供了分析业务流程的职能分析维度和序列分析维度。利用该标准对文件工作过程进行分析，可以明确电子文件的管理要求，确保电子文件在其业务系统中得到完整的创建、捕获和控制。

本报告分析基金委的整体职能与跨机构的文件管理过程，并使用序列分析的方法，识别文件管理过程中的文件管理事务顺序。在文件管理过程中参与者的共同确认下确保基金委项目电子文件的"四性"从源头得到控制。

6.2.1 国家自然科学基金项目文件范畴

根据《国家自然科学基金项目档案归档范围规定》（2010），基金项目档案包括以下几方面：

（1）申请者及依托单位提交的报告：申请书、资助项目计划书、进展报告、变更文件、结题报告、研究成果报告（包括跟踪结题后三年所获得的成果）、原始记录、涉及材料服务等采购的合同等；

（2）项目评审、检查过程中形成的文件材料：审批意见表（同行专家通讯评审意见及会议评审意见）等材料；

（3）管理部门根据管理工作需要产生的管理性文件：如项目批准通知、准予结题批准通知等材料。

因此，基金委项目档案实际归档范围与基金委现行相关规定基本一致，即：

项目申请阶段：项目指南、项目申请书；

项目评审阶段：项目评审意见表（含同行评议和会评意见）；

项目立项阶段：项目批准通知、项目计划书；

项目实施阶段：涉及项目负责人或依托单位或研究内容等变更的材料、项目实施过程中出现的其他重大变更事项的材料；

项目结题阶段：项目结题报告、项目结题批准通知；

后续管理阶段：项目结题后获得的相关成果清单。

6.2.2 科学基金项目管理及文件流转序列分析

序列分析用于识别业务流程中的事务顺序，以及与其他流程的关联性。旨在说明业务流程的每个步骤，并突出其时间上的次序性。科学基金项目管理流程大部分依托科学基金网络信息系统平台，该系统实现了科学基金项目的全过程精细化管理，主要功能涵盖了申请、评议、项目管理、成果管理、项目后期评估等，系统用户角色包括基金委管理人员、依托单位管理人员、项目申请人与评审专家等，伴随项目管理业务流程，完成项目档案从创建、捕获到管理控制的全过程。

1.申报、评审阶段

项目申请书的形成与登记。项目申请人依据基金委项目申报指南，在科学基金网络信息系统平台在线填写申请书，由依托单位管理人员完成审核并确认提交至基金委，项目申请书电子文件被正式捕获。依托单位再将与电子申请书完全一致的纸质申请书报送基金委。基金委根据自己的业务分类方案确定申请书的分类方案并将其固化在科学基金网络信息系统中，按照"科学部-项目类型"的分类方法对申请书进行接收确认。至此，科学基金申报工作完成，项目申请书完成由依托单位到基金委的流转，完成文件管理中的登记环节。

评审意见的形成与登记。各科学部在完成项目申请书的形式审查后，合格的申请书被发送至评审专家进行网络评审。基金委按照学科方向，分类展开申请、受理和评审程序。评审专家评审完毕后将评审意见在线反馈给各科学部，各科学部汇总评审意见，择优进入会议评审（答辩）阶段。在会议评审阶段，评审专家对申请书再进行优中选优，形成会审意见，确定最终资助对象，经科学部汇总记入综合意见表。

项目批准通知的形成与登记。基金委在科学基金网络信息系统中向各依托单位与申请人公布立项情况与项目批准通知，并以依托单位为对象，将批准通知汇总表以一个纸质文件邮寄给依托单位。至此，伴随科学基金申请、评审与批准业务工作，项目申请书、审批综合意见表与项目批准通知文件产生。申报、评审阶段业务流程与对应的文件如图6-6所示。

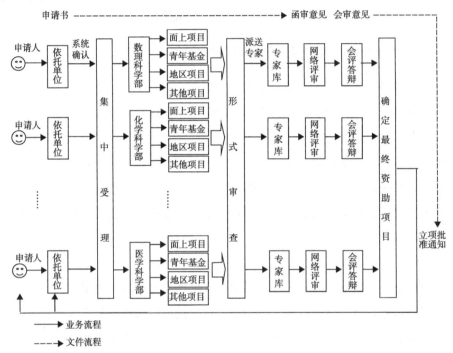

图6-6　申报、评审阶段流程与对应的文件

2.执行、结题阶段

项目计划书、变更信息（可能不产生）的形成和登记。项目负责人在线填写项目计划书并提交与电子文件同一版本纸质文件，经依托单位审核后，由依托单位报送基金委（纸质和电子），基金委据此进行项目经费拨款。在模式化的业务流程中，当关键要素发生变化时，基金委依据相应变更程序，完成诸如项目负责人、依托单位、研究内容等信息变更，并形成变更材料。

进展报告、结题报告、成果信息的形成与登记。在项目执行期，项目负责人需要每一年度提交一份项目进展报告，在项目结题时提交结题报告与成果信息，由各科学部进行结题验收后发放项目结题批准通知。

3.立卷、归档与利用

每一个科学基金项目从申请到结题的所有电子文件均已创建并在确认真实性后被完整地捕获并登记，在项目执行期受到基金委的全程控制；纸质文件也在相应学科处被陆续立卷。在科学基金项目执行完毕后，上述所有文件形成"一套"完整的项目档案，纸质与电子双套制管理。此后，项目档案进入处置阶段，成套的项目档案与对应的纸质版本在基金委继续保存一段时间后，将会整体移交中央档案馆。其中的结题报告与成果信息，根据《国家自然科学基金委员会关于受资助项目科研论文实行开放获取的政策声明》与《关于公开国家自然科学基金资助项目结题报告及结题项目成果信息的通告》❶，将被导入"科学基金共享服务网"中予以发布，实现项目档案的开放获取，截至目前，已公开科学基金结题项目116608个，项目成果信息1669928条❷。执行、结题阶段业务流程与文件流程如图6-7所示。

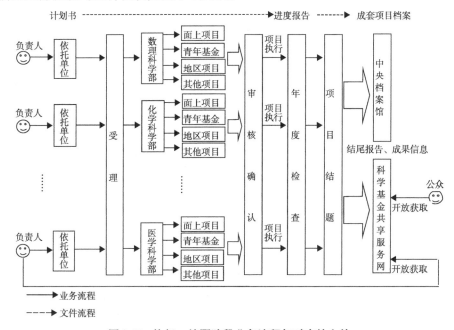

图6-7　执行、结题阶段业务流程与对应的文件

❶ 国家自然科学基金委员会.关于公开国家自然科学基金资助项目结题报告及结题项目成果信息的通告[EB/OL].（2014-07-14)[2015-04-10].http://www.nsfc.gov.cn/publish/portal0/tab38/info44735.htm

❷ 国家自然科学基金委员会.2014年度报告[EB/OL].（2015-01-01)[2015-04-10]. http://www.nsfc.gov.cn/nsfc/cen/ndbg/2014ndbg/qy.html

项目申报、评审到执行、结题全过程的文件管理流程见表6-2。

表6-2　科学基金项目档案管理流程

文件管理过程 / 业务流程	在线填写	单位确认	系统分类	基金委确认	网络评审	会评、答辩	确定资助	签订计划书	项目执行	项目变更	项目结题	归档、开放获取
申请书	创建	捕获	分类	登记	利用	利用						归档
函审意见					创建、捕获	利用						归档
会审意见						创建、捕获						归档
立项批准通知							创建、捕获					归档
计划书								创建、捕获				归档
进展报告									创建、捕获			归档
变更文件										创建、捕获		归档
结题报告											创建、捕获	归档、开放获取

6.2.3　有待研究探讨的问题

1.关于归档范围

现有的归档范围较为完整，基本能够反映项目管理活动的全过程，但是对于结题时有评审专家参加的业务活动，是否在文件中增加用于记录评审专家、答辩专家意见的意见表。

2.关于评审信息等敏感文件的存档

目前，存档的各类文件，沿袭传统的档案保存理念，记录工作流程与状态，关于涉及安全的同行评议及专家评审意见表存在特殊性，该如何特殊保存，即体现凭证性，又体现安全性。

据调研某学科处处长了解，当前同行评议的电子文件未完整保存，而是以摘录主要意见的方式记录在综合意见表（纸质）中，专家姓名用代号，标识为"专家1、专家2……"，另有文件对照专家1，专家2具体指代谁；综合意见表为正反两面，一面是同行评议，另一面记录会评信息。也就是说，同行评议和会评作为业务的两个阶段，产生两个文件信息，学科一般以综合意见表（纸质）的形式，记录在一个文件中，同行评议为摘录电子信息形成纸质文件，会议评审也隐去专家姓名用代号标识（2010年已经开始），代号与专家动态对应，会评意见表由专家组长签字。另外，会评投票等情况存档在会议档案中。

3.关于项目档案保存的完整与准确

文档处在结题后，在各学部综合处批量收取项目档案，由于档案数量较多，内容繁杂，工作量巨大，而文档处人员有限，没有能力第一时间逐一核对完整性、准确性，其后发现数理、化学、生命、医学学部项目文件的归档整理工作较为规范，但各学部不同程度存在①未重视卷内目录的填写，卷内目录与实体文件不相符或者卷内目录为空白②学科处负责人在项目管理期间未及时对项目结题报告等文件进行签字、盖章或者盖章模糊不清③项目档案归档文件不全如：缺少申请书签字和盖章页，结题报告中缺少经费决算表和使用说明表，缺少计划书、审批意见表、进展报告以及部分文件缺少依托单位盖章审核的情况④各年度的项目档案均存在移交不全的问题（包含延期未结题的项目，以及中止、撤销的项目）。如何实现有效监管？

4.关于专职档案管理人员缺乏

目前基金委专职档案管理人员仅2人，其中一人即将退休，无法应对大量的文书档案、项目档案管理工作。

5.缺乏具有可操作性的项目档案管理办法

目前基金委有关档案管理的相关规定为2014年颁布的《国家自然科学基金委员会档案管理办法》，此前，2005年发布的《国家自然科学基金委员会档案管理办法》和1996年发布的《国家自然科学基金委员会资助项目档案管理暂行办法（修订）》已经废止。新的《国家自然科学基金委员会档案管理办法》指出，"自然科学基金委的档案按照文书档案和科学基金资助项目档案（以下简称项目档案）两类进行管理。文书档案包括文件档案、会议（活动）档案以及相关声像档案等。项目档案包括资助项目在申请、评审、资助、管理过程中形成的有关材料。"但是，该办法缺少对项目档案管理具体管理规定。没有明确的管理法规可能是档案完整性与系统性缺失的主要原因。

6.3　依托单位基金项目档案管理分析

6.3.1　科学基金项目档案归档范围

根据《科学技术研究档案管理暂行规定》第七条，科研文件材料的归档范围主要包括：

（一）科研准备阶段：科研课题审批文件、任务书、委托书，开题报告，调研报告，方案论证和协议书、合同等文件；

（二）研究实验阶段：各种载体的重要原始记录，实验报告，计算材料，专利申请的有关文件材料，设计文件、图纸，关键工艺文件，重要的来往技术文件等；

（三）总结鉴定验收阶段：工作总结，科研报告，论文，专著，参加人员名单，技术鉴定材料，科研投资情况、决算材料等；

（四）成果和奖励申报阶段：成果和奖励申报材料及审批材料，推广应用的经济效益和社会效益证明材料等；

（五）推广应用阶段：推广应用方案、总结，扩大生产的设计文件、工艺文件，生产定型鉴定材料，转让合同，用户反馈意见等。

各单位要从实际出发，根据不同学科、不同类型科研工作的特点，制定本单位的归档范围。具调研，依托单位项目档案归档范围如下：

项目申请阶段：项目指南、项目申请书、合作申请协议；

项目立项阶段：项目批准通知、资助项目计划书；

项目实施阶段：原始记录、涉及材料服务等采购的合同、涉及项目负责人或依托单位或研究内容等变更的材料、项目实施过程中出现的其他重大变更事项的材料；

项目结题阶段：项目结题报告、项目结题批准通知；

后续管理阶段：项目结题后获得的相关成果清单。

6.3.2 科学基金项目档案管理流程分析

科学基金活动的各阶段顺时依次呈线性运动，每个阶段在时间上相对独立，但在逻辑上又密切联系。其中，项目申报、立项、结题验收及文件归档过程由依托单位科研管理部门主导，而项目实施过程主要由科研人员控制。本报告结合依托单位科学基金活动对每一阶段的项目档案管理进行分析。据了解，目前个依托单位归档范围主要为以下几个方面。

1.项目申报阶段

项目申报阶段是科研活动的起点，项目档案由此开始产生。项目申请书的递交，标志着项目档案生命周期的开始。项目申请书一般由纸质申请书和电子版申请书构成，科研人员需同时将纸质申请书和电子版申请书上交至依托单位科研管理部门汇总后统一上报基金委。基金委会为电子版申请书设置一个唯一的版本号与条形码，以确保纸质申请书与电子版的完全一致，从技术层面对项目档案的真实性与两种载体的一致性实施前端控制。

2.立项阶段

项目申请书上报至基金委后，由基金委实施评审，遴选出优秀者给予资助，并向依托单位发文公布资助项目清单。项目批文是项目获资助的法律凭证，由基金委统一寄送至依托单位科研管理部门。接下来就是立卷环节，依托单位按照有关科研档案管理规定，结合自身实际责成科研管理部门、项目组或者是二级学院对科学基金项目档案进行立卷。

项目批准立项后，科研人员需填写资助项目任务书。科研人员撰写完成电子版项目任务书后将其上传至基金委ISIS信息系统，再由依托单位科研管理部门审核无误后提交。基金委相关学部审核确认后，科研人员即可打印纸质版任务书交依托单位科研管理部门报送基金委。待项目经费下达至依托单位后，科研人员需在依托单位的科研管理系统中登记项目的详细信息，以便经费入账。按照理想化的工作流程，项目名称、负责人、项目来源、经费数、经费预算等基本信息将以数据库的形式存储，前期产生的电子版申请书、任务书、项目批文等都以附件形式上传至科研管理系统中。科研管理人员会对科研人员登记的信息做细致的核对，以确保科研文件的真实性与完整性，这是确保电子版项目档案质量的关键措施，也从管理机制上体现了前端控制的思想。

3.项目实施阶段

项目实施阶段是科研人员脑力劳动的过程，科研人员的科研积极性与创造性对于这一阶段所产生的科研文件的质量起着关键作用。项目在实施阶段每年都要进行年度检查，随之产生的是项目进展报告，用以跟踪项目进展与研究成果、核准次年度研究计划和调整要求，确定项目继续资助的情况。

项目实施过程中会产生大量的技术文件，记录着科研活动的过程与结果，这些原始记录是基金项目执行过程不同阶段产生的必不可少的重要基础性材料，是科技成果的重要科学依据，关系到科研项目的成败，也是确定科学研究首创性的重要依据。因此，原始记录是项目档案归档内容中的一项重要组成部分。

4.结题验收阶段

结题验收是由基金委组织的对基金项目完成情况进行全面检查的过程。项目负责人根据项目的执行情况、主要研究进展及研究成果、学术交流与人才培育情况及经费使用情况等几方面撰写结题报告。基金委审核通过后，会发文批准结题。

5.项目档案归档阶段

项目档案归档阶段是整个科研活动的最后一个环节。依托单位应当根据国家相关的档案法律法规、依托单位的档案管理要求进行规范化的归档工作。

第7章
科学基金项目档案管理建议

    科学基金项目档案管理是科技管理对基金项目管理提出的任务之一，也是档案管理在科研领域的具体落实，分别与科技管理和档案管理两个系统形成关联，档案管理是方法与手段，科技管理是目的与意义。从科研角度来说，其一，科学基金项目档案的管理有利于科学知识的记录和传递，使研究成果得到更广泛的推广、借鉴和应用，使国家科技资助资金实现效益的最大化，因此，科学基金项目档案管理是国家科技事业的组成部分，有利于科技事业的良性发展；其二，科学基金项目档案的管理是基金管理事业的一部分，有利于规范科学家的行为，养成较好的科研素养，科学记录科研过程，既有成功的科研成果，也有失败的科研记录，使科学过程可追溯，科学实验可重复，并按照有关法规，履行责任公开相应成果，形成诚信科研、开放共享的良好科研氛围。从档案角度来说，科学基金项目档案管理是国家档案事业的组成部分，管理好科学基金项目档案是实现科研档案的情报价值、凭证价值和历史价值的社会发展需要，也是实现档案管理规范化、标准化、科学化和法制化的事业发展需要。另外，科学基金项目档案是从项目申请、验收、报奖全过程的记录和反映，完整、准确、系统的描述科研工作全过程，通过对科研过程的记录实现了档案和科学研究的相辅相成，既利于基金管理工作的监督和检查，也有利于科研人员回溯科研过程、交流科研成果。所以，科学基金项目档案管理从宏观上是国家科技事业和档案事业发展的一个组成部分，从中微观上也是基金委和依托单位基金管理工作、档案工作以及科研人员科研工作和档案工作的组成部分。科学基金档案管理工作的良性发展是档案事业的需要，同时也对科研工作和基金管理工作形成反哺。为更好地实现以上目标，从以下几个方面提出对策建议。

7.1 科学基金项目档案管理顶层设计

科学基金项目档案管理是科学基金管理的组成部分，应与国家科技管理和国家档案管理发展趋势相一致，以二者的发展政策为依据制定相关政策，以二者的法规制度为核心制定相关细则，以二者的发展需求为目标研究组织架构、过程管理以及监督保障等体制机制问题。因此，科学基金项目档案管理离不开顶层设计。

应尽快完善科技档案有关法规制度体系，制定、修订相关法律，尤其是30多年未修订的《科学技术档案工作条例》《科学技术研究档案管理暂规定》，尽快将法规性文件《科学技术研究档案管理暂行规定》调整为法律规章，保障其法律效率；将科技档案法规制度纳入科技管理法规制度体系，在科技管理法规中明确科技档案管理相关要求，使科技管理部门在科技档案管理中师出有名，更好地与档案部门开展合作和协作，捋顺科技档案管理的关系；以法规形式保障项目档案管理组织架构、岗位设置与权责体系，理顺组织保障机制；应进一步完善知识产权和保密法等有关法规，合理保护项目档案各方的权益，使科技研究成果能够得到科学合理的推广应用；应尽快完善科技档案标准体系，尤其是快速发展的电子文件（档案）相关标准，重视国际标准采标工作，积极瞄准世界前沿；积极开展交流合作，通过参与和制定国际标准，加快发展进程，实现档案管理的快速规范化、科学化发展。积极发展电子档案，制定相关推进政策，增加资金扶持，强化平台建设，强化档案整体信息化水平。

在理念上，将科技信息共享理念纳入国家战略层面。我国已经开始重视科技信息资源的共享，并提出了一些相关规定，但在国家基本法上需进一步强调科技信息的共享理念，如对《中华人民共和国政府信息公开条例》进行修订，将政府支持的科技项目信息共享纳入其中，制定、修订其他相关法律法规强化科技信息资源有效传播和共享，将面向公众的科技信息共享视为一种义务和责任，强制执行报备制度，确定共享公众范围，以及这些科技信息资源的用途等，将科技信息共享理念在国家层面布局，纳入国家基础发展战略，是政府将公共资源取之于社会用之于社会的有效途径。有关科技项目档案管理共享的相关规定应在国家、部门、承担单位三个层面制定，形成相互承接、互为补充的有机整体，国家层面首先要提供科技项目档案共享的法理基础，明确共享理念，以及提供基本法的依据；部门层面依照国家相关规定对科技项目档案共享什么、如何共享及共享标准做出明确规定；各承担单位层面则在国家和部门规定的基础上或遵循或自己的共享细则。对于我国存在年代比较久远，和当前时代需求不相适应的科技项目档案管理相关法规，要进行及时的修订，对于相关法规空缺的可以及时增加相关条款，提高其可操作性。这样在体系上形成上下联动，互为补充，协调全方位的科技项目档案管理政策法规体系。在内容上，所有研究者在科技项目申请之初就必须提交共享声明，对管理和共享研究中产生的科技信息进行规划，对不提供共享的作出合理解释。确定研究项目时，要签订合同书，合同书要明确规定科技档案的提交程序、审核标准，同时要制定科研档案的版权保护政策，对不同级别的科研档案设置不同的权限并详细说明，以及共享科技项目的内容、类型、数量、标准，方法等，使用该共享成果的限制，公开发布时间的最后期限以及格式等，对于涉及科技项目档案共享信息采集、整理、鉴定和保管等的规定时，要明确规定科技档案的标准，便于科技档案的后期整理和共享工作，从而尽最大限度的实现信息共享。

7.2　完善基金委及依托档案基金项目档案制度

基金委及依托单位层面，应积极围绕有关法规政策，制定与部门实际相结合的办法与细则，并建立与之相适应的机制体制，切实履行相关职责。配合国家数字档案馆（室）建设，积极应对基金项目流程中数字化运行的现状，以及科研过程中电子文件（档案）激增、种类繁多的现状，开展前端控制，在数字管理系统设计之初，即制定顶层设计，保障文件连续性管理。

国家科技计划（专项、基金等）管理部际联席会议印发《科技监督和评估体系建设工作方案》（以下简称《方案》）指出："各有关部门根据科技计划管理职责，开展相关科技计划和项目的监督，负责对承担科技计划、项目的所属单位日常管理和监督，加强对所属单位作为专业机构的建设、日常运行的管理和监督，发挥其在相关领域科技计划和项目研发质量、成果转化应用以及绩效目标实现等绩效评估中的作用"❶。按照政策要求，基金委对依托单位的项目管理和监督责无旁贷，对项目档案的管理是实现项目管理的有效手段。

2016年4月21日，国家自然科学基金规章制度建设新闻发布会在京举行。杨卫主任以"推进法治基金建设、保障科技源头创新"为主题，回顾了国家自然科学基金法治建设的历程。科学基金的法治工作在过去30年中取得了显著成绩，其中最重要的标志是基本形成了以《国家自然科学基金条例》为核心的规章制度体系。形成了一套包含5项组织管理办法、14项程序管理办法、1项经费管理办法和4项监督保障管理办法的科学基金规章制度体系，加之4项正在进行调查研究的管理办法，为规范管理提供了完善的制度保障。本报告认为，基金项目档案管理应纳入科学基金规章制度体系框架，为基金委及依托单位的项目档案管理工作提供指导、监督，在一定程度上改变档案工作的弱势地位和管理上的各自为政、良莠不齐。

基金委于2014年先后审议通过并颁布了《国家自然科学基金依托单位基金工作管理办法》和《国家自然科学基金委员会档案管理办法》。《国家自然科学基金依托单位基金工作管理办法》的出台为基金委对依托单位科学基金项目管理工作以及项目档案的管理工作监管提供了法规依据及管理依据；《国家自然科学基金委员会档案管理办法》明确了基金委项目档案的归档范围、归档时间以及归档流程，但对依托单位的项目档案管理未做规定，对数字档案管理规定有限，这两部法规的陆续出台为项目档案管理工作的法制化、精细化、科学化奠定了基础，但也表现出对依托单位项目档案管理监督中的空白，制定《国家自然科学基金依托单位项目档案管理办法》（以下简称《办法》），弥补空白具有必要性和可行性。

❶科技部.科技监督和评估体系建设工作方案[EB/OL].(2017-01-17)[2017-11-15].http://www.most.gov.cn/kjzc/gjkjzc/kjjhgl/201701/t20170117_130541.htm

《办法》应定位于围绕科学基金项目，管理、调整基金委、依托单位以及项目负责人之间项目档案关系的规范性文件。涉及纵向档案关系、横向档案关系、组织内部的档案关系。《办法》要在对基金项目档案工作的总体情况、特点、运动及发展规律，做深入细致的分析和综合研究的基础上，对具体工作提供指导，防止片面化和表面化，应遵循客观性、全面性、实践性等原则，强化操作性。

制定《办法》应遵循以下原则：一是法规一致原则。以《档案法》为基本大法，遵循《档案法》基本法律原则，《办法》也是基金委法规制度的组成部分，体现了法制思想与体系结构上的一致性。二是科学发展原则。符合我国档案管理体制、机制及档案工作发展现状，贯穿科学管理，重视知识产权，体现高效利用。三是与时俱进的原则。充分考虑信息技术发展与国际发展趋势，关注电子档案管理。四是明确责任的原则。对依托单位、档案管理部门及项目负责人在执行《办法》中的职责和义务做出规定性要求。

国家科技计划（专项、基金等）管理部际联席会议印发的《方案》指出："项目承担单位主要负责所承担项目的执行及资金管理使用的日常管理和监督"；"专业机构和项目承担单位等按要求建立健全内部管理制度规范和风险防控体系，建立内部决策、执行、监督相互制约相互协调机制，严格控制自由裁量权，将此作为专业机构和项目承担单位履职尽责的重要考核指标和监督的重要内容，使监督和评估工作融合于日常管理和项目执行中。科研人员要强化自律意识，严格遵守科技计划、项目和资金管理的各项规定，规范项目执行和资金使用行为"❶。

为落实《方案》要求及《办法》的管理规定，依托单位应当依据《办法》和本单位档案管理有关规定，制定切实可行的《科学基金项目档案管理实施细则》，规范项目档案工作，明确各类项目档案的收集、立卷部门、责任主体等规范性工作，使项目档案管理的法规系统既符合我国档案系统的层级体系，也切实吻合基金管理和档案管理的实践需要。

---

❶ 科技部.科技监督和评估体系 建设工作方案[EB/OL].（2017-01-17）[2017-11-16]. http://www.most. gov.cn/kjzc/gjkjzc/kjjhgl/201701/t20170117_130541.htm

7.3 建立责权明晰的协同联动机制

基金项目在审批与管理过程中，基金委、依托单位科管部门与项目组各机构产生的主要档案文件如图7-1所示。

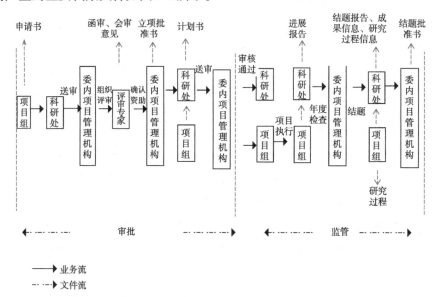

图7-1 项目评审与监管过程对应的文件

按照2011年11月11日国家档案局局务会议审议通过国家档案局第9号令《各级各类档案馆收集档案范围的规定》第4条："各级部门档案馆，收集本部门及其直属单位形成的档案"；第6条"国有企业、事业单位设立的档案馆，收集本单位及其所属机构形成的档案"，基金委和各依托单位分别收集、归档科学基金项目档案符合现有规定。从工作实际来说，基金委归档管理基金项目档案是对其项目管理过程的记录，是工作职责所在；依托单位归档管理基金项目档案，是对本单位科研工作过程的记录，也为对科研人员的评定、考核提供依据。因此，在数字档案馆（室）正在逐步建设过程中，在数字文件（档案）法规标准还在完善的过程中，在信息化手段还不成熟，档案共享服务平台能力有限，档案安全与利用还未具备足够条件的情况下，基金委与依托单位各自根据工作需要，依照有关法规制度和标准规范要求，建立适宜的组织架构与协同联动机制，按照档案所处的不同阶段，以双体循环模式，实现权责明确的有效管理，是符合客观实际发展需求的。如图7-2所示。

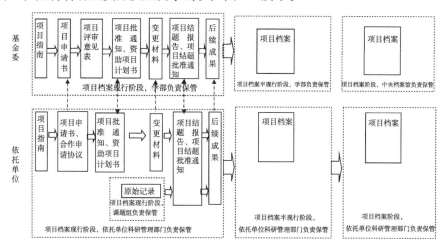

图7-2 科学基金项目档案双体循环

7.3.1 组织架构与人员组成

按照"三定方案"，建立计划局牵头的部际联席会议制度，涉及政策研究制定、协同合作、平台建设、规范标准等重要事项时，由各部门负责领导在联席会议上协调解决，减少层级关系，提高管理和执行效率。如图7-3所示。

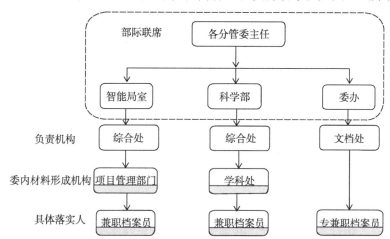

图7-3 基金委项目档案管理组织架构

依托单位建立面向信息资源管理的协同领导机构，从信息化建设、信息资源管理与利用等角度统筹规划设计，档案馆、图书馆、网络中心等部门应是信息资源管理机构的核心成员，学院主要领导是领导成员，有条件的单位可设CIO，把信息作为战略资源，实现有效管理和利用，如图7-4所示。

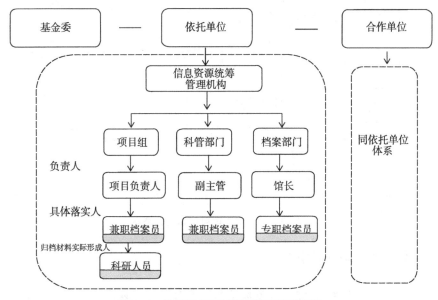

图7-4　依托单位项目档案管理组织架构

7.3.2　捋顺权责关系，协同联动

项目档案管理是一个涉及多机构、多人员、多层次的复杂流程，科管部门、科研部门、档案部门各有自己的优劣势。因此从强化顶层设计、规范中间业务流程和夯实底层基础三个层面捋顺权责关系。

政策先行，强化顶层设计。基金项目文件档案类型多样，大多为非机构化信息，其有效管理不仅决定于过程控制，更应注重顶层设计。在基金委内部，按照"三定方案"由计划局主导建立部际联席会议，负责协同领导，研究解决项目档案建设中的法规政策制定、技术标准、管理体制等顶层问题，实现顶层设计，如层级合理、逻辑紧密、互为补充、目标一致的政策体系；理念先进、切合实际、安全、共享为一体的信息技术平台建设；科学合理的管理、监督问责与绩效激励体制机制等。在依托单位建立面向信息资源管理的协同领导机构，依托校园网络等技术平台实现信息资源的有效共享利用，档案馆、图书馆、网络中心等部门应是信息资源管理机构的核心成员，学院主要领导是领导成员，有条件的单位可设CIO，把信息作为战略资源，实现有效管理和利用。

权责明晰，规范业务流程管理。项目文件档案是涉及委内外多个机构、部门、人员的管理过程。面向现有机制和模式，明确各部门、各责任主体的权责关系，权责统一、责任到人，确保各环节的规范、科学、高效，可追溯。各部门按照顶层设计和法规机制要求，协同联动，形成"1+1>2"的溢出效应的选定平台、协作、监管等，及跨部门的协同合作，

指导与问责相结合，夯实底层基础。档案部门负有专业技术指导责任，应开展多种形式的培训与交流，强化相关人员专业技能，强化责任意识，为全过程管理奠定基础。按照问责机制对不履行档案责任的相关部门和人员，依规追责，形成倒逼机制。处理项目档案规范管理指导系统各人员。具体提出以下几点具体建议。

1.顶层

（1）"三定方案"规定计划局是委科技档案的管理部门，但同时也赋予委办管理科技档案的职责，为协调统筹，建立委内部际联席会议制度，在涉及政策研究制定、协同合作、平台建设、规范标准等重要事项时，由各部门负责领导在联席会议上协调解决，比如档案接收工作上不完整等问题，应在联席会议上讨论，并及时通报档案接收情况。

（2）依托单位建立面向信息资源管理的协同领导机构，从信息化建设、信息资源管理与利用角度统筹规划设计，档案馆、图书馆、网络中心等部门应是信息资源管理机构的核心成员，学院主要领导是领导成员，有条件的单位可设CIO，把信息作为战略资源，实现有效管理和利用。

2.中间层（业务流程管理）

（1）增设专（兼）职档案员，保障责任到人。文档处参照学部及职能局室的人员管理模式，向依托单位借聘档案兼聘人员，协助委办、计划局开展项目档案管理工作。科研处及项目组设专（兼）职科学基金项目档案管理员，协助科研管理人员和科研人员管理项目文件。

（2）明确人员责任。

学科处等项目管理部门主要负责人对本部门基金项目档案立卷管理工作负责，依规对本部门的制度运行、人员履职、科研人员立卷归档等监督管理。

依托单位科技处副处长负责科研管理部门的基金项目档案立卷管理工作，依规对本部门的制度运行、人员履职、科研人员立卷归档等监督管理。

档案馆馆长（文档处处长）对档案管理制度、档案管理要求、环境、技术手段、和谐发展等负有责任，并将有关情况及时反馈信息资源管理委员会（部际联席会议）或CIO等。

项目负责人对项目组科研文件收集立卷、定期按时移交归档依规负管理责任。

项目组成员有义务对其科研过程及科研成果（数据及文件）进行保管及归档，每个人都是科研文件的形成人，都有科研档案责任。

专（兼）职档案员职责负责具体文件收集、整理工作；督促或协作科学家进行原始记录（科学数据）整理、归档。原始记录的真实性由数据提供者负责。

3.基础层

指导与监督。档案馆馆长对专业指导及培训负有领导责任，科研档案负责人对业务指导负有直接责任。

部际联席会议、依托单位信息资源统一管理机构对监督问责负有领导责任，计划局和委办对政策运行、业务流程监督问责负有直接责任，依托单位科研管理部门、档案馆对政策运行、业务流程监督问责负有直接责任。

7.4 基金项目档案管理模式

为实施科学基金项目的全过程监督管理，在现有档案数字共享服务能力较弱的情况下，建议实行"1+N+1"的项目档案工作模式。第一个"1"是在科学基金项目实施前，将项目档案的内容和要求纳入项目计划书或相关合同中予以明确，与项目计划同步部署；"N"为项目档案管理的各环节，强化责任主体日常科研过程、科研管理过程、档案管理过程的记录、立卷、归档、整理、编验与开放利用，为科学基金的痕迹管理提供支持；第二个"1"是项目实施完成后，支持有关部门的监督与检查。

（1）文件是非结构化的"前系统知识"，需对其进行控制，形成有序的、可检索利用的档案资源，因此应在项目管理前端，以合同管理方式，纳入项目计划中，通过前端控制，为科研过程管理、档案的流程管理打下基础。

（2）按照有关规定，切实落实"四同步"，即下达计划任务与提出科研文件材料的归档要求同步；检查计划进度与检查科研材料形成情况同步；验收、鉴定科研成果与验收、鉴定科研档案材料同步；上报登记和评审奖励科技成果以及科技人员提职考核与档案部门出具专题归档情况证明材料同步。

（3）问责与绩效。

加强监管与审查，对不履职及违规行为加大监督与处罚力度。科研人员以及课题组的档案工作情况和工作绩效、评优及申请项目相衔接；将单位的项目档案管理情况作为依托单位信用管理、分析管理的考评依据之一。

本报告提出以下几点具体建议：

（1）前端控制和过程管理思想。在"项目计划书"模板中列出"项目文件管理"模块，使项目文件管理作为科研项目计划任务之一；多个依托单位合作项目，在合作协议中应体现项目档案管理约定条款，设立兼职档案员，明确立卷及归档责任；规定"中期报告""年度报告"应体现项目文件档案管理情况，尤其是研究过程文件（科学数据）的保存。

（2）原始记录的保存。科研人员有责任和义务保存科研过程文件、原始记录（科学数据），供同行交流、基金管理部门审查和公众监督，项目负责人有义务督查科研人员做好记录保存，专（兼）职档案员督促和协作科学家进行文件整理、归档，在项目进行中由项目组保存，结项后按有关规定归档，建议归在各依托单位，符合知识产权及便于利用。

（3）重视形成科技报告。将科技报告作为科研项目档案的组成部分，为避免重复整理立卷，可做参见。基础研究大多周期长，试错性、风险性与不可预测性都比较高，所以科学数据即原始记录十分重要。

（4）科学基金项目档案管理情况纳入基金委或第三方机构，不定期对依托单位科学基金管理情况的审核范畴，对不履职及违规情况将依据《依托单位科学基金管理办法》等相关规定处理，情节严重的向档案管理行政机关报案，提高违规成本，形成倒逼机制。

（5）建立监督和评估结果共享、公开和年度报告制度，及时将结果反馈给相关责任主体，促进改进管理、科技计划动态调整和优化，并作为中央财政持续滚动支持的重要依据。建立监督和评估结果与奖优罚劣的联动机制，将监督和评估结果作为建立信用等级评价的重要指标，并与今后的任务承担、资金使用、监督检查频次直接挂钩。建立问责机制和责任倒查机制，实行"黑名单"制度，明确惩处的具体办法和措施。对于监督中发现的违纪违法问题，移交相关部门查处。

7.5　加强归档材料的完整性和准确性管理

《科学技术研究档案管理暂行规定》第七条规定，科研文件材料的归档范围研究实验阶段主要包括：各种载体的重要原始记录，实验报告，计算材料，专利申请的有关文件材料，设计文件、图纸，关键工艺文件，重要的来往技术文件等。

目前，虽然我国在申报、开题、中期、年度和验收等管理过程中要求提交年度进展报告、成果验收报告、财务报告等，但是这些报告技术细节不够详尽，工作报告、项目组织情况报告等格式并不统一，内容偏向针对管理者而撰写的组织管理报告，而不是针对创新者而撰写的科技报告，国家科研项目形成的大量科技成果仍处于分散、搁置、甚至流失的状态。

因此要加强对基金项目档案原始记录的收集、立卷、归档、保存工作。原始记录的保存应当重视六个环节。第一，健全有关法规，保护包括项目资助管理部门、科研人员、社会公众多方的权益，明确各方在原始记录保存中应履行的责任和义务。第二，增强科研人员的档案意识，科研规范性以及科研诚信教育。原始记录保存是档案工作和项目管理工作对科研人员提出的基本要求，是每一个基金项目支持的科研人员的职责所在，也是实现财政基金接受公众监督的基本条件。原始记录保存是科研过程规范性训练的组成部分，是每一个科研工作者的基本科研素养；原始记录保存是保障成果真实性，回答有关质疑的有效证据。因此，应加强对科研工作者的教育，从思想意识、科研习惯上重视原始记录保存。这不仅是档案部门的工作，也需要科研部门甚至是高校教育部门多方合力而为。第三，制订明确原始记录归档计划。依据计划书中的归档计划，专（兼）职档案人员与项目组，明确哪些是需归档原始记录，做到人人心中有数。档案员做好科研工作者的助手和监督者，帮助和监督科研人员做好记录收集、立卷、保存工作。第四，监督与检查机制。项目负责人，科研管理人员应定期或者不定期抽查原始记录归档工作，及时发现问题并及时纠正。第五，形成倒逼机制。结项验收项目组、依托单位检查原始记录。基金委抽查依托单位原始记录。第六，奖惩机制。对于不做好原始记录的，在信用评级等方面依规处罚。

对于原始记录管理还应遵循效益原则。所有的科研数据都需要被管理，但不是所有的数据都要被分享和保存。

对于在存档时将函评意见表中的专家姓名全部隐去的情况，应当加以整改。无论是纸质项目档案还是电子版项目档案，都是科学基金项目生命周期的直接记录，是科研活动的第一手材料。而档案的本质属性就是其原始记录性，档案是历史的真迹，必须保持其特性。如果因为需要评审时的保密而随意涂改、隐匿档案内容，就必然会是项目档案失真，而丧失其本质属性。因此，建议项目档案函评意见表中的专家姓名必须予以全部保留，数字化的电子文件已应当保留专家姓名。其保密问题，应当通过技术手段、权限控制等来实现。

7.6　强化资源观，注重开发利用

从科技信息资源管理的角度来看，科技文件的保存方式与内容质量，直接关系着档案的利用与存储方式，关系着档案内容的完整性、全面性与准确性，另一方面，电子文件的管理也要求包含相关背景信息内容、物理形式与功能的共同保存，所以无论是科技档案实践还是电子文件保存倒逼，都指出档案管理中的前端文件管理必不可少。基于文件全生命周期管理的档案管理理论，从信息资源的视角仍然离不开涵盖文件从生成到最后永久保存全过程的"大文件"档案管理过程。因此在全社会树立包含基金项目档案在内的科技档案信息资源观，梳理和整合科技档案、科技报告、科学数据等各类科技信息资源，规范管理、科学操作，实现科技信息资源的效益最大化，是科技事业发展的根本要求。

在基金项目档案管理实践领域，国家资助形成的基金项目档案作为一种信息资源具有鲜明的公共资产属性，可以被共享利用，科学认知科技档案保密与利用的关系，注重藏用并举，关注其开发管理、配置管理、共享管理和绩效管理，这既是资源配置与资源优化管理的根本要求，也与国际科研管理领域项目资助信息资源管理理念相一致。

基金项目档案管理的目的，从长远来看是为了完整、准确保存科学基金管理工作中形成的各种公文、图表、声像等不同形式的历史记录，从现实角度看则是为了满足档案利用者对科学基金档案资源的查阅和有效利用。创新档案资源利用的方式，提高科学基金档案资源的服务能力，应是科学基金文档一体化系统的重要功能。探索基于权限管理的档案借阅模式，根据档案利用者的权限适当开放档案的借阅和利用。利用现代信息技术特别是数据挖掘技术，建立科学基金文档一体化系统，通过对科学基金公文处理、整理归档和档案利用的统一管理，实现科学基金公文和档案规范化管理，既可以促进科学基金业务管理的规范化，又能提升科学基金政务管理的质量和效率，充分展示科学基金各项管理工作的价值。国家提出建设统一的科技计划项目科技管理信息系统，依托信息系统对项目实现有效监管，公开透明，将档案系统与信息管理系统实现对接，甚至成为系统的一部分，通过信息技术手段实现数据、文件、记录的转移、存档以及分级管理、授权访问，符合数据流的客观规律和资源整合的根本需求。

在档案管理培训与教育领域也应树立科技信息资源观。加强档案从业人员教育培训，完善知识结构，尤其是信息管理相关知识，提高信息技术水平和能

力，重视数字文件、电子档案管理，用完整的科学知识体系和先进的信息技术
能力保障基金项目档案管理。知识与技术能力的提高有利于档案人员提升职业
归属感和岗位荣誉感，改变弱势地位，推动事业发展。

7.7　重视电子档案管理，布局单套制

在科学基金信息化建设的"十三五"规划中明确指出，未来五年科学基金
信息化管理将包括六个平台，其中的业务应用平台、服务共享平台、知识服务
平台，都需要以信息大数据作为支撑，信息系统将从数据服务向知识服务、从
服务单位向服务社会迈进，国家层面上一系列法规政策的推出也表明建立国家
科技计划项目档案数字化管理和网络化社会化服务系统正在成为方向。随着基
金项目管理的规范化、信息化和科学化，电子文件和数字档案的管理逐渐成为
数字化环境下科研活动及其管理程序化决策的重要保证。在科研活动过程及其
管理活动过程中实时开展电子科研文件的规范化和档案化管理，变事后滞后管
理为事前前端控制，变阶段性孤岛系统管理为连贯性集成化管理与网络化服
务，建立与科技计划项目活动及其管理业务流程集成的全项目期和全文件生命
期动态管理机制，成为保障科研活动数字信息真实性、可靠性、完整性和长久
可用性的基本功能要求。随着我国科研创新体系的建设，国家在科研与发展方
面的投入越来越多，社会越来越期望国家科技计划项目方面的投入产出及其运
营管理能够向社会公开，公平公正的科技计划项目管理，需要基于证据的科技
计划项目治理，科研档案已成为科技计划项目管理的重要依据、管理对象和管
理手段。

2012年美国OMB和NARA联合颁布《政府文件管理指令》提出到2019年
联邦机构要以电子形式管理所有的永久性电子文件，即到2019年12月31日联
邦机构中所有需要永久性保存的电子文件要最大限度地以电子形式管理，并以
电子形式最终移交到NARA，这个目标被称为2019数字强制规定。❶加拿大

---

❶ 刘越男.2010-2015电子文件管理发展与前沿报告[M].中国工信出版集团,电子工业出版社,2016:
52

LAC宣布将于2017年全面使用可信任数字仓储系统（LAC-TDR），在线接收所有永久性文件，不再接收纸质文件❶。

目前，我国已经制定了一系列有关数字档案建设的法律规章，如安全规范类的《中华人民共和国保密法》及其实施办法，《档案信息系统安全等级保护定级工作指南》《专用网与公用网联网的暂行规定》等；法律凭证类《电子签章条例》《中华人民共和国电子签名法》；知识产权类《中华人民共和国著作权法》及其实施办法，《信息网络传播权保护条例》等；管理利用类《电子公文归档管理暂行条例》《中华人民共和国政府信息公开条例》《电子档案移交与接收办法》《电子文件归档与电子档案管理规范》《企业电子文件归档和电子档案管理指南》；以及《档案管理软件功能要求暂行规定》等一系列规范性文件。以上法规为电子文件（档案）的发展提供了必要的法规制度支撑。电子文件、电子数据在作为会计凭证及法律凭证方面已经发挥了一定的作用，比如电子发票，比如全国人大通过刑诉法修正案修订视频资料和数据可以作为证据。档案人员应建立对电子档案的信任，通过发展技术手段、管理手段，加强对电子文件和电子档案的管理。

国家档案局在电子档案管理、文档一体化方面已经进行了有益的尝试，并取得可喜的成果。联合国家发展改革委开展首批33家试点企业电子文件归档和电子档案管理试点工作；文档一体化工作已经取得了显著的成绩，浙江建立"一键归档、单套保存、一站查询"的行政审批电子文件归档管理模式；湖北在省直机关实现电子文件在线归档工作；国家发展改革委在电子文件管理上实行"随办随归"的预归档模式，减少档案缺失隐患。"全国档案业务管理系统（一期）"建设，初步实现副省级市以上档案部门档案工作网上协同功能。河北、浙江、江西、海南以及军委办公厅、中化集团推进网络共享平台建设，实现地区或系统内互联互通和档案信息资源共享。开展电子档案前端管理和单轨管理试点，重视档案信息安全和档案实体安全❷。

---

❶ 刘越男.2010-2015电子文件管理发展与前沿报告[M].中国工信出版集团,电子工业出版社,2016:61

❷ 中华人民共和国国家档案局.李明华在全国档案局长馆长会议上的工作报告[DB/OL].(2016-12-23)[2017-1-12] http://www.saac.gov.cn/news/2017-01/03/content_170780.htm

基金项目管理工作，从指南发布、申请、执行到结项环节大多以电子文件形式，在管理平台上审核传递，形成版本号，具有电子标签的电子文件通过打印方式，双套制保存。从基金委来说保存电子档案，从文件流转来说已经具备较为成熟的条件，虽然在档案系统建设，流程控制、安全保密等方面还有待进一步完善，但对比依托单位已经走在了前面，据调研有相当一部分依托单位档案馆不接收电子档案。在项目档案的单套制上，基金委做出了有益的尝试，如2012年以前，基金委要求同时提交纸质版和电子版进展报告，自2012年起，基金委规定只需提交电子版进展报告。这一举措减轻了科学家的负担，简化了科学基金的管理程序。同时，电子档案单套制管理，避免了纸质档案整理归档环节，有利于规避纸质档案不完整和缺件情况。

对照信息化社会发展趋势、国外电子档案发展进程、国内电子档案管理实践以及科研过程本身产生大量的电子档案等客观现实。课题组认为，电子形式产生的文件、以电子档案形式保存将不会太远，单套制将是档案发展的必然趋势，在单套制趋势下，基金委与依托单位对科研项目管理性档案不必再双方重复保存，应形成互补式分层管理。即基金委保存基金项目管理类档案如指南、申请书、计划书、变更申请、进展报告、年度报告、结项报告、成果等，并按照《信息公开条例》，通过技术与管理手段，对此类电子档案开展分级、授权利用。原始记录档案在依托单位按有关规定立卷、保存，备查。通过这样的方式，减少保存成本，提高管理效率。

现阶段，针对信息化建设较好的依托单位，应提出对基金项目电子档案进行管理的要求，项目档案信息化过程不仅仅是现有流程的信息化，更是信息化条件下的流程再造，有条件的依托单位应积极思考、布局、尝试，逐步为电子档案管理，乃至单套制管理打基础。

7.8　实现基金项目档案文档一体化管理

基金项目档案管理的目的，从长远来看是为了完整、准确保存科学基金管理工作中形成的各种公文、图表、声像等不同形式的历史记录，从现实角度看则是为了满足档案利用者对科学基金档案资源的查阅和有效利用。创新档案资源提供利用的方式，提高科学基金档案资源的服务能力，应是科学基金文档一体化系统的重要功能。探索基于权限管理的档案借阅模式，根据档案利用者的权限适当开放档案的借阅和利用。利用现代信息技术特别是数据挖掘技术，建立科学基金文档一体化系统，通过对科学基金公文处理、整理归档和档案利用的统一管理，实现科学基金公文和档案规范化管理，既可以促进科学基金业务管理的规范化，又能提升科学基金政务管理的质量和效率，充分展示科学基金各项管理工作的价值。国家提出建设统一的科技计划项目科技管理信息系统，依托信息系统对项目实现有效监管，公开透明，将档案系统与信息管理系统对接，甚至成为系统的一部分，通过信息技术手段实现数据、文件、记录的转移、存档以及分级管理、授权访问，符合数据流的客观规律和资源整合的根本需求。

（1）在基金项目档案信息管理单元上，以基金项目全过程形成的原始记录为单元进行管理，强调基金项目原生信息的积累，将科技项目从准备到成果利用和转化全过程形成一个整套完整的档案，对于公众再现科技研究的全过程，实现基金项目的公开透明具有积极意义。

（2）在电子政务上，建立统一的科技项目申报门户网站，统一格式和标准，同时在各相关主管部门公布和提供链接，便于公众随时获取相关信息。

（3）建立科技项目档案信息综合检索平台，实现一次检索能够获取到国家资助项目的大部分科技信息。

（4）部门联合共建共享，强化部门之间的沟通。改变传统上条块分割的科技项目档案管理模式，由一个部门牵头或多个部门形成协议的方式，联合在一起，建立全方位的联动体系，将科技项目档案信息整合：横向，加强各部门之间的联系，建立互动机制，将科技项目档案信息获取方式进行沟通，建立畅通的获取渠道，在各自门户网站上提供链接，既避免科技信息共享建设重复工作，又便于公众获取。纵向，建立统筹健全的管理结构，调动各科研院所、高校等承担单位，形成有效的科技项目档案的收集、整理、整合，强化共享意识，明确其共享义务和具体共享细则，整合各级科技管理信息系统，构建高效、有序的科技信息资源共享体系。

7.9　强化档案管理信息化建设水平

2014年12月，国务院发布《关于深化中央财政科技计划（专项、基金等）管理改革方案》（国发〔2014〕64号），要求建设完善国家科技管理信息系统，通过统一的信息系统，对中央财政科技计划（专项、基金等）的需求征集、指南发布、项目申报、立项和预算安排、监督检查、验收结果等进行统一的全过程信息管理和评估监管，并主动向社会公开，接受社会监督，同时实现与地方科技管理信息系统的互联互通。

我国已基本建立国家、地方和基层科研单位等多层级的科技管理信息系统。凭借管理系统逐步实现科技项目管理工作的现代化。科技部在2000年前后初步建立国家科技计划项目管理系统，实现科技计划项目"一站式"网上申报、受理以及查询统计等基本功能，于2015年9月开通试运行"国家科技管理信息系统公共服务平台"，提供"十三五"国家重点研发计划试点专项申报服务。国家自然科学基金委员会于2000年开始研发科学基金网络信息系统，实现项目申请、人员管理和获资助项目信息查询等功能，并形成"科学基金共享服务网"，即时发布项目立项信息和成果信息，国家社会科学规划办公室也建成社会科学基金项目数据库，提供项目立项基本信息查询服务。地方科技管理部门基本上都建立各自的科技管理信息系统。例如，湖北省2003年建立科技管理信息系统，具有项目受理、审查、评审、立项等管理功能；天津市2004年启动科技计划项目管理信息化和共享服务平台建设，从离线申报软件发展成为集账户管理、项目申请、项目审核、项目评审、合同确认、年度检查、项目结题、经费管理、科技报告管理、专家库管理等功能于一体的综合信息管理系统。基层科研单位在科研管理信息化方面也取得长足进步，以高校为例，上海交通大学于2010年启动科研管理信息系统建设，面向科研机构、科研人员、科研项目、科研经费的管理，与学校人事、教务、研究生、财务等系统支撑平台有效整合，实现数据交换、共享和业务协同。借助科技管理信息系统，大都可以实现项目申报、受理、评审、变更、结题等流程的管理，实现项目信息查询，交互等信息功能，为项目基本管理提供支持。

2006年5月16日，国家自然科学基金委正式开通"国家自然科学基金资助项目信息共享服务网站"陆续公布了一批结题项目的基本信息和取得的学术研究结果，包括公开发表的论文、公开出版的著作、会议论文及获得奖励情况等。网站提供"按申请领域""按项目类型""按成果类型"三种浏览方式，并提供期刊论文、会议论文、著作、奖励和资助项目五个方面的信息检索方式包括结题项目检索和成果检索，并且根据成果类型设置了成果检索要素。

2014年3月1日，科技部牵头建设"国家科技报告服务系统"正式上线，用于向广大科研人员和社会公众开放共享国家科技投入形成的科技报告。系统于开通了针对社会公众、专业人员和管理人员三类用户的服务。向社会公众无偿提供科技报告摘要浏览服务，向专业人员提供在线全文浏览服务，向各级科研管理人员提供面向科研管理的统计分析服务。当前该系统收录了科技部国家重大科技专项等项目、基金委面上项目和交通运输部交通运输建设科技项目等4类项目。该系统对用户进行了类别划分，根据用户类型不同，拥有不同访问权限。

2015年5月，国家自然科学基金委正式发布"国家自然科学基金基础研究知识库"，向社会公众免费提供国家自然科学基金资助项目成果的研究论文。

这些平台和系统也是科技管理信息系统的形式之一，从开放项目的基本信息，成果的题录信息，到提供科技报告、科技成果全文，都是对项目成果信息的开放获取，是对国家资助的科研成果的进一步推广和利用，有利于促进国家科技资助经费的效益提升。从信息构成上，无论是项目的基本信息、科技报告、科技成果都是档案信息的组成部分，从内容上，正是这些文件、记录构成了档案文件的主体，以上信息都是对档案信息的开发利用。科技管理包含科技信息管理，社会信息化发展要求信息技术更好的支持、服务于科技管理工作，科技管理信息系统是信息工作与科技管理工作的结合。

依托单位应加快档案信息化建设水平，加大资金投入力度，加强设备、设施建设，加强信息化人才引进和人员培训，依托数字校园等总体数字化建设方案，加强数字档案馆（室）建设，实现信息资源的整合利用。加强档案信息化建设也是使得依托单位项目档案管理的电子化管理进程与基金委项目管理的电子化手段与方式相一致，能够用数字档案记录项目管理业务流程，能够全程管理电子文件。加强档案信息化建设也是提高档案管理水平，提升服务能力的有效手段，依托信息技术手段，开展管理流程改造升级，减少冗余环节，减少人工成本，提高工作效率和工作准确性，利用信息技术手段，实现分级授权、及远程访问，提升开放利用的能力，这是科研工作知识信息利用的需要，也是档案事业发展的根本需要。

结　语

　　科学基金项目档案管理研究涉及档案管理、科技管理和信息资源管理等多个领域，相关内容庞杂繁复。在研究之初，海量信息扑面涌来，甚至有无从下手的感觉。创新型国家体系之下的科技管理、科学基金项目档案管理面临新的要求也是新的发展契机。近年来，关于科技计划项目管理、科技计划项目档案管理的研究逐渐得到关注，研究成果陆续涌现，但基金项目档案研究总体尚在起步阶段，缺乏完整的理论支撑和框架体系。

　　经过文献梳理，发现我国科学基金项目档案管理研究主要存在三个问题：

　　（1）直接相关研究成果少。针对基金项目档案研究文献很少，并集中在基金委和依托单位的工作实践总结方面。其上位，科技档案管理研究侧重企业档案、工程档案等方面。

　　（2）概念名词使用混乱。"科学基金项目档案""科技计划项目档案""项目档案""科研档案""科研项目档案"等缺乏明晰的界定，使用较为随意。

　　（3）与科技管理需求还存在一定差距。创新型国家建设对科技管理提出更高的要求，科研诚信、绩效考核、成果共享等需要科学基金项目档案管理信息化、科学化和规范化。

　　为解决上述问题，课题组做了深入的思考和论证。当前我国正加快推动科技成果转化为现实生产力，依靠科技创新支撑稳增长、促改革、调结构、惠民生。在这样的背景环境下，本书研究目标，首先，通过国内外的对比调研分析，能够对基金项目档案管理（基金委和依托单位两类机构）提供指导和借鉴。其次，能够在创新型国家体系建设中，促进由国家财政资助的基金项目档案作为包含大量原始、完整、准确信息资源的项目档案信息资源得到更高绩效的开发和利用，为科学基金项目管理提供全面有力的信息支撑和凭证，推动科技成果的快速转化。最后，呼吁档案学界能有更多的研究人员关注诸如基金项目档案这样的科技计划项目档案，进而关注科技项目档案的管理研究，能够从资源的视角、科技管理的视角、公共物品的视角，多视角审视档案资源，进一步丰富项目档案的研究成果，更好地发挥和拓展项目档案的价值。我们的研究思路是围绕档案学科的基本概念和原则，融合信息资源管理的视角和资源观。在档案诸多争鸣的概念中，选取大文件观以及电子文件管理视角下的档案概念，基本特点为有价值的文件，以此为基础，以档案学基本理论和管理学质量管理、过程管理、系统管理思想为工具，打通国内外在科技信息资源管理中由于诸多因素形成的基金项目档案管理与认知中的壁垒，在科技管理、资源管理的视角下，开展国内外调研分析，并提出意见建议。

大文件观、信息资源视角和藏用并举理念贯穿本书。采用文献调研、实地调研、访谈调研等方式，本书调研分析了基金项目档案的研究现状、国内外的基金项目档案管理政策环境以及管理实践，对国内的基金项目档案展开调研，进一步分为依托单位和基金委两个部分开展调研分析。经过国内外科学基金项目档案管理对比分析，提出我国科学基金项目档案管理在法制环境、管理观念、运行机制、人才队伍、依托单位管理等方面存在的不足，进而提出完善相关政策法律法规，科学基金项目档案管理顶层设计，完善基金委及依托档案基金项目档案制度，建立责权明晰的协同联动机制，完善基金项目档案管理模式等完善基金项目档案管理建议，以期能够对基金项目档案管理提供指导和借鉴。在创新型国家体系建设中，促进由国家财政资助的基金项目档案作为包含大量原始、完整、准确信息资源的项目档案信息资源得到更高绩效的开发和利用。

本书前后耗时近三年，但由于研究对象本身的复杂性，以及编写人员在认知方面的局限，本书还存在诸多不足，恳请各位专家、同行、读者提出宝贵意见。最后，十分感谢在调研过程中基金委、各高校以及科研院所中各位老师给予的大力帮助和支持。

参考文献

[1] 农燕玲."奇谈"并非"怪论"——黄世喆访谈[J].档案管理,2010(4):19-23.

[2] 吕新.《论科技档案的第一价值和第二价值》质疑[J].档案学通讯,2013(3):8-10.

[3] 安小米.中外科研档案管理的现状比较及借鉴[J].中国档案,2007(8):60-61.

[4] 霍振礼.也从科技文件与科技档案的关系谈起——没有理由淡化科技档案概念[J].档案学通讯,2005(4):24-27.

[5] 郭玉秋.从七个方面加强科技档案管理[J].兰台世界,2008(21):35-36.

[6] 霍振礼.从文件生命周期透视档案形成规律[J].中国档案,2014(11):42,50-51.

[7] 卞咸杰.也谈高校实施《归档文件整理规则》的适用范围——兼与易涛同志商榷[J].档案管理,2013(6):70-73.

[8] 归吉官,吴建华.从"一切文献都具有原始记录性说"谈起——直击档案学基础理论[J].档案学研究,2015,No.145(4):24-28.

[9] 张莉.从档案概念的变化看我国档案管理的转型[J].档案与建设,2006(5):7-9.

[10] 李响.从档案价值鉴定理论发展谈科技档案鉴定原则[J].兰台世界,2011(10):8-9.

[11] 顾坚.从知识产权保护的角度论科研档案的开发利用[J].兰台世界,2014(2):84-85.

[12] 卫秀利.从档案利用记录中得到的一些启示[J].山西档案,2005(6):30-32.

[13] 秦建伟,陈正丽.从科研项目的动态发展过程谈档案的管理[J].浙江档案,2008(8):48-49.

[14] 薛冰.共享时代下科研项目档案资源共享初探[J].信息系统工程,2017(5):99,103.

[15] 户丽萍.做好三结合四同步促进科技档案管理中的知识产权保护[J].档案与建设,2012,No.286(12):19-20.

[16] 管先海.关于档案学理论研究几个问题的思考[J].档案管理,2000(1):22-23.

[17] 黄世喆.关于科技档案本体论若干问题的探讨(之二)——从科技档案的特点看档案学支柱理论的适用性[J].档案管理,2008(5):11-17.

[18] 王小惠.关于科研档案实施质量控制的思考[J].四川档案,2005(4):30-31.

[19] 吴品才.再谈文件运动理论研究中的几个概念——答刘东斌先生[J].档案管理,2006(1):43-46.

[20] 黄世喆.关于科技档案本体论若干问题的探讨(之一)——从"淡化科技档案概念"谈起[J].档案管理,2008(4):12-17.

[21] 张彦杰.再谈科技档案的形成规律——兼与文书档案相比较[J].浙江档案,2005(4):21-22.

[22] 马海群.发达国家图书档案事业结盟与合作战略规划综述[J].中国图书馆学报,2012v.38;200(4):23-30.

[23] 朱玉清.北京地区高校科研文件档案管理现状调查研究[J].档案学研究,2009(2):33-35.

[24] 王萍,王志才,张诗敏.吉林省科技档案管理调查分析报告[J].档案学通讯,2012,208(4):82-85.

[25] 张斌,杨文.吴宝康科技档案管理思想研究[J].档案学通讯,2017(6):4-8.

[26] 曾原.国内外科研信誉管理研究综述[J].图书与情报,2008(2):20-24.

[27] 杨红卫.围绕档案概念的四次撞击[J].山西档案,2005(6):1,34-36.

[28] 陈玉玲.国家科学仪器设备开发专项档案管理对策研究[J].兰台世界,2015(2):87-88.

[29] 唐思慧,魏静雯,吴珮嘉.国家档案局科技项目的研究特点及趋势分析——以2004—2010年立项项目为例[J].档案学通讯,2011(5):4-8.

[30] 本刊专题报道.国家科技创新领域相关配套政策与措施综述[J].科技促进发展,2015(1):39-44.

[31] 张艳梅.国家重大科研项目档案归档的前端控制与过程控制[J].黑龙江档案,2017(3):51.

[32] 李泽江,安小米.基于ISO15489的文件处置研究[J].北京档案,2010(3):10-13.

[33] 程亚萍.国际档案大会关于电子文件的研讨[J].中国档案,2015(1):65-67.

[34] 李玉芬.基于协同理念的电子文件管理策略研究[J].北京档案,2015(5):34-36.

[35] 向禹,吴湘华.基于用户需求的高校档案在线服务平台的设计与实现[J].农业图书情报学刊,2015(8):5-11.

[36] 向禹,吴世明.基于系统分析的图书档案一体化管理的理性研究[J].图书馆学研究,2015

（7）：19-23.

[37] 薛四新,张利.基于集成管理思想的服务型数字档案馆研究[J].档案学通讯,2010(2)：59-63.

[38] 张炜,吴建南,徐萌萌,等.基础研究投入_政策缺陷与认识误区[J].科研管理,2016(5)：87-93,160.

[39] 霍振礼.学习和发扬曾三同志的科技档案思想[J].档案与建设,2006(8)：5-7,19.

[40] 冯惠玲,张辑哲.档案学概论[M].第二版.中国人民大学出版社.2006

[41] 庄晓喆.国外高校科学数据保存政策调查与思考[J].图书馆学研究,2015(16)：68-72,76.

[42] 邓君,贾晓青,马晓君,等.科学数据价值鉴定标准研究[J].情报科学,2013(9)：37-41.

[43] 汪俊.美国科学数据共享的经验借鉴及其对我国科学基金启示：以NSF和NIH为例[J].中国科学基金,2016(1)：69-75.

44] 谢春枝,燕今伟.国内外高校科学数据管理和机制建设研究[J].图书情报工作,2013(6)：12-17,38.

[45] 邓仲华,黄雅婷."互联网＋"环境下我国科学数据共享平台发展研究[J].情报理论与实践,2017(2)：128-132.

[46] 王祎,华夏,王建梅.国内外科学数据管理与共享研究[J].科技进步与对策,2013(14)：126-129.

[47] 崔雁.科学数据开放中科研资助机构研究[J].图书馆杂志,2017(7)：25-36.

[48] 黄如花,邱春艳.国外科学数据共享研究综述[J].情报资料工作,2013(4)：24-30.

[49] 古斯塔夫·古德曼,李存山.加拿大的研究数据中心项目——为公共政策提供基于证据研究的总途径[J].国际社会科学杂志(中文版),2004(3)：4,45-53.

[50] 张计龙,殷沈琴,张用,等.社会科学数据的共享与服务——以复旦大学社会科学数据共享平台为例[J].大学图书馆学报,2015(1)：74-79.

[51] 冯奇,吴宁.PDF文档解析在国家自然科学基金项目档案数字化验收过程中的应用[J].中国科学基金,2012(6)：372-376.

[52] 袁旭.国家自然科学基金委员会近10万卷项目档案移交中央档案馆[N/OL].2017-7-27[2018-08-02].中国档案报. http://kns.cnki.net/kns/detail/detail.aspx?FileName=CD-AB201707270012&DbName=CCND2017.

[53] 张民社,吴宁,龙军,等.加强项目档案管理推进国家自然科学基金管理信息化建设[J].中国科学基金,2005(1)：51-52.

[54] 毕建新,褚怡春,高翔等.有关科学基金项目档案管理的思考与建议[J].中国科学基金,

2015(3):207-212.

[55] 宗文萍.国家哲学社会科学基金项目"档案法制建设研究"课题通过专家鉴定[J].北京档案,2001(1):6.

[56] 李研.上海市档案馆《档案多媒体全文数据库管理系统》通过市科委鉴定[J].上海档案,2000(1):19.

[57] 袁旭.国家自然科学基金项目档案开放利用研究[C]//国家档案局档案科学技术研究所.新常态下的档案工作新思维论文集.北京:中国文史出版社,2015:286-292.

[58] 吴宝康,冯子直.档案学词典.上海:上海辞书出版社.1994.

[59] 王传宇,张斌.科技档案管理学[M].第三版.北京:中国人民大学出版社.2009.

[60] 王岚.法律与学术中的"文件"与"档案"——Documents与Records关系正理[J].档案学研究,2011(5):4-14.

[61] 吴品才.现代科技档案管理学[M].苏州:苏州大学出版社,1996.

[62] 吴建华.科技档案管理学[M].南京:南京大学出版社,2002.